永大高速公路项目
建设管理与关键技术运用实践 2

施工总承包管理

唐忠昆 田昌凤 ◎ 编著

西南交通大学出版社
·成 都·

图书在版编目（CIP）数据

永大高速公路项目建设管理与关键技术运用实践. 2, 施工总承包管理 / 唐忠昆, 田昌凤编著. -- 成都 : 西南交通大学出版社, 2025. 8. -- ISBN 978-7-5774-0525-4

Ⅰ. U412.36

中国国家版本馆 CIP 数据核字第 2025U8E736 号

Yong-Da Gaosu Gonglu Xiangmu Jianshe Guanli yu Guanjian Jishu Yunyong Shijian 2: Shigong Zongchengbao Guanli

永大高速公路项目建设管理与关键技术运用实践2：施工总承包管理

唐忠昆　田昌凤 / 编著

策划编辑 /	李晓辉　左廷亮
责任编辑 /	姜锡伟
责任校对 /	李晓辉
封面设计 /	成都三三九广告有限公司

西南交通大学出版社出版发行
（四川省成都市金牛区二环路北一段 111 号西南交通大学创新大厦 21 楼　610031）
营销部电话：028-87600564　　028-87600533
网址：https://www.xnjdcbs.com
印刷：四川煤田地质制图印务有限责任公司

成品尺寸　185 mm×260 mm
印张　15.25　　字数　381 千
版次　2025 年 8 月第 1 版　　印次　2025 年 8 月第 1 次

书号　ISBN 978-7-5774-0525-4
定价　98.00 元

图书如有印装质量问题　本社负责退换
版权所有　盗版必究　举报电话：028-87600562

"永大高速公路项目建设管理与关键技术丛书"
编 委 会

主　编　唐忠昆　田昌凤

副主编　吴常胜　杨周勇　古玉林　何　剑

编　委　刘建伟　许俊文　唐　天　张维红　甘元涛
　　　　　李小培　李光华　余访先　刘　浩　李　鑫
　　　　　刘　婧　李艳珏　叶正凯　肖大海　刘　波
　　　　　王朝俊　黄智雄　徐　志　解朝波　李　倩
　　　　　杨　利　仲　牲　周榆凯　子丽天　李先民
　　　　　李　猛　毕海燕　李承荣　崔慢原　李卓瑾
　　　　　陈兆琪　卢弘宇　殷守疆　史甜金　王　飞
　　　　　史　能　王文勇　王志坚　王君卿　浦绍雄
　　　　　张家伟　罗志雄　吴和清　梅德兴　浦恩位
　　　　　吴万华　李洪兴　钱宗佑　唐永辉　赵思意
　　　　　孔维访　张　健　朱文林

鸣谢单位：

云南省建设投资控股集团有限公司

云南省 S35 永金高速永仁至大姚段项目经理部土建一分部

云南省 S35 永金高速永仁至大姚段项目经理部土建二分部

云南省 S35 永金高速永仁至大姚段项目经理部土建三分部

云南省 S35 永金高速永仁至大姚段项目经理部土建四分部

云南省 S35 永金高速永仁至大姚段项目经理部房建分部

云南省 S35 永金高速永仁至大姚段项目经理部路面分部

云南省 S35 永金高速永仁至大姚段项目经理部机电交安一分部

云南省 S35 永金高速永仁至大姚段项目经理部机电交安二分部

云南省 S35 永金高速永仁至大姚段项目经理部机电交安三分部

前言 FOREWORD

　　永大高速公路作为云南省"五纵五横一边两环二十联"高速公路网规划中第 12 条纵线 S35 永仁至金水河镇高速公路的核心路段，承载着服务国家"一带一路"倡议、助力滇中城市群一体化发展的重要使命。其主线全长 62.97 km，跨越滇中高原复杂地形，沿线山峦叠嶂、沟壑纵横，桥隧比高达 44.3%，意味着近半里程需通过桥梁与隧道工程穿越地质断层、岩溶发育区等复杂地质带。项目建设不仅面临高墩大跨桥梁施工、超长隧道掘进等技术挑战，更需妥善处理生态敏感区环境保护、地方交通保通等难题，工程难度堪称滇中地区高速公路建设之最。

　　在此背景下，施工总承包管理模式作为现代化工程建设的核心组织方式，发挥着统筹全局、整合资源的中枢作用。它打破传统建设模式下设计、施工、采购环节相互割裂的弊端，通过一体化管理实现全流程协同，有效提升资源配置效率，降低工程风险。在永大高速公路项目中，施工总承包管理团队需以系统性思维统筹设计优化、施工组织、质量管控、进度推进与成本控制，协调政府监管部门、设计单位、监理单位、分包商等多方利益主体，在保障工程质量与安全的前提下，实现项目建设目标。

　　本书将以永大高速公路项目为研究对象，深入剖析施工总承包管理在项目实践中的具体应用，从组织架构搭建、技术方案创新、风险防控机制、参建方协同管理等维度展开论述，总结项目建设过程中的经验与教训，旨在为同类复杂地形高速公路项目提供可复制、可推广的管理范式，助力我国交通基础设施建设向更高质量、更高效能方向迈进。

作　者

2025 年 4 月

CONTENTS 目录

第1篇　施工总承包项目管理运用与实践

1　"四保一树一控"考核管理······2
  1.1　考核管理组织机构和职能······2
  1.2　综合检查考核方式······3
  1.3　综合检查打分说明······5
  1.4　考核工作程序······5
  1.5　考核奖罚机制······5
  1.6　考核工作要求······6
  1.7　考核结果评价······6
  1.8　考核检查评分表······6

2　**质量管理实践**······20
  2.1　质量管理目标······20
  2.2　质量保证体系······20
  2.3　质量管理组织机构······20
  2.4　施工质量控制······20
  2.5　质量创优管理······24
  2.6　质量管理成效······25

3　**技术与创新管理实践**······27
  3.1　技术管理体系建设······27
  3.2　施工组织设计和专项施工方案管理······27
  3.3　施工组织设计和专项施工方案交底管理······28
  3.4　测量技术管理······29
  3.5　设计文件和变更管理······29
  3.6　混凝土生产技术管理······30
  3.7　施工监测和超前地质预报管理······30

  3.8 "四新"技术的推广应用和科技创新管理 ·········· 31
  3.9 技术总结管理 ·········· 33
  3.10 技术复核和技术检查制度 ·········· 33
  3.11 技术管理工作成效 ·········· 34

4 进度管理实践 ·········· 35
  4.1 进度管理目标 ·········· 35
  4.2 施工进度保障措施 ·········· 35
  4.3 进度管理责任划分 ·········· 39
  4.4 生产责任状签订 ·········· 39
  4.5 生产管理考核标准化 ·········· 40
  4.6 各类生产活动开展 ·········· 42
  4.7 进度管理成效 ·········· 43

5 成本控制管理实践 ·········· 44
  5.1 制定成本管理制度 ·········· 44
  5.2 施工合同交底及履约 ·········· 44
  5.3 造价管理目标 ·········· 46
  5.4 造价风险分析 ·········· 46
  5.5 分包项目选择和合同管理 ·········· 48
  5.6 设计变更、签证、新增单价管理 ·········· 50
  5.7 工程收付款的管理 ·········· 53
  5.8 预算、结算管理 ·········· 53
  5.9 项目造价管理检查评分表与造价例会制度 ·········· 54

6 安全文明施工管理实践 ·········· 55
  6.1 施工安全管理目标 ·········· 55
  6.2 施工安全文明保证措施 ·········· 55
  6.3 专项工程施工安全管理 ·········· 59
  6.4 安全文明施工管理 ·········· 69
  6.5 安全管理成效 ·········· 72

7 环境保护、水土保持管理实践 ·········· 73
  7.1 环保、水保管理目标 ·········· 73
  7.2 环境保护、水土保持管理保障措施 ·········· 73
  7.3 施工环境管理方法 ·········· 76

  7.4 施工水土保持管理·····79
  7.5 环境保护、水土保持管理成效·····80

8 征地拆迁管理实践·····81
  8.1 征迁管理实施总则·····81
  8.2 指导思想·····81
  8.3 保证措施·····81
  8.4 征地拆迁管理成效·····82

9 "党、工、团"融入项目建设管理实践·····84
  9.1 党建系列活动·····84
  9.2 工会活动·····86
  9.3 团队建设·····86
  9.4 职工技能培训·····87

10 农民工权益保障管理实践·····89
  10.1 农民工权益保障体系·····89
  10.2 农民工实名制管理具体措施·····89
  10.3 农民工工资代发管理具体措施·····92
  10.4 农民工工资纠纷应急处理措施·····93
  10.5 农民工权益保障成效·····94

11 劳动竞赛的运用与实践·····95
  11.1 竞赛意义·····95
  11.2 竞赛活动要求·····95
  11.3 竞赛活动思路和做法·····96
  11.4 竞赛活动内容与成效·····97

第 2 篇 "四新"技术推广应用篇

12 "四新"技术管理·····102

13 "四新"技术推广应用·····104
  13.1 公路钢筋加工机械化配套施工技术·····104
  13.2 钢-混凝土组合桥梁结构施工技术·····111
  13.3 隧道三维超前地质预报技术·····113

	13.4	高强、高性能混凝土应用关键技术	118
	13.5	预制梁场蒸汽养护技术	121
	13.6	UHPC 技术施工技术	127
	13.7	红砂岩粗集料在高速公路水稳基层中的应用	129
	13.8	山区高速公路边坡钻孔植播及抗侵蚀纤维生态修复综合技术	131
14	**交能结合实施技术**		136
	14.1	综　述	136
	14.2	项目重难点分析	138
	14.3	主要分部分项施工方案	141
15	**桥旅融合及绿美交通实施技术**		161
	15.1	桥旅融合综述	161
	15.2	区域环境	161
	15.3	工程特点	167
	15.4	项目典型性论证	168
	15.5	项目实践效果	171

第 3 篇　项目管理成果与总结

16	**永大高速技术管理成果**		176
	16.1	专　利	176
	16.2	工　法	181
	16.3	论　文	208
	16.4	QC 成果	229
17	**永大高速团队管理成果**		230
	17.1	云南省建筑业绿色施工示范工程奖	230
	17.2	楚雄州楚雄青年五四奖章集体奖	230
	17.3	云南省五一劳动奖	231
	17.4	云南省县域高速公路劳动竞赛优胜集体奖	232
	17.5	云南省 2023 年度第一批"无欠薪项目部"奖	232
	17.6	集团内先进集体、先进单位	233

第 1 篇

施工总承包项目管理运用与实践

1 "四保一树一控"考核管理

为确保本项目建设目标顺利实现，促进本项目建设管理工作科学化、制度化、标准化、规范化和程序化，最大限度地提高总承包项目经理部科学管理水平和项目建设的质量、效益，项目经理部在项目管理中将按照"认真负责、爱岗敬业、廉洁奉公、秉公办事"的精神，对工程项目建设全过程"严格管理、确保工期、控制成本、争创全优"，始终围绕有利于确保质量、进度、成本、安全、技术五大控制目标的顺利实现开展工程项目建设管理工作；贯彻落实集团"四保一控一树"项目综合管理办法，充分发挥指挥部各职能部门的专业化管理优势，推动项目管理水平的提高。

综合检查包含项目的技术、安全、质量、进度、造价（成本）等五个方面。

检查的形式包括：施工现场外业检查及内业资料检查。

1.1 考核管理组织机构和职能

1.1.1 综合检查小组组织机构

组长：项目指挥长。
副组长：项目经理、项目副指挥长。
各检查职能部门：
工程管理部（进度）；
质量检验部（质量）；
试验室（试验）；
总工办（技术）；
安全管理部（安全）；
合约成本部（合同、造价）。

1.1.2 综合检查小组主要职责

组长：总负责、总指挥、总调度、统筹安排各项检查工作。
副组长：安排各职能部门具体检查工作，并负责主持召开检查结果反馈会。
工程管理部：牵头组织各部门内外业相关检查，同时负责进度方面内、外业检查，并进行各部门考评结果汇总。
质量检验部：负责质量方面内、外业检查，试验室负责试验相关检查。
总工办：负责技术方面内、外业检查。

安全管理部：负责安全方面内、外业检查。
合约成本部：负责造价方面内、外业检查。

1.1.3 被考核单位

被考核单位见表 1-1。

表 1-1 被考核单位

序号	被考核分部名称	被考核分部公司名称
1	云南省 S35 永金高速永仁至大姚段项目经理部土建一分部	云南建投第十八建设有限公司
2	云南省 S35 永金高速永仁至大姚段项目经理部土建二分部	云南省铁路集团有限公司
3	云南省 S35 永金高速永仁至大姚段项目经理部土建三分部	云南建投基础工程建设有限公司
4	云南省 S35 永金高速永仁至大姚段项目经理部土建四分部	云南建投第九建设有限公司
5	云南省 S35 永金高速永仁至大姚段项目经理部土建五分部	中铁大桥局集团第八工程有限公司
6	云南省 S35 永金高速永仁至大姚段项目经理部土建六分部	云南建投第十四建设有限公司
7	云南省 S35 永金高速永仁至大姚段项目经理部土建七分部	云南建投第三建设有限公司
8	云南省 S35 永金高速永仁至大姚段项目经理部土建八分部	云南建投中航建设有限公司
9	云南省 S35 永金高速永仁至大姚段项目经理部土建九分部	云南建投第六建设有限公司
10	云南省 S35 永金高速永仁至大姚段项目经理部土建十分部	云南建投第十四建设有限公司
11	云南省 S35 永金高速永仁至大姚段项目经理部房建分部	云南建投第十六建设有限公司
12	云南省 S35 永金高速永仁至大姚段项目经理部路面分部	云南建投路面工程有限公司

1.2 综合检查考核方式

总承包项目经理部对各参建分部综合检查方式为：周检查考核、半月检查考核、月检查考核、季度检查考核、节点考核、配合单位评价。检查考核由总承包项目经理部工程管理部牵头组织，其他各职能部门参与；检查前下发相关检查通知，包含具体的检查时间、检查人员、检查内容、检查方式、检查顺序等。

1.2.1 总承包项目经理部检查组对各参建分部检查时间

（1）周检查考核时间为每周六。
（2）半月检时间为每月 15 日。
（3）月检时间为每月 25 日。
（4）季度检查考核定为每季度最后一个月 25 日左右开始，如有其他安排，具体检查时间以通知为准。
（5）节点考核按节点责任书内的时间进行检查考核。
（6）配合单位评价，混凝土、安装、物流等配合单位不进行检查考核，按月进行评价，评价时间和月检查考核时间一致。

1.2.2 检查考核内容

1. 周检查考核

对高速公路项目梁场建设、混凝土搅拌站建设、薄壁空心墩施工、索塔施工、人工挖孔桩施工、隧道进尺等进行专项考核，考核前制定考核计划责任书，以各分部完成内容项（个）数、进度为单位考核，考核采用"一周一考核、一月一汇总"的周考核机制，考核奖罚金额以考核计划责任书为准。

2. 半月检查考核

半月考核以实体进度完成情况为主，以大机设备情况、材料备料情况、合同进展情况和后续工序开展等情况为辅进行考核，综合考核评分为100分，其中，进度完成情况占总分值的60%，其余考核内容根据项目具体情况调整分值。半月考核不做奖罚，考核结果与月度考核挂钩，并在总承包二部及各分部进行通报。

3. 月检查考核

月考核是对"四保一控一树"及党建工作情况进行考核，考核综合评分为100分，其中进度完成情况占总分值的50%。

（1）内业检查：以总承包项目经理部工程管理部下发的各职能部门（进度、技术、质量、安全、造价）内业检查表格进行考核。

总承包项目经理部适时根据实际情况对相关检查表格内容作适当修改调整，如有修改，修改完善后下发各参建分部，检查以修改确认后的表格为准。

（2）外业检查：总承包项目经理部各职能部门下发相关检查表格（进度、技术、质量、安全）进行外业检查，根据表格内容进行现场检查。

（3）总承包项目经理部各职能部门内、外业检查后，均需各参建分部项目经理或相关人员在检查记录表上签字确认，如有异议，可当场提出，如离场后提出则不予确认。

（4）季度检查考核：季度考核在月考核的基础上，综合本季度三个月的"四保一控一树"及党建工作情况进行综合研判，考核评分为100分，考核内容与月度考核一致，考核季度内的月度综合平均分数作为最终季度得分。

4. 节点考核

指挥部根据项目特点及重要节点计划，根据签订的各年生产责任书，对各分部路基转序、桥梁贯通、桥梁桥面铺装完成、隧道工程贯通、主塔封顶、锚碇浇筑完成、主缆架设完成、悬索桥钢箱梁吊装完成等重要节点目标完成情况实施节点考核奖罚。

5. 配合单位评价

配合单位（混凝土、安装、物流、物资供应等）不进行"四保一控一树"考核及排名，根据计划完成情况，按月对其进行"好""合格""不合格"评价，其中，超额完成评价为"好"，按计划完成评价为"合格"，未完成评价为"不合格"。对累计3个月评价为"不合格"的单位上报集团并建议更换项目管理团队。指挥部根据项目施工阶段，适时调整主导单位与配合单位的考核机制。

1.3 综合检查打分说明

打分方式：以总承包项目经理部最新核准的进度计划及下达的施工产值目标、相关责任状、专项考核计划责任书等为主要考核依据，各阶段综合得分满分 100 分。其中，月和季度检查考核"四保一控一树"各项权重分别为进度方面占 50%、安全方面占 15%、质量方面占 15%、技术方面占 10%、成本方面占 10%。

其中：进度方面内业资料检查占 20%，外业实体检查占 80%；技术方面内业资料检查占 30%，外业实体检查占 70%；质量方面分为质检和试验两个方面，质检占比 50%，试验占比 50%，其中质检内业资料检查占 20%、外业实体检查占 80%，试验内业占比 100%；安全方面内业资料检查占 50%，外业实体检查 50%；造价方面内业资料检查占 100%。

半月检考核得分仅作为提醒分部进度执行情况，不参与月度评分，如上半月进度未完成但是月底施工进度完成月检查考核同样可以得分，月度最终考核分数以月度检查分数为准。

检查打分原则：坚持公平、公正、公开的原则，不弄虚作假，实事求是。

1.4 考核工作程序

各阶段检查结束后，由工程管理部负责收集各职能部门检查评分情况，进行得分汇总。其中，月、季度、节点检查考核后由副组长主持、工程管理部组织于月末、季度末、节点时间召开综合检查总结反馈会议，对各参建分部进行综合考核评价。

检查组对各参建分部"四保一控一树"管理的检查评分表得分进行加权汇总，结合相关法律法规、行业标准、总承包二部、集团管理制度等对各参建分部总体管理水平进行全面评价和量化考核评分。

对月、季度综合考核满分为 100 分，检查考核结果分为三个等级：

（1）综合考核得分大于等于 85 分为优良。
（2）综合考核得分大于等于 70，小于 85 分为合格。
（3）综合考核得分小于 70 分为不合格。

若本月发生质量、安全事故，则本月质量、安全方面综合检查考核为 0 分。

经检查小组商议，领导审核确定后，工程管理部在总承包项目经理部及各参建分部驻地内对考核结果进行公示。公示期为 3 个工作日，在公示期内若各参建分部无异议，则执行奖惩处理。

1.5 考核奖罚机制

（1）周考核奖罚：原则上不高于月度考核奖罚金额，具体考核奖罚金额以考核计划责任书为准。
（2）半月考核奖罚：半月考核不做奖罚，考核结果与月度考核挂钩，并在总承包二部及各分部进行通报。

（3）月考核奖罚：月度考核实施管理成果补助和处罚机制，对得分排名位列前三名且进度完成率≥80%的，依次给予管理成果补助3万元、2万元和1万元；得分排名位列前三名但进度完成率<80%的，不做管理成果补助；得分排名位列后三名且进度完成率<80%的，依次给予管理成果处罚6万元、4万元和2万元；得分排名位列后三名但进度完成率≥80%的，不做管理成果处罚。

（4）季度考核奖罚：与月度考核奖罚一致。

（5）节点考核奖罚：按照节点要求完成的，按项目分部分项工程造价的0.5%～1%进行奖励；未按节点要求完成的，按项目分部分项工程造价的1%～2%进行处罚。

（6）配合单位评价：只进行评价，不进行奖罚。

1.6　考核工作要求

要求各参建单位要认清形势，理清思路，各管理人员要各司其职、各负其责、团结协作；确保做好保工期、保质量、保安全、保廉洁、控成本、树形象的"四保一控一树"工作，确保项目顺利推进，最终实现共商、共建、共赢。

要求各分部项目经理要加强自身廉政建设，杜绝弄虚作假，推诿扯皮；要加强成本管控工作，提前策划、倒排工期、及时纠偏；要加强对安全、质量的把控，加大人、材、机投入，加强保证措施的督促落实，把问题和矛盾解决在萌芽阶段，保证项目实现预期目标。

1.7　考核结果评价

总承包项目经理部综合考核结果用于对各参建分部实施奖惩，同时也作为考评各参建分部的参考依据；"四保一控一树"的考评结果则分别用于衡量各参建分部的技术、安全、质量、进度、造价总体管理水平及总体实力。

各参建分部在一个年度内每月考核全部合格，且有6次以上月度考核为优良的将被评为年度优秀；有6次以上月度考核为不合格的将被评为年度不合格，其余的情况为年度合格。

1.8　考核检查评分表

1. 工程管理部检查表格（内业）（表1-2）

表1-2　工程管理部检查表格（内业）

项目名称：　　　　　形象进度：　　　　　　　　　日期：　　年　　月　　日

序号	检查项目	检查内容和方法	扣分标准	应得分数	扣减分数	实得分数
1	目标管理	进度计划目标和进度管理制度	（1）无进度项目管理的制度、办法，扣5分。 （2）总进度计划不能满足合同工期要求，扣5分。 （3）未对进度目标进行分解，扣5分。 （4）群体项目的单体进度目标不明确，扣5分。 （5）开工手续和验收手续等不符合基本建设程序的唯一性，扣5分。	25		

续表

序号	检查项目	检查内容和方法	扣分标准	应得分数	扣减分数	实得分数
2	计划编制	总进度计划的编制和管理	（1）未编制项目总进度计划，扣5分。 （2）总进度计划不合理，扣5分。 （3）里程碑节点（阶段）目标不明确，3分。 （4）项目未编制标段单体进度计划，扣5分。 （5）未建立项目进度管控体系，扣2分。	20		
3	信息报送	按时报送项目进度信息	（1）未按要求报送项目进度信息，扣2分。 （2）项目部无进度管理月度简报，扣2分。 （3）办公室无项目形象进度图表，扣1分。	5		
4	过程控制	生产管理的检查、考核情况，进度分析、改进情况	（1）未对月进度计划进行检查，扣5分。 （2）未对里程碑节点计划进行考核，扣5分。 （3）未对进度滞后采取纠偏措施，扣5分。 （4）工期延误未办理工期签证，扣4分。 （5）被建设、监理等投诉，相关联系单未及时整改回复，扣5分。	24		
5	体系运行	参建公司、项目部项目进度管理	（1）参建公司未对项目进度实施监管，扣2分。 （2）项目部无周（月）进度计划，扣3分。 （3）资源配置不够影响进度，扣5分。	10		
6	痕迹资料管理	收集进度计划、管理记录	（1）无项目进度资料，扣2分。 （2）无进度的对照检查、考核记录，扣2分。 （3）未建立月进度简报、计划等台账，扣2分。	6		
7	其他工作安排事项		未按要求完成重点工作安排事项，扣10分（上报资料积极性、及时性、准确性及其他工作安排的重点工作完成情况等）。	10		
检查项目合计						

检查人：　　　　　　　　　受检项目部（标段）负责人：

2. 工程管理部检查表格（进度）（外业）（表1-3）

表1-3　工程管理部检查表格（进度）（外业）

工程类别	分项工程	单位	本月计划完成量	上半月计划完成量	实际考核完成数量	得分	月末实际考核完成数量	得分	分值权重
路基工程	挖方	万立方米	15	7.5				4	18
	填方	万立方米	10	5				4	
	截水沟、排水沟	m	2 000	1 000				4	
	边坡防护	万平方米	6 000	3 000				6	
桥梁工程	桩基	棵	48	25				6	58
	圆柱墩	m	800	400				10	
	薄壁空心墩	m	180	90				10	

续表

工程类别	分项工程	单位	本月计划完成量	上半月计划完成量	实际考核完成数量	得分	月末实际考核完成数量	得分	分值权重	
桥梁工程	盖梁	道	38	19					6	58
	承台	个	4	2					4	
	T梁生产	片	240	120					12	
	T梁架设	片	180	90					10	
隧道工程	开挖及初支	m	200	100					8	24
	仰拱	m	200	100					8	
	二衬	m	200	100					8	
合计									100	100

3. 质检部检查表格（内业）（表1-4）

表1-4 质检部检查表格（内业）

受检分部：　　　　　　　　检查日期：　　　　　　　　总得分：

序号	检查项目	检查内容	分值	扣分原因	得分
1	组织机构	（1）未成立质量管理机构，扣3分。 （2）质检人员和试验人员不足的，每人扣1分。 （3）质量管理人员变更未按规定办理报批手续，变更人员资格条件有低于投标文件承诺，每人扣1分。 （4）质量管理人员长期离岗，不履职每人扣2分。 （5）质量管理人员须2人执工程师证，无证，每人扣1分。	3		
2	质量管理体系	（1）无质量管理策划书，扣3分。 （2）无质量创优策划书，扣3分，质量目标不明确、不合理的，扣2分。 （3）母体公司每季度1次对项目检查指导，无监管记录，每次扣1分。 （4）质量管理制度及措施和办法不健全，无针对性和可操作性，且落实不到位。每次每项扣2分。 （5）未建立首件制、三检制、隐蔽工程验收制度等，每项扣2分。	3		
3	质量责任状	（1）项目经理须与各管理人员及施工队签订质量责任状，按年签订，未签订的，每项扣1分。 （2）分部项目部未与总承包项目经理部签订质量责任状，扣2分。	2		
4	标准、规范管理	（1）缺少1本扣1分。 （2）无专人管理、借阅不便、无借阅记录的扣1分。	2		
5	技术质量交底	每方案至少做一次二级技术质量交底，每分项工程每工艺每班组至少做一次三级技术质量交底，无二级交底每次扣3分，无三级交底，每项每次扣2分。记录不全每项扣1分。	5		

续表

序号	检查项目	检查内容	分值	扣分原因	得分
6	培训学习	（1）每月至少组织1次与质量相关的学习培训并形成相应培训记录，培训记录主题明确、内容完整，须附签到表、照片等，无培训扣3分，培训记录不全，每项扣1分。 （2）未组织学习政府、集团、项目公司、总承包部等上级部门要求宣贯学习的文件、通知等，每项每次扣3分，记录不全，每项扣1分。	3		
7	质量会议	每半月至少组织1次质量会议，形成会议纪要并有签到表、会议照片，无质量会议扣3分，记录不全每项扣1分。	3		
8	信息报送	（1）质量周报、质量月报上报不及时，周报每次扣1分，月报每次扣3分。 （2）未按时、按要求整改及回复，每次扣3分，签字不齐全、资料不闭合，每份扣2分。 （3）未按集团、公司、总包等要求上报相关信息报表，每份每次扣2分。 （4）未按时、按要求在相关单位要求的电子办公系统上传录入相关信息，每次每项扣1分。 （5）收到监理、项目公司、集团、政府单位的质量整改文件，每份扣1分，未及时整改回复，每次扣4分。	6		
9	施工管理记录	（1）未填写项目施工日志的，每日扣1分。 （2）未填写质量管理日志的，每日扣1分。 （3）未填写"三检制"记录、隐蔽工程验收记录等，每工序每次扣1分。 （4）冬、雨季节施工，未进行专项管理活动及无相关记录，每项每次扣2分。 （5）记录不完整，未按要求、规范填写，无追溯性的，扣1分。	5		
10	质量管理活动开展情况	（1）对于交通厅、集团公司、项目公司、项目经理部要求的质量相关专项活动，在活动时间范围内，未按要求开展的，每项扣2分。开展不到位、无相关痕迹资料、资料不全的每项扣1分。 （2）未成立质量QC（质量控制）活动小组、未展开质量QC活动，质量QC活动成果达不到要求的，每项扣2分。 （3）无质量月活动方案，未按方案开展活动，无质量月活动总结，每项扣1分。 （4）未按相关管理制度开展管理活动，每项每次扣2分。 （5）未组织周检、月检，每次扣2分，无相关记录、记录不全、资料不闭合，每项扣1分。 （6）对长期存在的质量问题、质量通病未采取专项管控措施，每项每次扣2分，相应记录不全扣1分。 （7）未学习、开展"五反一加强"（反习惯性违章、反习惯性漠视和容忍违章、反习惯性不按规范标准施工、反习惯性不按设计图纸施工、反习惯性不按方案施工，加强宣传教育）活动，扣3分，记录不全扣1分。	10		

续表

序号	检查项目	检查内容	分值	扣分原因	得分
11	工程资料	（1）无质量管理文件台账，扣2分。 （2）未按要求进行工程划分的，扣2分。 （3）无施工台账、资料台账每项扣3分，台账更新不及时，每项每次扣1分。 （4）在用测量仪器、试验检测设备，未按相关要求校准、标定每台（套）扣2分，无检定、校准证书每项扣1分。 （5）已施工分项工程无开工报告资料，每项扣2分。 （6）已完工首件工程未报送首件总结资料，每项扣2分。 （7）已完工程质检资料不齐全、填写不规范、涂改、签字不全、未按要求整理归档、管理不善，每项每次扣2分。 （8）质检资料附件（测量、试验、施工原始记录等）不全，内容不闭合，数据来源无追溯性，每分项工程每次扣1分。 （9）路基、桥梁、隧道工程未按设计及规范要求设置沉降、位移、变形、温控等监控量测设施，每处每项扣3分，无观测记录、记录不全每项每次扣1分。 （10）影像资料未按要求收集整理、不齐全、编辑排版不规范，每项每次扣2分。 （11）资料归档不规范，无专人负责的，扣1分。 （12）施工资料检测数据造假的，每项扣2分。	15		
12	质量事故处理	（1）未制定相关质量事故处理制度，扣3分。 （2）发生质量事故，未按相关制度处理、处理不及时，每次扣3分。资料不完善，每项扣2分。 （3）因检测结果误判或管理不到位，导致发生质量问题或事故并负有责任的，每次扣3分。	3		

备注：此表为主要检查内容，根据项目进展情况会增减检查内容。

检查人：　　　　　　　　　　　　　　分部项目经理：

4. 质检部检查表格（质量）（外业）（表1-5）

表1-5　质检部检查表格（质量）（外业）

受检分部：　　　　　　检查日期：　　　　　　总得分：

序号	检查项目	检查内容	分值	扣分原因	得分
1	组织管理	（1）现场未配备质量管理人员或管理人员不履职，每处每次扣1分。 （2）现场未配备经检校鉴定合格的水准仪、全站仪、RTK（实时动态载波相位差分技术）等测量仪器及相关试验检测仪器，每项每台（套）每次扣2分。 （3）现场施工违反集团"五反一加强"、集团22条质量管理禁令等规定，每项每次扣1分。 （4）开工前未组织相关交底、教育、培训，每项每次扣1分。 （5）未执行相关质量管理规定、制度、办法，每项每次扣2分（如进场原材料验收、工序验收、三检制）。	8		

续表

序号	检查项目	检查内容	分值	扣分原因	得分
2	现场检查		32		
2.1	出现质量问题需整（返）修或加固				
1)	路基土石方工程，出现质量问题需整（返）修，每项每次扣3分	（1）路基挖方边坡高低起伏、平整顺适度未达标。 （2）路基填方填前未按要求挖台阶、清表、整平、压实，填方作业未打格挂线、平整度差、无排水横坡、局部区域压实度不达标、局部软弹等。 （3）先后填筑搭接段未按规范预留台阶。 （4）路基填方超厚填筑，填料粒径超标等。 （5）土工格栅搭接宽度及锚固不符合要求。 （6）墙背、涵背、桥背分层压实厚度大于设计及规范要求。 （7）与路基土石方工程相关的其他质量问题。			
2)	路基、路面、桥梁及隧道中的砼工程出现质量问题，需整（返）修，每项每次扣3分（2~10项扣3分）	（1）混凝土保护层厚度不达标，扣4分。 （2）隧道仰拱填充与仰拱施工缝未错开50 cm以上。 （3）混凝土工程未按规范要求设置垫块。 （4）模板安装前未校正、打磨、清理浮浆及过程支撑不稳固。 （5）混凝土工程结构线形平直顺适度差、坡面高低起伏不顺适。 （6）混凝土表面蜂窝、麻面、粗糙、模板拼缝处错台、表面不平整及隧道初支喷射混凝土轮廓圆顺度差。 （7）沉降缝咬口不笔直、泄水口反坡等。 （8）混凝土施工缝未凿毛，如桩基顶面、承台顶面、隧道二衬、仰拱及仰拱填充施工缝、预制梁（板）端头及翼缘板侧壁等。 （9）混凝土工程结构物顶面高低起伏不顺适。 （10）与路基、路面、桥梁、隧道混凝土工程相关的其他质量问题。			
3)	路基、桥梁中的钢筋、钢绞线工程及隧道中的钢筋、注浆小导管、钢拱架及防排水工程出现质量问题，需整（返）修，每项每次扣3分（2~10项扣3分）	（1）钢筋间距不达标，扣4分。 （2）钢筋（钢绞线、钢拱架）锈蚀、顺直度差。 （3）钢筋及钢拱架焊缝夹渣（气孔）或不饱满。 （4）桥梁钢绞线、波纹管定位与设计及规范不符。 （5）钢拱架腹板焊缝未按设计及规范双面双钢板绑焊。 （6）直螺纹丝扣不饱满、丝扣端头打磨不平整光滑。 （7）HRB400螺纹钢焊接未采用"5"字开头焊条。 （8）钢筋隔空锚接长度不达标。规范锚接长度不小于$35d$，其中隧道环向主筋错开长度不小于1 m。 （9）钢筋焊接搭接（帮条）长度或直螺纹连接长度不达标（规范焊缝长单面$10d$、双面$5d$）。 （10）钢筋网搭接长度不达标。规范搭接长度不小于$30d$，且不小于一个网格长边尺寸。 （11）隧道防水层搭接宽度未达标，焊缝宽度及密实性不达标；防水板铺设皱褶不平整。 （12）隧道锁脚注浆小导管（锚杆）与钢拱架连接与设计不符，需返修达标。 （13）与钢筋、钢绞线、钢拱架及防排水工程相关的质量问题。			

续表

序号	检查项目	检查内容	分值	扣分原因	得分
4)	路基、桥梁、隧道等工程实体不符合设计及规范要求，需返修或加固，每项每区段扣6分	路基工程： （1）路堤超厚填筑致压实度不达标须采用注浆、强夯、冲碾等措施补强。 （2）路基混凝土工程离析不密实，须进行钻孔注浆加固补强。 桥梁工程： 桥梁混凝土离析不密实，须进行钻孔注浆加固补强。 隧道工程： （1）隧道初支衬砌脱空，须注浆加固补强。 （2）隧道钢拱架间距（榀数）未达设计及规范要求，须返修或加固。 （3）隧道锚杆抗拉拔力小于设计，须返修或加固。 （4）隧道径向锚杆（注浆小导管）、锁脚注浆小导管、超前注浆小导管、超前锚杆、超前管棚长度小于设计或间距大于设计及根数小于设计和小导管（管棚）未打孔注浆，需返修或加固。 （5）隧道钢拱架拱脚间未按设计采用工字钢或槽钢连接，隧道钢拱架墙脚间未按设计采用槽钢连接，需返修达设计。 （6）隧道施工缝、变形缝未按设计设置止水条（止水带）须返修达设计。 路基、桥梁、隧道工程中的其他工程实体及其他工程未按设计及规范要求施工，需返修或加固。			
2.2	出现质量问题，工程需返工重做，每项每作业点扣20分	路基工程： （1）填方原材料含水量严重超标，填方软弹致大面积压实度不达标，填方路基开裂等质量问题导致返工重做。 （2）路基填方超宽碾压不达标导致返工重做。 （3）防护支挡及排水工程结构线形太差、坡面高低起伏严重、墙面平整度太差等质量问题导致返工重做。 （4）涵洞通道工程因质量问题导致返工重做。 （5）路面压实度、厚度、强度不达标导致返工重做。 桥梁工程： （1）桩基质量缺陷出现Ⅲ类桩。 （2）墩柱、盖梁、梁板等因质量问题导致返工重做。 隧道工程： （1）隧道初支、二衬厚度等质量问题导致返工重做。 （2）隧道仰拱填充混凝土与仰拱混凝土未分开浇筑需返工重做。 砂浆或混凝土强度不达标需返工重做。 原材料质量不合格导致返工重做。 其他质量问题导致返工重做。			
2.3	造成质量事故的，扣40分	直接经济损失（包括修复费用）在20万元及以上。			

续表

序号	检查项目	检查内容	分值	扣分原因	得分
2.4	出现质量问题，情节严重，未按要求整改，扣20分	拖延整改、抗拒整改、屡教不改。			

备注：此表为主要检查内容，根据项目进展情况会增减检查内容。

检查人：　　　　　　　　　　　　分部项目经理：

5. 安全部检查表格（安全）（内外业）（表1-6）

表1-6　项目安全管理检查评分表

项目名称：

序号	评定项目	评分标准及方法	应得分	扣减分	实得分
		一、内业			
1	安全生产责任制度	（1）项目经理（指挥）部未建立安全生产考核、奖惩制度扣10分，未实施考核和奖惩的，扣5~10分。 （2）项目经理（指挥）部未建立安全生产责任制考核制度，扣10分，各部门、各级（岗位）对各自安全生产责任制未执行，每起扣5分。	20		
2	安全风险管控	（1）未对施工过程中存在的危险源进行辨识评价，或评价不全面，发现一处，扣5分。 （2）未建立风险动态监控机制，扣5分，未建立重大风险动态监测台账的，扣5分。	10		
3	安全教育培训	培训时间、内容，参加培训人员记录不清晰，发现一次扣3分，经查实培训记录造假、或存在代签情况，发现一次扣5分。	10		
4	安全生产例会	未按制度开展会议、记录不完整、签字不全、会议要求落实无痕迹资料，扣5~10分。	10		
5	安全检查及隐患排查治理	（1）未按制度开展检查，检查没有记录、无台账、不闭合，发现一处，扣5分。 （2）特殊时段无领导值班计划、带班检查记录，扣5~10分。	15		
6	安全生产费用	（1）未按规定足额提取安全生产费用，视情节扣3~5分。 （2）未建立安全生产费用使用台账，或台账所附证明不齐全、不真实，发现一次视情节扣3~5分。	15		
7	安全生产应急救援	未建立消防设备和灭火器材等清单，扣3分；未定期检查、维护、更新台账，视情节扣3~5分。	10		
8	安全专项工作落实	未严格落实政府、行业主管部门及集团公司布置的安全专项工作，包括未制订工作方案及计划、开展的工作无痕迹、无工作总结或总结空洞，发现一次扣5分。	10		

续表

序号	评定项目	评分标准及方法	应得分	扣减分	实得分
		二、施工现场（外业）			
1	机械设备作业	（1）项目经理（指挥）部、施工段（分部）未按要求配置专职设备安全监督管理人员的扣3分；操作人员无证，发现1人次扣2分。 （2）安装（拆除）前未按规定上报重大危险源提前报告表，每台扣2分，未按规定组织设备进场验收、拆除前检查，每台扣2分，无经批准的设备安装（拆除）专项方案，每台扣2分。 （3）未按规定组织培训、教育、交底，扣3分。 （4）大机设备安装完毕使用前经公司相关部门验收同意及检测合格，未按规定进行验收管理的，每台扣2分，未按规定进行检测管理的，每台扣2分，首次检测不合格，每台扣2分；特种设备未报验即投入使用，扣10分。 （5）吊装作业应设置警戒区，警戒区不得小于起吊物坠落影响范围，未设置警戒区的，扣3分。 （6）垂直升降设备、塔吊基础及附着装置不稳定牢固，发现一处扣5分。 （7）轨道式起重机无有效限位及保险装置，电缆拖地行走，发现一次扣2分。 （8）起重设备安全保险装置、钢丝绳、滑轮、吊索、卡环、地锚等损坏或不规范的，发现一处扣1分。 （9）起重设备违章操作、停机，发现一次扣1分，铭牌未按要求悬挂，发现一处扣1分。	20		
2	临时用电	（1）施工现场临时用电按"三级配电，逐级回路保护"设置，未按要求布设的，发现一处扣2分。 （2）水上或潮湿地带电缆线必须绝缘良好并具有防水功能，电缆线接头必须经防水处理，未做防水处理的，发现一处扣2分。 （3）每台用电设备必须设独立开关箱；开关箱必须装设隔离开关及短路、过载、漏电保护器；配电箱、开关箱电源进线端严禁用插头或插座做活动连接，否则发现一处扣2分。 （4）电缆应采用架空或埋地敷设，若不按规范处理的，发现一处扣1分。 （5）配电箱、开关箱锈蚀严重或无锁或装设不牢固的，发现一处扣1分。 （6）工程使用的电线电缆入场前应当按规定抽样检测，无检测合格报告的不得使用，发现一处扣1分。	10		
3	文明施工	（1）区域分区标牌合理，重大风险、重大事故隐患应在明显位置公示；施工现场未设置封闭围挡，或无五牌一图，或未公示重大风险、重大事故隐患的，发现一处扣3分。 （2）未按规定设置文明施工、安全警示标志、标牌及操作规程牌的，发现一处扣1分。 （3）交通要道、重要作业场所，危险区域要设置安全警示标志、标牌，施工便道与既有道路平面交叉处未设置道口警示标志，发现一处扣1分；有高度限制未设置限高架，发现一处扣1分；未按规定落实施工扬尘防控措施，发现一处扣1分。	10		

续表

序号	评定项目	评分标准及方法	应得分	扣减分	实得分
4	桥梁工程	（1）基础施工：桥梁扩大基础、挖孔桩、钻孔桩、沉入桩、沉井和地下连续墙等施工无方案的扣 10 分；未严格按施工方案实施，发现一处视情节扣 4~6 分；挖孔桩施工未按规定对有害气体进行监测，并保持通风，孔内未采用安全特低电压照明的，发现一处扣 2 分。 （2）墩台施工：高墩台施工未严格按专项施工方案组织实施，视情节扣 4~8 分；未按规定搭设高处作业平台，或未设置人员上下通道，或高处作业空间严重不足的，发现一处扣 6 分；发现使用起重设备载人上下墩台，发现一处扣 6 分。 （3）桥梁上部结构及桥面系施工：桥梁上部结构施工未按专项施工方案组织实施，视情节扣 4~8 分；梁板吊装就位后，未及时进行稳固，或稳固措施不足，发现一处扣 2 分；人员违规作业，发现一人次扣 2 分；桥面系施工时未按要求设置安全防护栏杆或安全网，发现一处扣 2 分；支架基础不牢固、排水不畅，发现一处扣 2 分。	20		
5	隧道工程	（1）施工基本要求及开挖：严格执行隧道洞口值班登记制度，执行不严格，发现一次扣 4~8 分；洞口工程严格按施工方案组织实施，若不符，扣 2~4 分；双侧壁导坑法施工导坑跨度宜为整个隧道跨度的三分之一，左右导坑施工时，前后拉开距离不宜小于 15 m，导坑与中间土体同时施工时，导坑应超前 30~50 m，距离不满足要求，发现一次扣 2~3 分；按照施工方案开挖，严禁擅自变更开挖方法，严格控制超欠挖，未按方案组织开挖、超欠挖超标，发现一次视情节扣 4~6 分；隧道内严禁存放汽油、柴油、煤油、变压器油、雷管、炸药等易燃易爆物品，若违禁堆放，发现一处视情节扣 4~6 分；洞口工程边坡及仰坡自上而下开挖，保证稳定，发现掏底或上下重叠开挖、不稳定，发现一次视情节扣 2~4 分；各类施工作业台架、台车防坠设施设置齐全，安全可靠，配备不足，发现一处扣 2 分。 （2）初期支护及二衬：在专项施工方案中明确仰拱与掌子面、二衬与掌子面的距离并严格执行，未严格按要求控制，发现一处视情节扣 4~6 分；初期支护和二衬必须按施工方案组织实施，若不符，视情节扣 6~8 分；仰拱开挖宽度应符合规范要求，不满足规范要求，扣 2 分。 （3）监控量测，超前地质预报：对掌子面稳定性开展巡视检查，有记录，没有的，扣 2 分；巡视检查记录不完善，扣 1 分。 （4）五大系统：软弱围岩隧道开挖掌子面至二次衬砌之间未按要求设置逃生通道，扣 5 分；逃生通道设置不合理，或距离超标的，发现一处扣 2 分；未对隧道内有毒有害气体进行监测，或无监测数据记录，扣 1 分；隧道内施工未按要求通风，或通风管送（吸）风口距掌子面距离不足，视情节扣 2~4 分；隧道内未定期清扫、冲洗，粉尘超标，发现一次视情节扣 1~3 分；隧道内照明不符合要求，扣 2 分；隧道内积水较严重，扣 1 分；隧道内消防器材不足，扣 2 分；隧道内未设置逃生管、应急箱，或距离掌子面等作业区域较远的，视情节扣 1~2 分；隧道内电缆布设不规范，扣 1 分。	30		

续表

序号	评定项目	评分标准及方法	应得分	扣减分	实得分
6	边坡施工	（1）边坡施工开挖一级防护一级，未实现开挖一级防护一级，发现一处扣3分。 （2）未按要求设置安全防护措施，发现一处扣2分；高边坡、滑坡体、危石段应设置风险告知牌，并设置必要的安全防护措施，严禁设置施工驻地，发现一处扣5分。 （3）挡土墙施工排水设施完善，排水不完善，发现一处扣2分；不良地质边坡开挖前应提前施作排水设施，未施作排水设施或排水设施不完善的，发现一次扣2分。	10		

考评人：　　　　　　　　　项目负责人：　　　　　　　　　时间：　　年　　月　　日

6. 总工办检查表格（技术）（外业）（表1-7）

表1-7　总工办检查表格（技术）（外业）

受检分部：　　　　　　　　　　　　检查日期：
满分：100（此级权重1/2）　　　　　总得分：

序号	考核项目	考核内容	检查情况	评分
1	桥梁（40分）	（1）现场实际施作与设计图纸、规范、标准及施工方案不一致，每处扣2~4分。 （2）梁板柱等模板固定措施（拉杆等）设置不足，模板未保养打磨导致混凝土外观质量差，每处扣2~4分。 （3）钢筋生锈严重、焊接或机械连接质量差，每处扣2~3分。 （4）对抗滑桩及桥孔桩位未进行位移监测及保存数据，扣1~3分。 （5）桥台背、涵背回填材料不合格，回填施工工艺不合理，扣2~3分。 （6）施工缝未有效去除浮浆，采用点凿毛的，扣2分。 （7）养生不及时，措施不到位，养生期不符合要求的，扣2~4分。 （8）关键施工节点（桩基、墩柱、梁板浇筑）技术员、试验员未在场，扣2分。		
2	路基（30分）	（1）路基、路面各层各部位现场实际施作与施工方案不一致，扣2~4分。 （2）未按要求设置台阶或台阶设置不符合要求，斜坡摊铺碾压、未洒水或晾晒不足含水量未控制好、未分层填筑及填筑层厚超标，每处扣2~3分。 （3）未先施工高填方路堤，导致高填路堤没有足够时间固结，扣2~3分。 （4）混填、不同填筑材料未进行分层分段填筑，扣2~3分。 （5）特殊路基强夯不合格、冲击碾压不合格，每处扣2~3分。 （6）盲沟、排水沟未按设计施作或不合格，每处扣2~3分。 （7）边坡未做到开挖一级防护一级，开挖后未及时施作防护，每处扣2~3分。 （8）边坡未及时设置截水沟、排水沟等，每处扣2分。 （9）未对滑坡、边坡做足够范围、数量、频率的监测等，扣2~3分。 （10）段落负责人未在岗的，扣2~3分。		

注：无隧道工程的分部，桥梁为60分，路基40分。

7. 合约成本部检查表格（造价）（表1-8）

表1-8 合约成本部检查表格（造价）

项目名称：								
受检标段：			项目经理：		检查日期：			
序号	检查项目	分值	检查内容及评分标准	未完成扣分	检查情况	扣分	得分	备注
1	人员配备	2	未明确、未建立岗位职责，扣2分。	2				
2	绩效责任书、内部承包协议、项目策划	3	（1）《绩效管理目标责任书》未签订，扣1分。	1				
			（2）《内部承包协议书》/《施工合同》未签订，扣1分。	1				
			（3）未完成"五位一体"项目造价策划，扣1分。	1				
3	预结算管理	18	（1）收到施工图2个月内未完成施工图预算编制，未按时间要求审定施工图预算扣5分。	5				
			（2）未按时间要求完成结算编制及送审，扣3分。	3				
			（3）未与技术部门沟通、对接，对影响分项工程量综合单价构成、优化设计、100章费用计算等的专项施工方案和施工组织设计进行经济分析，扣5~10分；未编制专项方案和施工组织设计或应在方案和施工组织设计中明确但未明确的，本项得0分。	10				
4	目标成本管理	5	（1）内部协议签订完成2个月内未编制标段目标成本，扣1分。	1				
			（2）目标成本未结合标段实际情况编制，扣2分。	2				
			（3）在项目实施过程中，未及时对目标成本进行偏差修正的，扣2分。	2				
4	台账管理	15	（1）未建立0号台账、1号台账，扣5分。	5				
			（2）未建立本工段对总包计量支付台账，扣5分	5				
			（3）未根据经批准的优化方案实时更新0号、1号台账，扣5分。	5				
5	合同管理	15	（1）未组织对施工合同交底，扣2分。	2				
			（2）未分类建立（劳务、分包、材料、机械等）合同台账，合同台账不清晰或没有价格对比，扣1~2分。	2				
			（3）未进行招议标，未按规定要求、时间备案或合同要件不齐全，扣2分。	2				
			（4）未及时签订下游合同，未按要求走完审批流程，每项扣1~3分。	3				

续表

序号	检查项目	分值	检查内容及评分标准	未完成扣分	检查情况	扣分	得分	备注
5	合同管理	15	（5）分包结算单未及时签认，未按规定格式签认，扣2分。	2				
			（6）工期拖延、增减施工内容等其他超出合同范围的情况，未及时与甲方签订补充协议，扣4分。	4				
6	产值管理	5	（1）费用控制核算做不到三同步（施工形象进度、施工产值与实际成本归集三同步）、准确、全面，扣2分。	2				
			（2）每月25日前报进度产值给甲方，按甲方要求填报表格；若未按时上报或表格没按要求填写，扣1分。	1				
			（3）产值计划、按月产值调整计划及分析，扣2分。	2				
7	施工成本管理	15	（1）未根据施工图预算编制目标成本计划，扣2分	2				
			（2）新增单价未及时报送，未及时跟踪审批流程，扣3分。	3				
			（3）未按月建立成本台账，成本台账不合理，未进行项目主要材料耗用量、盈亏对比分析，扣1～5分。	5				
			（4）每月召开经济分析会，对收入、目标成本、成本进行对比分析，核实成本是否在目标成本范围内，并对成本管控偏差采取切实有效措施，扣1～5分。	5				
8	变更管理	10	（1）未建立变更资料台账或台账不规范，扣3分。	3				
			（2）变更资料不齐全或未建立变更"一单一预算"，扣5分。	5				
			（3）变更办理不及时，扣2分。	2				
10	NC业财一体化情况	10	项目是否按一体化要求进行过程管控，出现手工凭证的未实施一体化的扣2分。	2				
			各施工段产值、目标成本、实际成本是否录入，录入不完整或数据异常的无合理解释的，扣1～3分。	3				
			分包录入，分包审批流及结算单录入，数据录入异常或与财务数据不匹配的扣1～2分。	2				
			物资录入及出入库金额是否匹配，不匹配的扣2分	2				
			业财数据录入的及时性、合同审批流与OA（办公自动化）项目的关联性，不合理扣1分。	1				

续表

序号	检查项目	分值	检查内容及评分标准	未完成扣分	检查情况	扣分	得分	备注
11	造价整改监督	2	施工段未对指挥部提出问题的整改措施进行整改并按时回复，扣2分。	2				
	合计	100						

	本月报甲方施工产值：
	累计完成施工产值：
	存在问题：
	管理亮点：
	综合评价：

检查人：		受检查人：	

检查人员（签字）：　　　　　　　受检分部技术负责人（签字）：

2 质量管理实践

为贯彻执行国家有关质量管理的方针、政策、法律、规程及上级部门关于质量部署的要求，正确处理质量和效益的关系，坚持"百年大计、质量第一"和以质取胜的原则，云南省建设投资控股集团有限公司总承包二部秉承"强化精细管控、打造过程精品"的理念，永大（永仁至大姚）高速项目经理部根据国家现行法律、法规、技术标准、设计文件和合同中对工程的质量要求，通过把事后检查变为预防为主，通过科学理论、程序和方法，使工程建设全过程工程质量处于受控状态。

2.1 质量管理目标

分项工程一次验收合格率100%。
合同段交工验收质量等级评定：合格。
建设项目竣工验收质量等级鉴定：优良。
杜绝发生一般及以上质量事故。

2.2 质量保证体系

为加强永仁至大姚高速公路项目工程质量管理，强化全员质量意识，使工程质量制度化、规范化、程序化，确保质量目标的实现，永大高速项目经理部建立了完善的质量保证体系。工程质量保证体系如图2-1所示。

2.3 质量管理组织机构

永大高速公路项目指挥部根据本工程的施工任务和特点，组建了一批业务能力强，具实干精神的管理队伍对永大高速进行全面质量管理。

2.4 施工质量控制

（1）项目组织建设：根据项目策划，统一组织机构，配足满足要求的管理人员，其中项目经理、项目总工及重要岗位人员应通过公司公开、公平、公正、透明的原则聘任上岗，严格按照审批流程，审批通过后进行行文聘任，加强责任与义务管理，签订质量责任书，达到项目建设标准化。

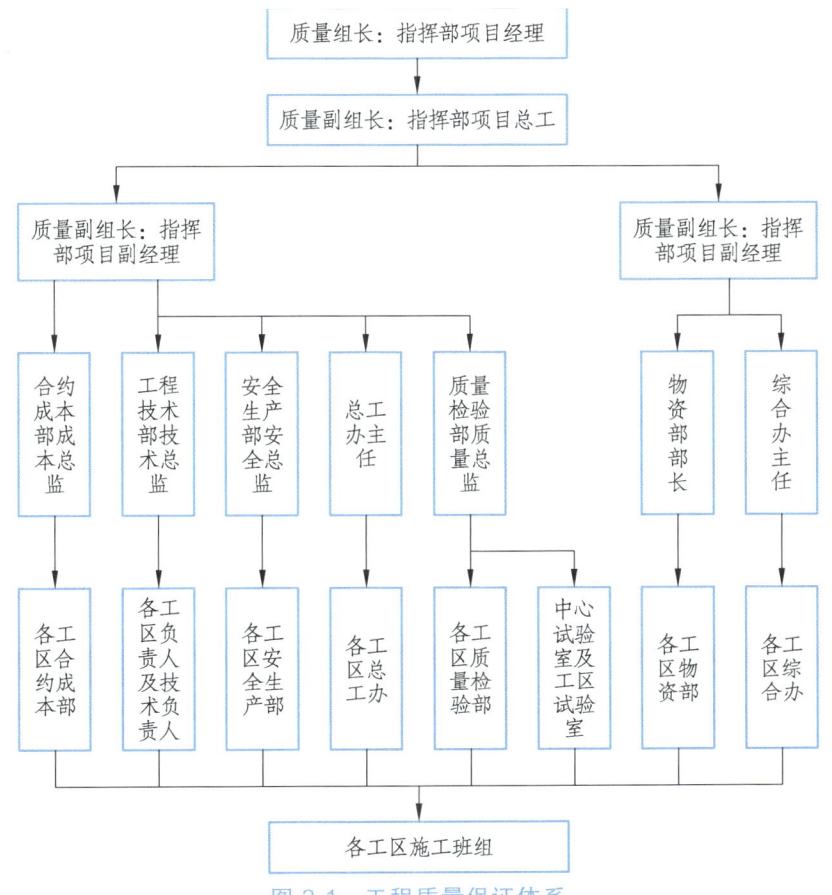

图 2-1　工程质量保证体系

（2）管理体系制度、岗位职责管理：以住房和城乡建设部《工程质量安全手册（试行）》为主要实施依据，结合公司实际情况以管理程序合法化、制度体系规范化、岗位职责相融合为原则编制了公司《质量管理岗位职责手册》。该手册简洁、适用、通俗易懂，通过将工程质量责任详细分解，落实到每一个质量管理、操作岗位，以强化岗位职责担当，推进人员履职尽责，严格每道工序、每个环节的质量管控，并保证行为合规及履职痕迹资料的真实性、可追溯性，推进实现全员参与质量共治。

（3）工程质量行为管理：按照"体系齐全、制度完备、责任明确"的要求，对企业和项目管理机构及管理人员应承担的质量责任和义务方面作出相应的规定，使之重视质量；对施工人员施工前进行技术质量交底，熟练掌握施工工艺，明确质量控制要点，对工程质量负责；做到从企业至施工人员人人重视质量，认真负责，确保工程质量行为标准化；对焊接等专业作业进场持证上岗制，确保工程质量。

（4）场站建设标准化：按施工现场总平面布置图，合理布置混凝土拌和站、梁场、钢筋加工场、沥青站、水稳拌和站等；场地应硬化无积水；机械设备配置满足使用要求；场站内应分区合理，使用方便；场站内标识标牌悬挂完整、内容齐全；场地内大机设备应检验合格并张贴使用登记证；场站内材料堆放整齐，保存整洁有序；场站建设应满足绿色环保要求。按照混合料集中拌和、钢筋集中加工、构件集中预制的原则进行质量标准化管理。

（5）试验室建设及试验检测标准化：永大高速工地试验室委托具有资质的检测机构，按照标准试验室进行建设，试验仪器配备齐全，人员持证上岗，建设完成后到交通主管部门备案并取得备案证书；对检测业务进行培训交底，检测过程按照规范、规程、标准规定的试验检测项目、流程要求、频率进行取样试验和现场试验，检测程序合法，检测数据真实有效，确保工程质量。

（6）工程实体质量标准化：按照"标杆引路、以点带面、有序推进、确保实效"的要求，以总承包二部《总承包二部公路工程施工标准化图册》为指导进行首件制、试验段施工，并完成首件总结报告工程审批，通过首件制、试验段施工明确施工工艺、控制要点、质量要求，详细记录验收过程、验收结论，建立工序质量样板，每个工序完工后均与样板进行比对验收，以点带面全力推进项目质量提升。

（7）原材料质量管理：从建筑材料、构配件、机械设备进场质量进行控制，按照原材料检测合格才能进场的原则，严格控制原材料质量。到场材料验收应确认实物与货单相符，到场材料的品种、规格、数量准确无误，包装完整，标准清晰；材料到场登记造册，建立台账；到场材料堆放分区明确，实现堆放标准化；到场材料使用前进场抽样检测，检测合格后方能使用。

图 2-2　原材料质量检测

（8）信息管理与工程质量管理相结合标准化：充分发挥信息化手段在工程质量管理标准化中的作用，项目大力推广建筑信息模型（BIM）、钉钉劳务实名制管理平台、二维码、OA系统、NC系统、虚拟样板模型交底等信息技术应用，推动各方责任主体、监管部门等协同管理和共享数据，打造基于信息化技术、覆盖施工全过程的质量管理标准化体系。

（9）工程资料标准化：质量控制资料是工程技术资料的主要部分，总承包项目经理部根据档案管理要求，列出工程资料目录，规范编制整理工程资料，及时收集、整理并妥善保管统一装订移交项目公司。

（10）质量管理评价标准化：根据公司《质量管理检查与考核评价办法》对质量管理体系运行检查评价、质量资料检查评价、实体质量检查评价、实测实量检查评价四个方面以打分表的形式明确了检查内容、考核评价标准，通过公司、项目部二级质量管理考核量化打分，同时引入相应的奖惩机制，奖优罚劣，定期形成考核简报，达到了抓两头、促中间的管理效果。

图 2-3

（11）质量验收标准化：施工质量验收应在施工单位自检评定合格的基础上，按相关程序进行验收。

① 隐蔽验收。工程在隐蔽前必须进行隐蔽验收。项目经理部必须严格按照"三检制"进行检查，做好相应的检查记录表并保留隐蔽影像资料，检查合格后按程序向监理单位报验，未验收合格不得隐蔽作业。

② 分项、分部工程验收。分项、分部工程经施工单位自检合格后，填写相关验收资料并送交监理单位，由监理工程师组织施工单位技术负责人等进行验收。

③ 路基转序验收。由项目技术人组织质检、试验人员对道路弯沉值、压实度、平整度、宽度等进行自检，填写相关资料并报送监理单位，自检合格后由建设单位组织监理单位、施工单位转序验收，建设单位邀请当地质量监管部门参与验收，未完成转序验收及检测资料不完善不得进行下道工序。

④ 交工验收。单项工程、单位工程完成后，施工单位自检合格并向监理单位送报相关资料后，由建设单位组织监理单位、施工单位并邀请当地质量监管部门参与验收，对工程实体质量、工程感官质量、质量控制资料进行检查验收，对验收存在的问题及时整改并形成整改报告，验收合格后由建设单位颁发交工检测报告及交工验收证书。

⑤ 竣工验收。运营通车两年后进行竣工验收。

（12）工程建设辅助材料标准化：根据设计图纸，严格采用标准化定制墩柱、T梁、系梁、盖梁、防撞护栏、隧道台车、钢筋台架等辅助材料，确保工程实体尺寸、外观等工程实体指标，确保工程质量。

（13）分包管理标准化：利用云上营家形成合格供应商管理库，建立分包单位红黑榜，禁止使用列入公司黑名单的分包商，选择信誉好、满足资质条件的分包商。各分包单位进场前必须签订合同和质量责任状。

（14）工程质量检查制：永大高速公路项目经理部质量检查包括日常抽检、半月检、月检，半月检在每月15日前由项目经理部组织进行，月检在每月25日前组织进行，每次检查后召开质量专题会，通报检查考核结果。检查中发现的质量问题以检查记录表的形式下发到分包单位项目经理部，各标段必须按照质量检查记录表的要求进行整改落实并在规定时间内进行回复。

图 2-4

2.5 质量创优管理

1. 创优目标

坚持"百年大计、质量第一"的方针，永大高速项目制定创优目标为：确保云南省优质工程一等奖、永仁大桥争创国家优质工程鲁班奖。

2. 创优策划

总承包项目经理部从项目难点、特点入手，根据创优目标、创优规划，编制《创优策划》，明确实施路径，制定科技攻关重点，形成申报的科技研发项目、工法开发项目、专利、技术标准等事项，量化科技论文、QC成果数量，对科研课题、工法、论文、专利、QC等制定奖励机制。

总承包项目经理部成立质量创优工作领导小组并明确工作职责。创优工作领导小组如下：
组长：项目指挥长；
副组长：项目经理、项目总工；
组员：总工办全体人员、质量检验部全体人员、各分部项目经理、总工。
创优工作领导小组职责如下：
（1）明确工程项目创优目标，编制工程质量创优策划书并进行交底。
（2）定期或不定期对工程施工现场工程质量进行全面检查，对存在的质量问题责成责任人及时整改。
（3）负责及时全面收集与整理工程资料、各阶段影像资料。
（4）迎接现场评优检查工作。
（5）对创优工作存在的不足进行总结提升。

3. 创优过程控制

创优工作除按常规工程质量管理规定进行外，还需注意落实以下过程控制：
（1）公司领导参与质量创优实施，对过程中出现的问题及时解决。

（2）做好创优培训、交底。云南建投总承包二部总工程师不定期进行质量创优培训、交底。

（3）控制创优成本。项目部优化施工工艺，实现一次成优；另外，签订专业分包时明确创优职责及奖罚措施，制定阶段性奖惩措施。

（4）质量创优监控与反馈。项目经理部实时监控创优进度，对存在的问题及时反馈并解决，加强与业主、设计、地方政府的沟通，取得相关单位的支持。

（5）档案和影像资料控制。档案资料的真实性、完整性、有效性、便捷性直接影响创优效果。

（6）严格控制施工质量，一次成优。

4. 质量创优总结

工程获得阶段性创优目标后，及时编写创优总结报告，如创优策划、工程重点难点、施工过程控制、推广应用"四新"成果、质量攻关活动、后期整改、存在的不足等。

2.6 质量管理成效

永大高速始终将质量管理作为项目管理的主要控制目标之一。通过建立和完善工程项目质量保障体系，逐层签订责任状，确保目标责任落实；成立质量管理小组，由指挥长任组长，组员由指挥部质检员、包保组成员、各分部主要负责人（项目经理、技术总工、质检部长）组成，在组长的带领下讨论解决施工中存在的难题，审核质量管理相关方案，参加日常巡查、专项检查、半月检和月检；形成上下同心，齐抓共管的浓烈质量管理氛围。

（1）深入落实技术质量交底制度，使管理人员及施工人员明白各道工序施工质量控制要点，从而保证实体施工质量。每道工序开工前编制首件实施方案，严格按照方案组织各参建方代表及劳务班组现场观摩学习。完成后及时总结各项施工参数，为后续操作工人提供有效施工参数，避免后续施工过程中出现质量问题。严格执行"三检制度"，确保施工质量过程管理受控，截至目前未出现因为过程质量管控不到位而造成的质量事故。

（2）坚持从质量源头进行管控。对原材料、每道施工工序质量及工程实体进行试验检测，反馈检测数据，并对检测数据进行分析，根据检测数据及时对质量管理中存在的不足进行改进，避免造成质量事故。

（3）实用型设备的推广运用。运用一批有利于工程实体质量控制的实用型机械，如直螺纹自动套丝机、钢筋笼制作胎架、T梁蒸汽养护设备等，使工程实体质量得到明显提升，加快T梁等预制构件的生产效率。

（4）以开展"质量月"活动为契机，充分发挥"质量月"活动的平台作用，开展质量宣传，排查质量专业人员持证情况及业务能力，整治质量红线问题，开通重大质量隐患检举专线，组织质量管理大反思、大讨论等活动。各参建分部、工地试验室做到全员参与质量管理，创新质量管理，全面提升项目质量管理水平。

（5）加强质量管理人员的学习教育。组织进行现场观摩学习，取长补短，提升全线质量管理水平。组织培训，提升管理人员及操作人员技术水平，从而使现场施工质量得到提高。组织开展劳动技能竞赛，提升作业人员施工水平，提升工程实体质量。组织召开现场质量警示教育会，对不合格产品坚决要求现场返工，做到对不合格产品零容忍。

（6）多方联动齐抓共管。联合参建各方对项目质量进行共同监督管理，最终永大高速项目质量管理得到当地政府部门、业主、监理等单位的高度认可，各分部分项工程交工检测验收合格率100%，也促使项目有效缩短建设期成本。

3 技术与创新管理实践

为保证永大高速项目技术管理水平，不断推进本项目技术进步，总承包项目经理部制定永大高速技术管理制度，明确技术管理责任，科学管理、组织协调施工过程中各方面的关系，合理地利用总承包项目经理部及各分部的人力、物力、财力，为顺利实现项目工期、质量、安全、科技创新、"四新"技术推广应用等关键目标实现奠定了坚实技术基础。

永大高速公路技术管理工作的主要内容为：技术管理体系建设、项目技术调查工作管理、施工组织设计和专项施工方案策划及过程管理、工程测量技术管理、技术交底管理、设计文件与变更管理、监测技术和超前地质预报管理、混凝土的生产技术管理、科技创新和"四新"技术推广应用管理、技术总结管理、技术管理检查与考核等。

3.1 技术管理体系建设

永大高速制定了技术管理制度，制度明确了项目技术机构构成，同时明确了项目技术机构组织中各方及各岗位相关职责，有效地保证了项目技术管理体系的建设及运行，为项目的高效运转提供了有力的保证。

永大高速公路项目采取项目总工程师领导下的各级工程技术人员技术负责制，总工程师在项目负责人的领导下全面负责永大高速的技术管理工作，分管总承包项目经理部总工办、各参建分部的总工程师及分部总工办。

永大高速公路项目部及各土建分部均建立以总工程师为首的技术管理组织机构，设总工程师、副总工程师，下设总工办。总工办下设主任一名、施工方案管理员一名、图纸（资料）专管员一名、变更专管员一名、测量管理工程师一名、科技创新专管员一名，分部总工程师及其总工办纳入总包统一管理。

3.2 施工组织设计和专项施工方案管理

永大高速施工组织设计及专项施工方案按《集团技术管理制度》（云建投集团政发〔2020〕12号）文件及总承包二部《公路工程施工组织（总）设计和专项施工方案管理办法》（总包二部政发〔2020〕65号）文件要求管理，施工过程中针对施工组织设计及专项施工方案编制责任划分、分类、编制条件和内容、审批流程、实施过程管理等方面做了具体要求，有效地保证了现场各项工程始终真正做到了方案先行，无方案不施工。同时，过程中严格按批准的方案施工，有效地保证了项目实体的进度、质量、安全、成本等目标的实现。

永大高速项目累计编制审批施工组织设计和施工方案 627 份、专家论证 89 份。项目一般分部分项工程施工方案、危大工程以及超危大工程专项施工方案均已全部完成审批，施工方案编审批情况快速有效且可控，施工过程中严格按照集团"五反一加强"的规定进行管理，从未存在无方案施工的情况。

3.3 施工组织设计和专项施工方案交底管理

本项目技术交底管理的主要内容是施工组织设计交底管理、（超）危大专项施工方案交底管理、变更交底管理、分部分项工程技术交底管理、工序交底管理等。

施工组织总设计交底由总包项目经理组织，项目开工前向项目部的总工程师、质量负责人、安全总监、总工办、合约部、工程部、试验室负责人进行交底，并向土建、机电、交安、绿化、房建、路面、混凝土及钢结构加工等参建单位的施工分部项目经理、项目总工程师、项目质量负责人、项目安全总监和项目相关人员进行交底，并做好交底记录。各分部的施工组织设计交底由分部根据总承包项目经理部交底要求细化进行交底，总承包项目经理部技术部门、参建母体公司技术部门进行指导和监督。

永大高速超危大工程专项施工方案全部组织交底，设计变更也组织相关变更交底。

分部分项工程技术交底及安全技术交底根据工程规模和承包方式分两级进行，交底应以书面方式进行，并留档备查。第一级分部总工程师在项目开工前，向项目主要管理人员及工长进行交底，留存交底记录，总承包项目经理部按其技术管理制度进行监督管理。第二级由项目技术员在施工前，向作业班组主要人员进行交底，留存交底记录，交底时分部监督交底。

施工组织总设计交底内容包括：工程概况、控制性工程概况、重难点分析、设计要求；工程建设各项目标、机构设置、施工组织计划（人、机、材投入）；施工部署（临时场站、平面布置、施工顺序等）、进度计划；控制性工程施工方案；控制质量、技术、安全、进度、成本的重要措施；科技创新计划、本工程"四新"技术推广应用策划；应交底的其他重要内容。

超（危）大工程专项施工方案交底内容包括：专项工程基本情况，具体专项现场平面布置；施工进度安排，人、机、料的投入计划；技术参数及工艺要求、施工方法、工序衔接、检查验收；安全保证措施、危险源辨识应急预案、监测监控方法及要求；重要的结构验算结果；其他应交底的重要内容。

分部总工技术交底内容包括：设计文件重点及设计变更情况、设计修改、变更应注意的关键内容；施工技术关键性问题、拟采取的技术组织措施，主要施工方法和施工工艺安排；各种材料的品种、规格、等级及要求，材料的试验、检验项目；施工必须注意的结构尺寸，如轴线、标高、预留孔洞、预埋件的位置、规格、大小、数量等；混凝土、钢材等材料的种类、配合比和技术要求；对工期、质量、成本、安全等的要求；保证进度、质量、安全、成本的技术措施。

分部技术员技术交底内容包括：施工准备，包括作业人员、主要材料、主要机具准备和作业条件等；分部分项工程完成时间要求；施工工艺，包括工艺流程、施工要点等；控制要点，包括重点部位和关键环节施工要点、质量通病的预防措施等；成品保护，包括对上道工序成品的保护措施、对本道工序成品的保护措施等；质量保证措施；安全注意事项；环境保护措施；质量验收要求等。

本项目技术交底内容清晰明确、要求严格、管控有度，有力地保证了施工组织设计及方案的现场执行，从而高效地完成了现场进度，安全，质量的目标。

3.4 测量技术管理

在本项目施工前，项目经理部组织建立测量监控管理制度，同时组织编制了总体测量监控方案及分部测量监控方案，制度和方案中明确了测量监控计划安排、测量方法及保证措施、测量复核和资料整理规定、测量成果编写要求、测量监控机构、测量监控分工及职责、测量仪器精度、估算误差范围等。

项目施工前完成了勘测设计单位对各施工现场的控制性桩点现场交桩工作。项目经理部聘请第三方勘测单位进行全线导线控制点的复测、复核及加密工作，保证了项目平面控制网及高程控制网真实有效。同时，项目经理部组织各施工分部对二次交接的控制网成果进行全面复测，并形成了导线复测成果及原地面复测成果。

本项目对测量人员要求如下：总承包项目经理部配置测量管理工程师一名；测量管理工程师对各参建分部的测量人员、仪器配备及检校准、运行情况进行管理，对测量方案、测量结果进行审核；负责控制点、导线的定期复测复核、重点部位抽查复测等工作；各分部必须配置满足工程需求的持证测量专业人员；测量管理人员必须做到一人一档，严禁测量人员无证上岗；测量管理工程师和测量专业人员必须参加图纸会审。

总承包项目经理部测量管理工程师在项目开工之前组织各分部技术人员对设计图纸提供的线路中桩、桥梁桩基、涵址坐标、平曲线要素、竖曲线要素进行复核并上报监理批准后，下发到各分部，作为测量放样依据。

本项目针对项目关键工程点路基、桥梁及隧道测量的基本要求如下：桥涵工程施工放样测量须对桥涵各墩台的控制性里程桩号、基础标高、设计高程进行复核计算，确认无误后施测；特大桥及特殊结构的桥梁，在施工过程中必须对主要墩、台（或索塔、锚碇）的沉降变形、倾斜度等进行监测；隧道工程开挖前必须校核中线点，并在开挖断面上标出设计断面轮廓线，开挖断面形成后必须及时进行控制指标测量；每道工序施工前必须复核中线位置和高程及相关测量控制指标；路基施工前必须对原地面进行复测，核对或补充横断面，设置标识桩，将路基用地界、路堤坡脚、路堑坡顶、取土坑、护坡道、弃土堆等的具体位置标识清楚；每道工序施工前必须复测中线、横断面、高程。

测量及监控量测所有原始数据记录表必须记录完整无涂改，责任人签字完整。测量工作开展须配备在检定周期内的仪器设备，数量上应满足施工需求，建立仪器设备台账，制订周期检定计划，做好定期保养和维护。所有仪器必须在有资质鉴定单位标定合格后才允许使用。测量仪器每 3 个月进行一次校验。

3.5 设计文件和变更管理

总承包项目经理部和各分部依据规范制度要求制定了图纸、设计文件和变更管理制度。同时设图纸专管员对图纸（含电子版）及变更收文、发放、领用、保管、废止建立台账，动态管理，设变更专管员对变更全过程进行动态管理。总承包项目经理部在工程项目施工之前组织各实施单位（分部）认真根据设计图纸进行复测、施工放线、现场核对，对比优化效果，合理提出施工图优化意见，按行业规定完善设计变更程序相关手续。

总承包项目经理部及各分部变更第一责任人为总工程师，变更主管人员为主要负责人，不随意更换。过程中采用定人、定责、定时间管理模式推进设计变更上报审批工作。设计变更签发后总承包项目经理部及时对分部进行设计变更交底，分部组织技术人员对现场施工作业人员进行设计变更交底，编制相应的保障措施。

永大高速项目部针对设计变更管理采取组织专题会议、集中办公及承诺书等取得有效推进。全线设计变更共467份，包括较大变更7份、一般变更460份。较大变更设计完成情况：7份审批完成；458份一般变更完成情况：变更处理卡签字完成460份。项目公司累计审批完成460份，完成比例为100%。

3.6 混凝土生产技术管理

1. 公路工程混凝土配合比技术管理

本项目混凝土配合比设计必须通过计算和试配，考虑施工条件的差异、变化以及原材料质量可能的波动。试配时必须使用施工实际采用的材料。试配的混凝土拌和物必须满足和易性、凝结时间、强度、耐久性、抗冻、抗渗、抗侵蚀等施工技术条件要求。有水下、抗冻、抗渗、抗裂、抗折、缓凝、速凝及其他性能要求的混凝土，配合比确定后必须按规定做相应的验证试验。

当出现原材料的产地、品种和参数指标发生较大变化时，必须对混凝土配合比重新进行设计、验证、报批。设计和试配确定的混凝土配合比必须按规定审核、审批，未经监理工程师批准的配合比严禁进行混凝土生产。高速公路项目控制性工程的C50及以上高性能、高强度混凝土配合比，必须在生产混凝土之前把已审核、审批的配合比台账及资料报集团审查、备案。

2. 混凝土制备技术管理

由总承包项目经理部会同各分部广泛调查沿线砂石材料、根据总体工程数量和计划工期，统筹安排拌和站建设的位置、数量和规模，按照标准化建设要求制定建设方案和混凝土制备实施方案，并制定《永大高速混凝土拌和站及混凝土生产管理办法》。

3.7 施工监测和超前地质预报管理

本项目施工自控监测项目列入专项施工方案，严格按方案执行，并与其他施工环节的施工工艺技术紧密配合。自测主要项目包括：

（1）桥梁工程。

桩基工程：人工成孔桩有毒有害气体监测、岩溶地区桩底溶洞探测。

模板、支架工程：模板、支架预压各参数监测；大体积混凝土工程温度监测，根据需要进行裂缝、变形、沉降监测；墩、台身变形监测；预应力混凝土锚下预应力监测；钢筋保护层厚度的钢筋定位安装控制监测。

（2）隧道工程：洞内周边位移、拱顶下沉、洞外地表下沉观测；处置偏压的构建筑物位移、裂缝、沉降观测；隧洞顶既有构建筑物位移、裂缝、沉降观测。

（3）边坡工程：水平位移监测、竖向位移监测、坡面裂缝监测等。

各分部按规范要求制作、埋设和保护监测点。各预埋测点应牢固可靠，易于识别，不任意撤换破坏。

项目各单位实时掌握动态的监控量测数据、应力变化，根据回归分析结果，修正调整设计围岩等级、支护参数、桥梁结构空间控制参数，优化施工方案和工艺，切实指导施工作业。分部自测数据超过预警值，立即报分部总工程师，按应急规定的措施及时处治。

隧道工程第三方超前地质预报的管理由委托的检测单位统一进行，分部高度重视并按要求配合好相关工作。隧道工程常规地段应实施跟踪地质调查；不良地质地段必须进行超前地质预报，并将超前地质预测预报作为必备的工序纳入施工组织管理。未开展地质预报工作或未根据预报资料对风险进行综合分析评估、制定对策，不得盲目组织隧道施工。分部在公路隧道施工中须加强所实施隧道的跟踪地质调查，配置地质专业工程师。积极协助第三方检测单位开展地质预测预报工作，根据预测预报结果做好安全防范工作，及时采有取针对性的施工工序和工艺。各分部在隧道开挖过程中，应将实际开挖的地质情况与超前地质预报结果进行对比分析，及时总结经验并汇总给总承包项目经理部转项目管理公司，用于指导和改进超前地质预报工作。

3.8 "四新"技术的推广应用和科技创新管理

永大高速总承包项目经理部鼓励推广使用先进的工程施工机械、设备和检测监控仪器、工具，提高工程质量控制水平，配备先进的办公设备，充分利用工程管理软件进行工程质量、工程进度和工程费用管理，利用网络技术传递工程资料、报表、信息，提高工作效率，节省管理费用。

总工办根据各分部承担任务情况，要求各分部积极推广使用新技术、新工艺、新材料、新设备（合称"四新"），提高自身管理水平，保证工程质量，加快施工进度，提高综合经济效益，并在"四新"技术的推广中不断总结；同时，要求各分部参与配合开展课题研究、工法编制、专利申报等技术创新工作。

科技创新根据集团及总承包二部所下达指标，结合项目实际情况，进行相关课题报批、立项、过程管理和验收等工作，根据课题立项批复和研究内容做好相关支撑性的论文、工法、专利和科研经费的归集等工作。总承包项目经理部及各参加分部有效合理地组织开展各类科技创新活动，结合项目实际，明确责任人。总承包项目经理部和各分部须设科技创新专员。

永大高速公路指挥部按照集团及总承包二部的安排部署，制定科技创新策划，推广"四新"技术情况见表3-1。

表 3-1　永大高速选定的推广课题

序号	"四新"技术名称	应用分部
1	公路工程钢筋加工机械化配套施工技术	永大高速项目土建十分部
2	高强、高性能混凝土	永大高速江底河特大桥
3	UHPC（超高性能混凝土）施工技术	永大高速江底河特大桥
4	红砂岩粗集料在高速公路水稳基层中的应用	永大高速路面分部
5	生态防护	永大高速土建各分部
6	连拱隧道施工技术	八座隧道
7	隧道三维超前地质预报技术	土建六分部沙拉么隧道
8	预制梁场蒸汽养护技术	梁场
9	路基护肩滑模快速化施工	永大高速路面分部

具体运用情况如下：

（1）公路工程钢筋加工机械化配套施工技术运用于土建十分部的钢筋加工场内，主要采用智能钢筋弯曲机器人、数控锯切套丝打磨机、钢筋整体式锯床、智能调直机等进行规范性、配套性施工，自动化程度高、成形快，质量得到明显保障。

（2）高强、高性能混凝土主要运用于江底河特大桥索塔上面，已经全部建成，质量方面得到有效保证。

（3）UHPC施工技术运用于江底河特大桥桥面铺装，有效解决了柔性桥梁上面的抗裂问题，效果优秀，甚至可以与钢材的强度相当。

（4）红砂岩粗集料在高速公路水稳基层中的应用。砂岩是一种结构较为松散、存量多且利用率较差的沉积岩，在工程中经常被当作弃方处置，但通过一定的处理，砂岩可以从废石变成有用的石料资源，作为原材料应用于路面基层。本项目结合云南省地理环境、气候特点和交通量等条件，选取云南省在建高速公路项目沿线砂岩进行试验研究，从满足公路原材料、集料工程性质以及水泥稳定碎石力学、耐久性能要求的角度，对此砂岩应用于道路基层的可行性及其使用条件展开研究，并通过实体工程进行长期性能验证。本项目的实施，不但可以解决云南省楚雄地区公路建设过程中优质石材缺乏的问题，而且能够彰显公司环境保护、固废利用、资源可持续的绿色发展理念。

（5）生态防护，推广使用的生态防护"钻孔植播"（石质边坡）和"抗侵蚀纤维（ECM）生态防护"（土质边坡）目前已使边坡呈现较好的生态防护效果，植被成活率达到90%，可以有效减少后期管养，减少投资。全线推广的钻孔植播、喷播取得显著成效，获得公路行业各级单位推荐。

永大高速用科技手段解决了项目难题与问题，形成高水平科技成果，项目技术责任状各项指标完成率均≥100%；同时，做好科技研发经费的投入和有效归集。全线共计完成专利16项、论文12篇、工法10项、科技进步奖12项。

3.9 技术总结管理

总承包项目经理部和各分部就其所管理或施工的分部分项工程、单位工程、整体工程，在交工之前进行施工技术总结，并形成书面技术总结报告。

技术总结管理要求：各分部明确技术总结编写责任人、技术总结审核人、技术总结管理员。技术总结由编写责任人按编写内容要求组织编写，对有上报要求的技术总结必须经项目总工签字。应对技术总结认真加以整理、核对，按照技术总结的性质分类、登记、建立清单，并进行动态管理。分部分项工程技术总结编写、上交、审核必须在分部分项工程完工后1个月内完成。单位工程技术总结编写、上交、审核必须在单位工程完工后3个月内完成。整体工程技术总结编写、上交、审核必须在整体工程交工后6个月内完成。

以下工程技术总结必须上报集团及总包二部：

特殊分部分项工程技术总结：隧道洞门偏压段、地下互通加宽段、突水涌泥段、高地应力段、高瓦斯段等分部分项工程；不良地质段桩基、围堰、单箱多室薄壁空心墩、多肢异型截面高墩、技术条件复杂的立交互通。

单位工程技术总结：斜拉桥、悬索桥、拱桥、跨度超过40 m钢混叠合等特殊结构的大桥、特长隧道、连拱隧道、水下隧道、存在滑坡体处治边坡的路基段单位工程。

3.10 技术复核和技术检查制度

本项目在施工技术管理过程中依据设计和有关技术标准常规性操作进行复查和校核，办理复核记录资料。技术复核须安排在各工序施工前或工序隐蔽完毕前进行，并应为此留出必要的复核时间。技术复核资料不得后补。

技术复核的具体实施由分部总工办、质检部及各工长负责，由分部技术负责人对技术复核情况进行检查、监督、指导，并对技术复核的正确性负责，由总承包项目经理部总工办对技术复核情况进行监督检查。

本项目技术复核主要复核现场施工是否符合施工方案和相关规范要求的技术文件，是一项经常性、计划性和有具体针对性的工作，对项目实施全过程活动的关键过程、关键工序和特殊过程以及容易发生质量问题的部位都应按相关规范、标准和方案进行技术复核。在每一分项工程施工前或施工过程中，由专业工种把每一项工序作自检后再由专门检查人员最后复验。应制订技术复核计划，根据技术复核计划和实际施工进度进行技术复核，防止技术复核遗漏。

永大高速技术复核的主要内容：

桥梁工程：桥梁孔跨、墩台位置、支承垫石高差、沉降观测、桥梁徐变以及桩基工程中桩的深度、位置及桩身质量等复核，承台、墩台身、T梁预制工艺工法，标高复测以及全高复测等；

隧道工程：隧道洞门位置、超前地质预报、超前支护以及开挖、支护、衬砌、防排水工艺工法；

路基工程：路基涵洞（管）位置、基床厚度、标高以及地基处理、填料、路堤、路堑、支挡结构、边坡防护、过渡段、防排水工艺工法等；

钢筋混凝土工程：模板的位置、标高及各部分的尺寸，预埋件及预留孔洞的位置和牢固程度，混凝土组成材料的质量情况，现浇混凝土的配合比，预制构件的安装位置及标高，预制构件的接头情况，钢筋安装的位置、规格、数量、连接及锚固等情况。

总承包项目经理部对各分部的技术管理活动及技术力量进行监督和考核，对各分部每月中旬进行一次预检，月底再进行月度技术管理综合检查并考核排名，有效地保证了项目技术体系运行。项目共计组织技术管理半月、月度检查40次，专项检查10次，每次检查均对施工过程中存在的问题进行了书面整改通知和措施建议，帮助解决图纸或施工技术上的问题。

3.11 技术管理工作成效

永大高速项目进场前期就全面梳理工程内容，组织各参建单位对施工方案的编制内容、要点及审批流程进行学习培训，并编制施工方案清单计划，确保后续施工方案编审批工作有序进行，真正做到了方案先行，无方案不施工，严格按批准的方案施工的要求。

指挥部积极联合项目公司和设计单位对接，对施工图设计文件进行合理优化，缩短工期并减少造价。包括：路基边坡动态设计，对岩质边坡采用创新的钻孔植播施工技术替代原设计植生袋、三维网植草等绿化防护形式；将现场实际调研混凝土用砂石料、路床填料等筑路材料及路基土石方运距变化引起的造价增加纳入施工图预算；对于具备设计路基条件的原设计桥梁做改路优化；优化改移地方道路设计方案，取消非必需的天桥设计，既缩短工期又减少了造价。

项目施工期间积极推广"公路钢筋加工机械化配套施工技术""钢－混凝土组合桥梁结构施工技术""隧道三维超前地质预报技术""高强、高性能混凝土""预制梁场蒸汽养护技术"等"四新"技术运用，通过"四新"技术的推广运用提高生产效率，提升产品质量，降低施工成本。

4 进度管理实践

4.1 进度管理目标

工程进度控制是一项综合性管理工作,贯穿于施工全过程,涉及每一个环节。这就要求进度管理工作要有科学性、指导性、严肃性及实施的可行性。一套标准化的进度管理有助于项目有序推进。

施工进度管理的主要任务和目标是按照合同约定的工期,通过编制合理与调整有效的施工进度计划,确定最优施工进度过程控制及阶段性目标,组织、协调和控制施工,下达施工计划,并监督、检查施工计划的执行,及时掌握施工动态,保证施工的连续与均衡。通过对计划的实施执行与调整、过程检查和纠偏,最终实现项目承包合同约定与合理调整后的工期进度目标。

得益于高效优质的进度管理以及各单位的精诚合作,永大高速项目两年半通车运营,比合同工期提前半年完成。

4.2 施工进度保障措施

4.2.1 工期保证体系

承包人建立以项目经理为核心的高效率的工期保证组织机构及完善的工期保证体系,统筹安排机械设备、材料供应、劳力调配,随时掌握形象进度。对控制工期的重点工程建立工期领导负责制,制定分阶段工期目标,认真落实,分解到人,对其他工程项目亦明确目标,定岗、定人、授权,各负其责,确保项目工程总工期。

4.2.2 思想保证措施

加强全体参建员工的工期意识教育和技术培训,提高施工人员的进度意识和操作技术熟练程度,全面提高作业人员整体素质,树立"时间就是效益,进度即是信誉"的理念,持续、高效投入工程施工。

4.2.3 组织保证措施

(1)抽调富有实践经验,又年富力强的技术、管理干部,建立精干、务实、高效的项目领导班子,抽调配备数量多、技术强、经验丰富的技术人员,选派长年从事高速公路工程施工的专业队伍，组成施工项目经理部，按照经理部的统一部署组建作业队伍，配备充足、结构合理的施工人员和机械设备，承担本工程的施工。

（2）加强现场施工组织管理，做到指挥正确，控制得力，效率高、应变能力强。以项目经理为首的管理体系，决策重大施工问题，确定重大施工方案，分析施工进度。当实际进度落后于计划工期要求时，采取有力措施，加快施工进度。

（3）施工准备期配合项目公司做好施工前的各项工作，使全体参战人员熟悉工程特点、重点和难点，以便有针对性地制定确保进度的施工方案及措施。

（4）建立健全岗位责任制、施工人员定岗定责，严格技术标准、工艺措施、严明施工纪律，按设计要求施工。

（5）深化改革、完善项目管理模式，完善竞争机制和激励机制，实行全员风险承包，任务层层落实。把工期效率和职工个人的经济利益挂钩，兑现奖罚，充分调动全体职工的积极性。

（6）施工准备期间做好前期施工人员、前期设备、物资的进场工作，以满足前期施工的需要。

（7）施工组织上实行多区段平行流水作业，重点工程同时施工，各区段内施工多点进行，确保桥隧工程有序按时推进。

4.2.4 计划保证措施

（1）以合同规定的承包施工范围的工程质量、工期、安全、文明施工等要求为原则，项目部编制详细、完善的施工组织设计，经业主、监理单位审核后实施。

（2）以合同规定的总工期要求，项目部根据现场实际情况编制本工程施工总进度计划，以此有效地对工程进度进行总控制。

（3）以总工期为依据，项目部根据现场实际情况编制分阶段实施计划（施工准备计划，劳动力进场计划，施工材料、设备、机具进场计划，分部分项施工进度计划等）。

4.2.5 制度保证措施

1. 建立和健全工期目标责任制

项目开工前编制了进度相关的管理制度、办法、实施细则等，并编制了相关的"四保一控一树"综合检查考核办法，生产专项考核等，装订成册下发给各参建单位，并进行交底。执行过程中不断进行修编完善，做到制度完善，流程明了，检查、奖罚有制可依。

2. 明确项目管理层的责任

负责对业主全面履约，在合同工期之内，实现项目工期计划目标；制订并落实各施工阶段的工期计划；保证各种资源配置到位，根据进度动态配置各种生产要素；控制生产过程，落实有关措施，实行目标管理，进行节点工期考核兑现。

3. 明确项目作业层的责任

执行各施工节点的工期计划；计划安排进行倒班作业；缩短工序作业间隔时间，提高综合效率；开展劳动竞赛，不断掀起施工高潮。

4. 建立值班制度

施工高峰期实行昼夜连续值班，无夜间施工的工序实行夜间值守。

5. 建立汇报制度

实行定期日报、旬报、月报、季报、年报和不定期汇报制度，汇报及时、真实，严禁弄虚作假。

6. 建立协调会制度

施工单位进场后，及时将工程进度与质量要求书面通知施工单位，每周末开总分包协调会，并邀请业主现场代表及监理工程师参加，搞好各自工序的穿插。

创造良好的周边环境，由后勤管理员负责处理好各部门及临近的关系，同时协调与公安、派出所、交通、环卫等部门关系，获得他们的大力支持，以利施工生产顺利进行。

7. 建立检查反馈制度

检查工程形象进度、计划及调度命令执行情况，现场问题的处理情况，文件资料的归档保存情况等，并及时予以通报，以督促各施工队伍采取措施改正施工安排和作业管理。

建立健全系统的调度台账和反馈渠道，包括重点工程台账、主要项目完成情况台账、劳动力台账、主要机械设备台账、气象预报及天气晴雨登记台账、职工伤亡台账等，及时绘制各类调度示意图，包括工程进度示意图、主要项目完成数量示意图、重点工程形象进度示意图，以便发现工程进度变化，反馈给领导作为决策依据。

4.2.6 技术保证措施

（1）精心安排实施性施工组织设计，强化管理，在深入调查、吃透设计意图的基础上，编制实施性施工组织设计，分级负责，认真实施，并在实践中不断优化。施工组织设计的实现关键在强化管理上，要高起点、高质量、严要求。

（2）抓施工的程序化作业、标准化施工，通过合理的组织与正确的施工方法，尽快形成生产能力，加快施工进度，保持稳产高产。

（3）充分利用网络技术，搞好工程的统筹、网络计划工作，做到技术超前。施工时制订周密的网络计划，牢牢抓住关键工序的管理与施工，控制循环作业时间，缩短工序转换和工序衔接时间，提高施工效率；对施工计划实行动态管理，及时进行信息反馈，不断把实际进度与计划相比较，找差距，找原因，及时调整。同时，进度计划安排充分考虑现场的各种因素，进度安排留有余地。

（4）不断优化施工方案，加快施工进度。

（5）依靠科技进步。采用新技术、新工艺、新材料和新设备，对影响施工进度的施工技术难题，开展 QC 小组活动，组织攻关，充分听取各方面的合理化建议和开展小改小革活动，加快施工进度。

（6）根据施工总进度的要求，分别编制年、季、月、旬施工计划，实施中对照检查，查找差距，分析原因，完善管理，促进施工。

（7）按生产计划情况编制材料供应计划并及时向业主相关对口部门上报，做到超前订货加工，近期供货施工，并备有一定的库存量，保证工程物资供应。

（8）在施工中用计算机进行信息管理。用计算机分析、处理施工数据、质量记录及相关报表，选用决策数学模型，结合有关资料和外部信息，以实现施工管理的科学化。

（9）密切与项目公司、监理、勘察设计单位和地方政府保持联系，同心协力为确保本工程建设的工期献计献策。

（10）全面提高人员整体素质。加强技术培训，提高施工人员的操作技术熟练程度，项目经理部的骨干要深入学习项目管理知识，规范操作行为，同时抓好后勤保障工作，一切为生产一线服务，关心职工的物质、文化生活，充分激发广大职工的生产积极性。

（11）利用工程管理软件，做好计划管理控制工作，做好生产各种要素的调配工作，使工程进度处于可控状态。

（12）根据工程项目总体施工进度安排，将工期目标横向分解到部门，纵向分解到班组个人，逐层签订工期责任状。

4.2.7 资源保证措施

（1）按实施性施工组织设计上足各种施工资源；桥梁及隧道作业班组选择有类似工程施工经验的人员组织施工，尽快形成生产能力。

（2）抓好设备物资的采购、储备和供应工作。施工项目经理部、作业队分段负责设备物资的采购供应，做到渠道畅通、质量优良、供应及时，以满足施工生产需要。

（3）加强对桥梁、隧道等施工关键设备的设计、制造、组装、调试等环节的控制，派专业技术人员驻厂，在制造质量上把好关，对每一制造工序逐项验收，避免因返工耽误工期。

（4）对钢材、钢绞线、商品混凝土、防水卷材等消耗量大的材料，选择两家以上的大厂产品同时供应，防止出现意外而断货。建立充足的仓库和储料场，同时根据市场情况，提前作好材料储备。

（5）根据国家和云南省有关规定，与当地公安部门和民用爆破品管理公司进行火工品的购买、运输、存储、管理等，确保火工品的及时供应，满足现场施工安全和施工需要。

（6）爆破物品存储库按要求配备多名巡逻守卫人员和保管员，实行双人双锁制，建立出入登记制度、炸药领用审批制度等一系列规章制度，并每天安排专用火工品运输车负责现场火工品的运输。

（7）冬雨季施工时，提前做好水泥、钢筋、钢绞线、防水卷材等材料的购买、备料和存储，并确保运输道路的畅通，防止现场施工出现停工待料，保证施工不受季节性气候的影响。

4.2.8 经济保证措施

集团将按合同要求对工程资金给予重要保证，做到专款专用。对涉及材料、机械、人工工资及安全设防措施的资金优先保证，做到支付及时，决不影响工程进度。

建立工期奖罚制度，重奖先进，惩罚落后。落实经济责任制，实行进度与经济挂钩的奖惩制度。

4.3 进度管理责任划分

施工前分清各单位各层级的进度管理责任，实行网格化管理，建立网格化清单（单位、责任人、职务、电话、进度管理责任等），要责任到人，上下联动。

总承包项目经理部进度管理责任主要是下达各阶段进度目标及产值目标，下发进度计划模板标准，审核上报的各阶段进度计划，对参建单位的施工组织进行审核，统筹协调调配总资源，根据施工组织对配置的资源进行检查，并对各施工点进行施工进度监督检查，协调存在的堵点卡点问题，组织各部门每月开展检查考核，并进行奖罚，同时组织好各类生产相关会议。

总承包项目经理部设置生产进度管理部门（工程管理部），在指挥长、副指挥长、生产副经理的全面领导下进行项目的生产管理工作，总体以 PDCA（计划-实施-检查-处理）流程开展工作。

各参建单位进度管理责任主要是梳理现场总体情况，优化现场施工组织，对下达的进度、产值目标进行分解，按模板上报各阶段进度计划，合理配置各施工点资源，各施工点配置进度管理人员，对接总承包项目经理部进度管理人员，协调现场存在的各项问题。

4.4 生产责任状签订

为压实永大高速各单位责任，层层签订责任状，各单位按照自身责任状内容，现场紧抓主次，多点布局，超前谋划，超前完成责任状目标任务，如图 4-1、图 4-2 所示。

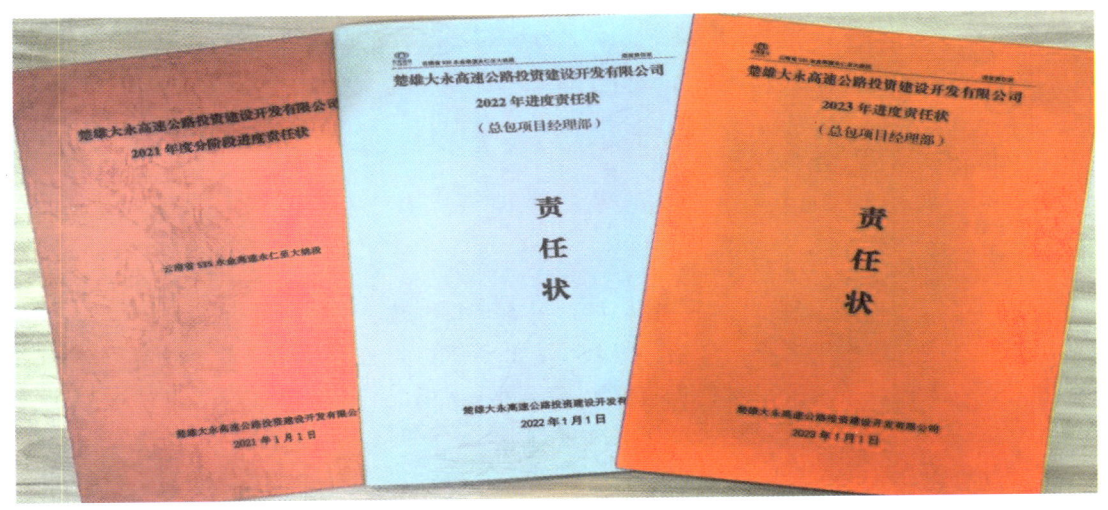

图 4-1 年度生产责任状

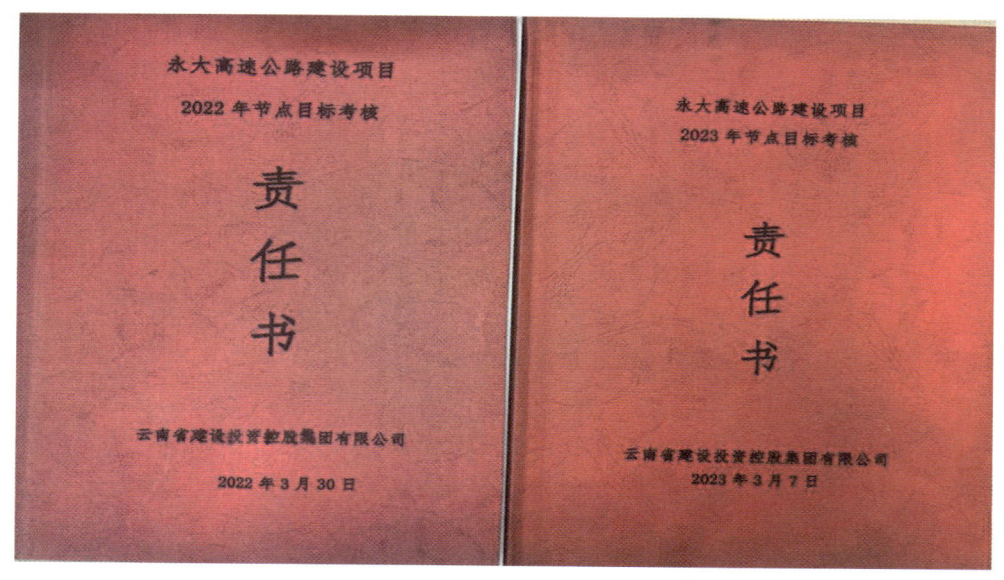

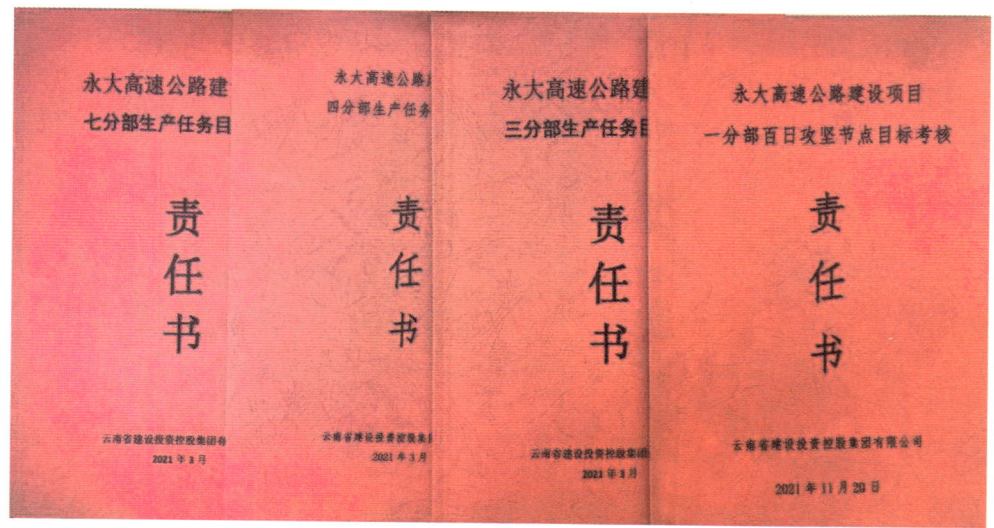

图 4-2　年度生产考核责任书

4.5　生产管理考核标准化

4.5.1　考核内容方式

  总承包项目经理部编制"四保一控一树"检查考核办法，对各参建单位开展"质量、安全、技术、进度、成本"考核，考核分半月检查和月度检查考核。半月考核以实体进度完成情况为主，以大机设备情况、材料备料情况、合同进展情况和后续工序开展等情况为辅。月考核是对"四保一控一树"及党建工作情况进行考核。同时，对施工生产中进度较慢及重要节点目标开展节点专项考核，下发相关考核文件。对配合单位（混凝土、安装、物流、物资供应等）根据计划完成情况，按月对其进行"好""合格""不合格"评价。其中，超额完成评价为"好",按计划完成评价为"合格",未完成评价为"不合格"。检查考核由生产部门牵头组织,对各项考核情况进行汇总,并编制高质量汇报资料,如图4-3、图4-4所示。

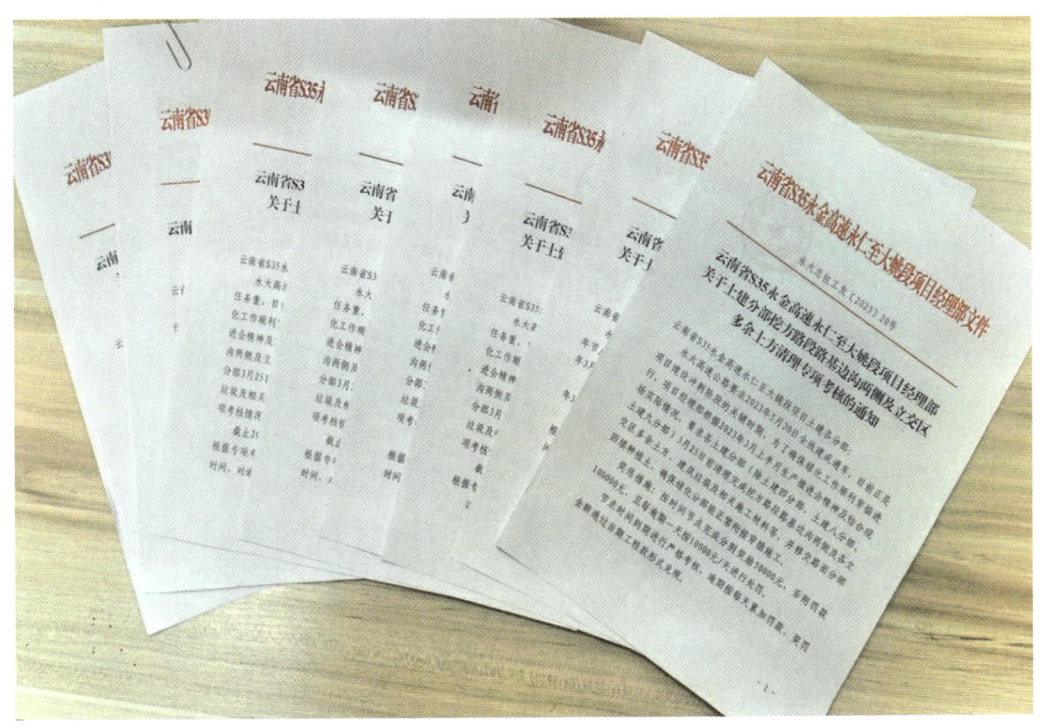

图4-3 考核奖罚文件

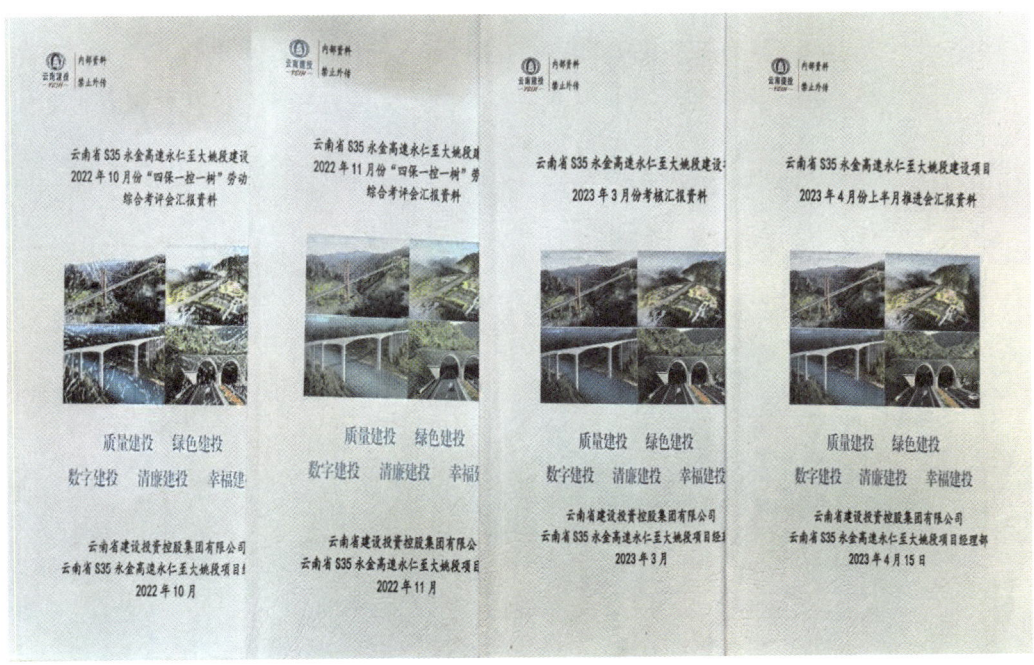

图4-4 考核结果汇报材料

4.5.2 奖罚

半月考核不做奖罚，考核结果与月度考核挂钩。月度考核实施管理成果补助和处罚机制，对得分排名位列前三名且进度完成率≥80%的，依次给予管理成果补助奖励；得分排名位列前三名但进度完成率<80%的，不做管理成果补助；得分排名位列后三名且进度完成率<80%的，依次给予管理成果处罚；得分排名位列后三名但进度完成率≥80%的，不做管理成果处罚。

4.5.3 生产月会

根据考核情况，每月开展"四保一控一树"综合考核会议，要求各分部母体公司主要领导参会，综合排名倒数后三的分部母体公司分管领导蹲点现场一周协助管理生产；连续两个月综合排名倒数后三的分部由母体公司董事长或总经理或党委书记蹲点现场协助管理生产，直至问题得到解决；连续三个月综合排名倒数后三且月计划完成率低于80%的分部将上报集团主要领导约谈母体公司。

4.5.4 问题整改

对于考核工作中通报的问题，要求各参建单位及时进行整改处理，整改完成后报项目经理部复查，复查整改合格并闭合整改资料。项目经理部以"五总"管理理念为出发点，切实帮助各分部解决实际困难，做好项目建设相关服务工作。

4.6 各类生产活动开展

永大高速自开工以来，以合同工期及通车目标为导向，以签订的生产目标责任书为核心，以进度生产为主线，以"保证质量、安全生产"为底线，抢抓施工黄金期、抓重点、重落实，开展了各类生产活动，涌现出一批批先进人物，技术、质量、安全、进度稳定可控，如图4-5所示。

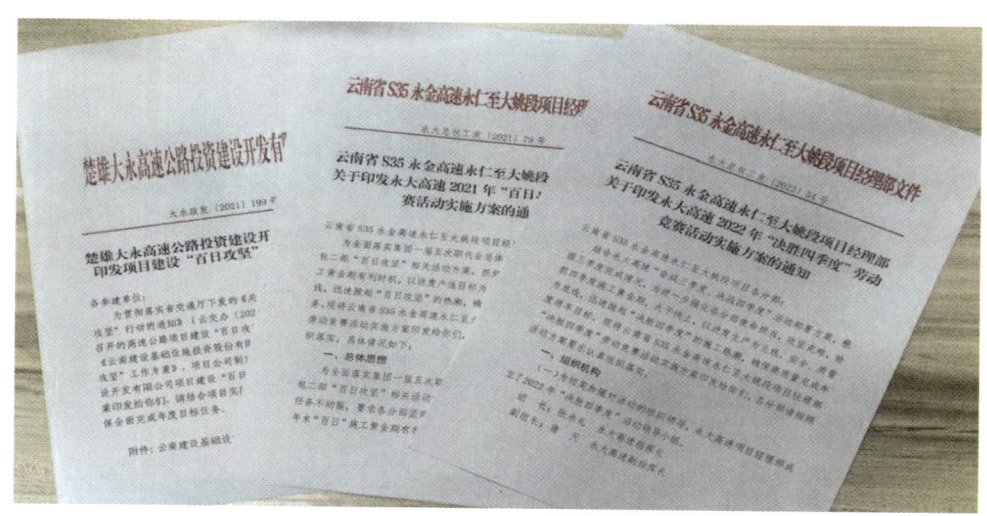

图 4-5 生产活动实施文件

4.7 进度管理成效

永大高速在项目建设前期就明确总体目标和各阶段生产目标，组织各参建单位签订生产目标责任书，对重难点工程开展专项考核，控制性工程严格按照建设工期节点目标完成。通过组织开展"四保一控一树"及劳动竞赛考评制，并召开考评会进行奖罚。每月运用考核结果，通过每月考核使各分部形成"比、学、赶、帮、超"的浓烈氛围，通过过程节点控制最终完成既定指标。

切实将公司"五总"管理理念融入项目管理一线。例如在进度滞后的施工点，指挥部包保组深入管理班组内部，充分了解生产工作存在的困难，经了解，很多施工点推进不正常有的仅差部分零星材料，有的仅差几万元农民工工资，有的差几十万元启动资金等等，找到问题的关键就统筹各方资源解决，迅速将滞后的施工点恢复正常。

5 成本控制管理实践

5.1 制定成本管理制度

成本管理以合同总价为总控目标，强调总包统筹能力、开源节流措施，以技术管理为手段，以合同管理为落脚点，从工区划分、监建规划、集中采购、方案优化、工区协同、严控计量等方面控制，确保完成上缴集团管理费用，施工成本控制在目标成本范围内。

建立各分部成本管理人员在内的成本管理体系，保证成本管理体系运行的顺畅。另外，委托专业的造价咨询管理机构，并将其纳入总包成本管理体系；各分部成本管理人员及专业的造价咨询机管理构共同协助本项目进行施工图预算分析、合同计量、设计变更、材料价格等管理，从而协助总承包项目经理部完成成本控制。

（1）认真执行集团和总承包二部合同管理的相关管理办法。

（2）项目部签订的各项合同，应向总承包二部财务部门报备，作为项目对外结算及付款的依据。

（3）加强项目部内部管理，选择有能力的单位进行本工程的施工。及时签订施工合同，认真研究合同条款，对进度、安全、质量、验工等进行有效约定，规避一切风险。

（4）及时将与分部签订的施工合同和各种物资采购合同报总承包二部预算费控中心审核备案。对于高出公司指导价、信息价或工程量较大的项目，应在合同签订前报总承包二部预算费控中心审核批复。

（5）建立健全合同台账，已完工程数量台账、验工计量计价台账、分部结算台账、已完未结算台账及变更索赔管理台账等。

（6）针对涉及多方合同关系情况，在集团或总承包二部主导下拟定合同条款，签订合同。

5.2 施工合同交底及履约

5.2.1 合同交底的目的

（1）加强项目部管理人员对合同的理解，便于项目部全体管理人员对各分项工程的盈亏、风险做到心中有数，在施工过程中做到有效控制。

（2）有利于提高合同执行的效果。

（3）提高对分包单位的管理效率，避免施工过程中因甲、乙双方权利、义务区分不清产生纠纷。

（4）提高成本管理的效率。

5.2.2 合同交底组织形式

合同交底的组织形式由项目部以专项会议形式组织,项目部所有成员参加,由项目经理组织对合同进行解读。会议内容形成会议纪要交公司备案。

5.2.3 合同交底资料

(1)招标文件(对下施工单位招标文件)。
(2)投标文件(商务标及技术标)。
(3)施工合同(施工总承包合同、分包合同)。

5.2.4 合同交底的内容

合同交底主要内容包括:
(1)工期要求。
(2)质量要求。
(3)安全要求。
(4)计价方式。
(5)价款支付。
(6)变更、签证。
(7)违约条款。
(8)保函及保证金。
(9)结算。
(10)隐含(或暗示)条款。
(11)其他。

5.2.5 合同履约

(1)项目部在施工准备阶段,应组织相关人员学习总承包合同要求及技术规范,尽力配合项目公司及政府完成征地拆迁工作,完成组织机构设置、办理法律工商手续、办公区临建、场地清理工作,组织物资设备、材料及人员进场,建立与业主畅通的沟通渠道。
(2)项目部根据总承包合同规定的工期和质量要求等,完成施工组织设计,并严格按施工组织设计施工,确保合同目标的实现。
(3)项目部在施工过程中,定期向业主提供施工进度、安全生产、工程质量、现场文明施工、工程变更情况,定期征询业主对工程的意见,并接受业主的现场检查。
(4)项目部应建立工程档案数据库。
(5)在工程的施工阶段积累以下各种资料:
① 工程施工的总体进度;
② 施工隐蔽部位的照片(如基桩、承台、软基处理等);
③ 特殊做法、特殊部位的施工方案;
④ 主要分部分项工程的质量数据;

⑤ 工程使用的主要材料和设备说明；
⑥ 施工验收记录意见。
（6）履行缺陷责任期内工程保修义务。

5.3　造价管理目标

在保证质量、安全、进度，确保完成集团、总承包利润指标的情况下，不突破集团控制价。上缴管理费按集团、总承包管理费在每期工程进度款中按合同规定直接扣除。

5.4　造价风险分析

5.4.1　费用控制风险分析

（1）根据项目定位及项目成本控制目标，参与各类评审，结合项目实际情况配合设计管理部完成最高性价比的设计。
（2）成本控制风险分析及对策。

由于工程环境条件、市场环境以及社会环境等客观因素的影响，项目费用控制必然存在很多风险。经过分析，本项目费用风险分析及应对措施见表5-1。

表 5-1　费用控制风险分析

编号	工程类别	风险因素	风险应对	备注
1	临时（进场）道路	（1）临时道路概算费用与实际需要投入的费用相差较大，存在亏损。（2）进场道费用概算中按临时便道计算，施工图为永久设置，建设等级提高，造价增加。	（1）临时道路修建过程中充分利用既有道路进行改建或扩建，尽量减少新建道路；施工过程中充分进行线路优化设计，选择经济合理的施工方案，严格按照施工图纸要求，严禁擅自超图纸施工。（2）进场道路：较概算建设等级提高，费用增加，应增加投资，作为争取调概的依据。	
2	临时占地	临时占地费用不能满足实际施工需求，经测算，实际产生费用远大于概算费用。	（1）加强临时占地的征地管理工作，严格按照设计工程量进行审批，对于实际需征地工程量大于设计工程量的分部，同样按照设计工程量审批，超出的部分由分部自行承担其费用。（2）在保证质量与安全的前提下，充分利用路基、桥面等场地作为预制场或钢筋加工场。（3）按实际赔偿标准编制施工图预算。	
3	临时用电	设计概算中的临时用电费用与实际需要投入费用相差较大，概算中的费用无法满足实际施工要求。	（1）充分考虑永临结合，与隧道、收费站、养护工区的后期用电及目前的施工用电合理优化，减少后期拆除费用。（2）新增变电站、增容、高压线路等由政府及时解决，不能及时解决的，协调重新立项或使用后有偿移交地方使用。（3）概算费用由于设计院前期现场勘查不到位，导致费用漏列，争取业主从基本预备费中支出。	

续表

编号	工程类别	风险因素	风险应对	备注
4	承包人驻地、场建	（1）经测算批复概算中的承包人驻地建设费用与实际需要投入的费用相差较大。 （2）设计图划分6标段，实际划分为10分部，存在驻地、场建设费用成本增加风险。	（1）选择经济合理的施工方案，合理把控工、料、机的投入，严格按照集团标准化要求进行建设。 （2）对下游遵循包干价原则，统筹规划，严格把控。 （3）在实际实施过程中，每个方案经监理审批、验收，收集实际发生费用依据，与业主协商争取把10分部总费用以6个标段费用结算回。	
5	土石方工程	（1）本项目弃方量较大，初步统计路基弃方量达764万立方米，弃土场选定的影响因素较多，施工中运距对工程成本影响较大。 （2）本项目新定额编制土石方单价偏低，降造9%后基本是成本价，有亏损风险。	（1）结合图纸及公路沿线实际情况，加强与地方的协调合作，尽量选择离线路较近的弃土场减少运距。 （2）清单价审定后及时核算，过程施工中尽可能少产生土石方变更增加。	
6	路基防护及加固工程	（1）沿线砂石料场较少，混凝土原材料运距较远，成本增加。 （2）存在地质风险、边坡坍塌风险。	（1）加强与设计单位沟通，进一步优化设计，在满足功能及施工进度的前提下，尽量采用浆砌圬工代替混凝土圬工（根据地勘，场内开挖的片块石量大且可作为浆砌片石使用）。 （2）加强施工管理，避开雨季施工；施工时严格按照施工规范进行，坚持边开挖边支护，加强施工监测。	
7	桥梁工程	（1）桥梁桩基施工时存在坍孔、缩颈、断桩等。 （2）混凝土原材料运距及价格风险。	（1）施工前加强地质调查，合理选择施工方法和施工机械，避免由于桩基返工导致的成本增加。 （2）进一步对沿线地质进行调查，力争找到可供开采的砂石料场公司自己开采或与当地合作开采。 （3）编制及优化施工组织设计，合理选择梁场位置，加强与地方交通管理部门协调。 （4）施工中严控混凝土质量。	
8	隧道工程	（1）隧道发生超欠挖，超挖造成材料成本增加，欠挖增加人工和机械成本。 （2）隧道弃渣方量近104万立方米，运距较远。	（1）严格进行地质超前预报，根据地质情况及时进行钻爆设计，严禁欠挖，控制超挖。 （2）弃渣尽量利用到路基填方中；统筹安排，综合考虑路基挖方，综合选定弃土场，减少运距。	
9	概算、其他成本风险	（1）概算2017年第2期（即4月份）材料信息价编制且已批复。 （2）对比现场实际踏勘、现市场材料价存在超概风险。 （3）设计院概算、预算阶段现场调查力度不足、地质勘查深度不够，存在工程量增加、造价增加的风险。 （4）施工队伍选择风险：施工队伍选择不当，存在增加成本风险。 （5）施工图预算建安降造9%结算。	（1）积极搜集资料，及时做板块对比分析、纠偏。 （2）过程管控中，基础资料编制做好、做全，签字审批齐全、及时，符合逻辑，隐蔽工程有影像资料，及时核算材料，为可能的调概做好基础准备。 （3）选择优质、有经济实力、有丰富专业施工经验的施工队伍。 （4）做好优化设计。 （5）做全、做好施工图预算。	

5.4.2 材料风险预测及对策

本工程主要大宗材料为钢筋、工字钢、水泥、砂、碎石、柴油，任何一种主要材料的大幅波动都会给项目带来巨大的影响。与材料供应商签订材料供应合同，约定材料价格涨幅范围；在价格较低时进行备料；用圬工代替混凝土。策划好混凝土集中拌和建站方案、钢构件集中加工建场方案，减少二次搬运成本；建议具备条件分部自建料场，变外购为自采，充分利用项目范围内的石料、填料，降低成本；过程中要严格建立限领料制度，随用随核算，把耗量控制在定额范围内。

5.4.3 经济风险及对策

本项目因工期跨度长，存在宏观经济环境风险，如整体经济发展的不景气、通货膨胀，资金筹措困难等。

项目造价部门始终在仔细研究招标文件，投标者须知、设计图纸、工程质量要求、合同专用条款以及工程量清单等都存在潜在的经济风险，通过采取措施将风险降至最低。

5.4.4 合同签订和履行风险

（1）工程计量误差风险，是由于工程量清单的质量问题造成的风险，清单在拟定时对数量计量不准确，造成实际总价不准确，设计图纸质量不高，也会导致计量不准确，使造价变化过大，带来风险；合同索赔风险，是由于工程费用、工期索赔而引起的风险；工期、工程质量和工程总投资风险。

（2）合同条款不全面、不完善，文字不细致、不严密，导致合同存在漏洞。项目部制定好合同条款后，报送公司成本部进行审核，最终形成完善合同。

5.5 分包项目选择和合同管理

5.5.1 项目分包模式

本项目土建划分为10个分部，机电交安3个分部，路面、绿化、房建各划分为1个分部具体实施。其中，土建2分部羊蹄江大桥、5分部江底河特大桥因施工难度大，技术含量高，通过公开招标选择具有类似施工经验及能力的专业队伍施工。项目土建分部根据实际施工情况通过内部承包协议形式组织集团内部单位进场施工。

5.5.2 分包管理

1. 组织人员管理

各分部主要管理人员按照项目部要求组织进场，并具有职业资格、职称等相关证书。

所有现场施工人员均需持有合法有效身份证件，遵守国家有关法律法规和现场各项管理制度，进场时凭身份证件办理现场工作证，注明所属单位、工种、施工时间并贴照片。特殊工种，如电焊工、电工等，必须持有效的上岗证。

2. 进场材料管理

各分部按照项目部《物资设备管理实施细则》相关要求,与材料供应商制定严格的要求和程序,保证材料在使用、管理、装卸、储存和运输中保持完好无损,防止损坏、变质、丢失和错用。在施工过程中认证检查,发现一般不合格品,由各分部标识、记录、隔离,并停止该工序的施工,提出纠正措施和处置方案,由监理工程师、项目部签署确认后按纠正措施和处置方案返工,重新按规范验证合格后方可进入下一工序的施工。

重大不合格品,由各分部标识、记录、隔离,并停止该工序的施工,项目部填写不合格品报告,及时上报监理工程师,组织专家进行评审后处置。

3. 试验检测管理

各分部按照项目部《试验检测管理实施细则》相关要求,编制试验检测计划,做好见证取样和送检计划,完成试验检测各项资料,并报项目部进行审核后报监理单位审批,以避免试验检测的盲目性,杜绝试验检测少做或漏做现象,确保技术资料的真实性、完整性和可追溯性。

4. 进度计划管理

项目部制订总体进度计划,包括进场计划、退场计划、施工进度计划、分部分项实施计划等。

各分部按照项目部《工程进度管理实施细则》相关要求及总体施工进度计划、总体施工顺序安排,提出详细的施工计划和进退场计划,列出合同工作量、计划施工周期、进退场日期、分部与分部或其他专业分包的交叉工序安排、施工期间的垂直运输计划、使用脚手架计划、用水计划、用电计划等,经项目部批准后实施。

5. 施工质量管理

各分部按照项目部《工程质量管理实施细则》、质量管理办法相关文件要求,建立健全质量管理体系,并报项目部审核,项目部监督、检查各分部质量管理体系的运行情况,督促各分部按照质量管理体系实施。

各分部在施工过程中必须严格遵守有关国家标准和技术规范,项目部监督各分部的执行情况,发现各分部在施工中违反有关国家标准和技术规范的要坚决制止。

各分部需编制检查验收计划,分项和分部工程质量检验应在分部自检合格的基础上报项目部,项目部组织各分部进行检查验收,验收合格后由项目部向监理单位报验。

各分部纳入项目部的质量管理体系,参加项目部组织的质量活动,项目部定期组织各分部进行质量检查和评比,对施工质量优良的进行表扬(奖励),对施工质量有缺陷的要进行批评(罚款),并要求制定纠正和预防措施,确保工程质量受控。

6. 安全生产管理

各分部按照项目部《安全生产管理实施细则》、安全管理办法相关文件要求,建立健全安全管理体系,各分部安全生产纳入项目部安全生产管理,各分部应遵守项目部制定的安全生产规章制度,接受项目部的安全生产监督检查。

项目部对进场的各分部人员进行安全教育,与各分部签订安全管理责任状和消防安全责任状，并监督各分部的落实情况。要求认真遵守《项目安全管理目标及措施》，监督各分部执行安全生产教育制度，安全生产、检查制度，安全生产奖罚制度。

项目部定期对各分部的安全生产工作进行检查，组织安全生产评比活动，对安全生产工作做得好的进行表扬，对安全生产工作做得不好的进行批评，督促各分部做好安全生产工作，避免发生安全事故，保证施工现场有一个良好安全的生产环境。

7. 文明施工和环保管理

各分部文明施工纳入项目部文明施工管理，遵守项目部制定的文明施工规章制度，接受项目部的文明施工监督、检查。

各分部应根据项目的具体特点制定环保措施，保持环境卫生，保持料场和施工现场整洁。

项目部定期对各分部进行文明施工工作检查，发现问题及时责成各分部解决，保证施工环境良好，做好环境保护工作。

8. 技术资料和档案管理

各分部按照项目部《工程技术管理实施细则》要求，确保技术资料和档案真实、完整，技术资料和档案应根据工程进展按照相关规定进行收集、整理。

各分部应根据所承包的项目，编制技术资料和档案计划清单，并报项目部审核。各分部要随着施工进展及时收集、整理技术资料和档案，项目部工程技术部、质量检验部、总工办、试验室定期对技术资料进行检查，发现问题及时督促解决。

各分部档案资料严格按照《2013云南省公路工程竣工文件编制及立卷实用范本》相关规定要求整理后转交项目部，项目部进行检查、核验，确保竣工档案符合政府主管部门的要求。项目部在合同中明确需要各分部整理的竣工档案份数。

9. 竣（交）工验收管理

各分部竣（交）工验收按照公路发〔2010〕65号《公路工程竣（交）工验收办法实施细则》实施。

10. 成品保护管理

项目部建立健全成品保护规章制度，对施工现场成品保护进行严格管理。各分部应遵守项目部制定的成品保护规章制度，执行项目部的成品保护措施。

各分部应根据项目具体特点和环境特点，制订成品保护方案，成品保护措施要具体，应具有针对性。各分部成品保护方案需报项目部审核。

项目部定期对各分部成品保护工作进行检查，督促各分部做好成品保护工作。

5.6 设计变更、签证、新增单价管理

总包合约成本部联合技术部门认真分析图纸及现场实际情况，为统一相关做法，减少同一分部内周转材料的投入，进行相关设计变更；加强与技术部门的配合，选取技术先进、经济合理、安全可靠的施工方案；重点关注高填、深挖、隧道开挖、边坡动态设计、桩基工程等与土相关的设计变更。

在技术部门做出设计变更、确认方案后，要联合工程部部门完成变更量和价的确认，要督促分部尽快完成设计变更手续的签认，加快设计变更价款的支付。

5.6.1 变更范围和理由

变更应站在项目部立场，在满足工程建设使用功能的前提下，不仅要综合考虑工程质量、安全，更要实现公司利益最大化。一般来说，在变更提出时应重点研究合同条款，本项目合同条款包含项目磋商文件、投资协议书、项目合同以及谈判记录以及其他资料。本项目总造价的最终形成不同于一般的工程量清单招标的单价合同，是以最终政府批复的施工图预算下浮9%作为项目总造价。根据这一原则，本项目变更宜降低工程造价，各分部和其他参建单位应努力降低工程建设成本。如经现场核对，或者在实施过程中发现有下列情况，确有必要变更时，各分部和其他各参建单位必须通知项目部相关人员核实后，由分部、项目部与监理、设计、业主各方代表进行现场研究，确定变更方案，方可提出变更要求：

（1）设计有明显错误、遗漏或违反技术规范及技术标准。
（2）设计调查不详或施工中因自然条件（地质、水文、料场、材料等）发生变化。
（3）设计图纸与现场实际不相符合。
（4）有更好的比较方案，能在提高标准或不降低标准的前提下，减少工程量、节省投资、少占耕地、缩短工期、确保工程质量及安全、利于环保、水保或改善施工及使用条件。
（5）因农田、水利、工矿等建设需要，对局部工程进行变更。
（6）上级主管部门对工程建设提出新的要求。

5.6.2 变更要求

（1）变更应符合批准的设计任务书及批准的设计文件规定要求，不降低原设计技术指标及工程质量，不延长施工期限和降低使用功能。
（2）变更要有充分的技术经济论证依据，避免主观片面，变更应以优化、完善设计，确保工程质量和安全为前提。
（3）严格执行审批制度，未按权限批准的变更不得擅自开工，否则开工后的工程不予认可，造成的经济损失由各分部或其他各参建单位自行承担。
（4）重大工程及主要工程的变更方案，以文件或会议纪要的形式确定。一般性工程的变更，以业主单位、设计单位、监理单位、项目部、分部代表签认的工程变更现场处理卡确定方案。
（5）各分部都应建立工程变更台账，指定专人负责管理，台账核对统一，有关人员签字认可，以便及时发现问题，保证各台账相吻合。
（6）项目部鼓励各分部和其他各参建单位在保证工程质量和技术标准的前提下对工程提出优化建议方案，进行优化设计。

5.6.3 变更报批程序

（1）各分部和其他各参建单位的变更意向，必须以工程变更现场处理卡或文字书面报告形式提交到项目部，由项目部牵头，会同业主单位、监理单位、设计单位代表进行变更会商。

（2）工程变更现场处理卡或会议纪要经分部、项目部、监理单位、设计单位、业主单位代表在现场确认变更方案可行时，现场填写签认。

（3）各分部和其他各参建单位按照现场确定的变更方案（工程变更现场处理卡及变更金额估算表），及时编制正式的变更资料，并在规定时间内上报工程变更申报资料。

（4）涉及较大变更和重大变更的应按照《云南省公路工程设计及变更管理办法》的相关要求办理相关报批手续。

（5）各分部和其他各参建单位所编制的变更资料必须按程序逐级上报签字认可核准，所有上报的变更，必须有总监理工程师签发的工程变更令方可进行计量结算。

5.6.4 变更管理台账及档案

（1）根据变更事项的性质提出项目变更意向，填写变更意向表，相关人员准备索赔资料，根据合同约定启动索赔程序。合约成本部建立详细的项目变更台账及变更档案。台账和档案实行动态管理，随时更新。

（2）项目变更索赔档案包括：合同文件；业主管理办法；专用技术规范；保险合同；业主、监理指示、文件、会议纪要；变更通知或变更图纸；周报、月报、报告、请示、联系单；施工方案；计划调整；测量原始材料；自然灾害原始资料；现场施工记录；当地造价信息；现场材料价格；工程计量资料；国家政策文件等。合约成本部及时收集整理变更证据，为提交索赔报告做准备。

5.6.5 变更资料收集、存档

（1）项目部的合同文件、变更索赔信息、资料、数据由各职能部门以电子版记录的形式传递至合约成本部，合约成本部负责统一整理、分析，统一装订成册。装订时注意以变更索赔项目为单位，每个项目单独装订。

（2）已审批完成的变更图纸由工程技术部门存档，同时合约成本部建立变更台账。项目总工程师应及时地进行变更交底，合约成本部及时准备变更资料并存档。

（3）现场施工原始资料的收集整理：施工技术人员的施工日志，现场施工照片均应保留完整并分类整理。工程部门、合约成本部门均配备照相机保证原始资料的收集整理工作。监理或业主的指示、例会议定的变更事项应及时形成会议纪要或者其他文字资料。

5.6.6 本项目变更内容、范围

（1）本项目混凝土所用砂石材料缺乏，砂石材料运距较远，为降低工程成本，宜将挡土墙、排水沟涵洞边墙等混凝土结构变更为浆砌片石。

（2）宜将跨越山谷且桥位不高的桥梁变更为填方路基。

（3）各分部进场后应详细研究设计及项目部拟定的弃土场位置，既要满足国家及当地政府的各项要求，又要降低弃方运距。

（4）软基处理措施应综合考虑工地附近的地质情况，尽量利用路基和隧道的弃渣作为软基处理的材料，降低软基处理的材料费。

（5）施工便道及临时设施尽量利用永久用地，节约成本。宜将梁场布置在路基范围内，利用立交区三角地带的土地布置一些临时设施。

（6）各分部应重点研究本项目墩柱类型、预制梁长度，尽可能联系设计单位减少墩柱类型和统一预制梁长度，以节约模板及台座数量。

5.7 工程收付款的管理

1. 进度款报送

各分部按项目公司要求的表格格式编制标段范围内月计量支付报表，每月 20 日交到项目部合约成本部，提交内容为中间计量表、计量支付月报表、中间交工证书、中期支付证书纸质版和电子版。

2. 进度收款

各分部应当在计量周期内将编制完成的中间计量表及计量有关资料报监理人审核签认，监理人审核签认后应及时报项目公司审批。计量报审程序为：各分部编制计量报表→项目部汇总审核→监理人审核→项目公司审批。

各分部于每月 20 日将上月 20 日至本月 19 日所完成的已由监理人签认的中间交工证书和相关资料（包括存有计量数据的 U 盘）报到项目部进行审核签字，然后把本期中间计量表再报监理人进行审核。监理人在完成对各分部所提交的本期计量资料的审核、签认工作后，由项目部进行各分部的计量资料汇总，报项目公司审批。

3. 进度付款

项目公司审定计量支付月报表后，由项目部合约成本部根据合同文件及相关规定扣除各分部应被扣除的各项费用（如扣开工预付款、材料款、保留金等）后出具中期支付证书，项目部签批完后，财务部门根据签批的中期支付证书完成对分部支付手续。

5.8 预算、结算管理

为顺利实现集团、总承包二部总体战略规划，加大成本控制力度，降低成本费用，提高市场竞争力，实现公司利益最大化，确保工程预结算的及时，准确地反映项目实际成本，有效控制项目建设资金投入，结合公司预算管理方面的要求，制定《预决算管理实施细则》。

1. 投标及施工图预算

（1）配合集团、总承包二部做好项目开发建设前期的预算，做好成本控制工作。

（2）从专业、经济、适用及成本控制方面对施工图设计提出合理化建议，为整个项目的成本控制打好基础。

（3）合理编制施工图预算，让造价真正成为工程建设成本控制的核心竞争力，充分发挥造价管理在投标决策中的重要作用。

2. 施工过程阶段

（1）在施工过程中，配合工程技术部做好设计变更的预算工作，对发生的设计变更、签证等工程资料及时整理归类，对变更要求当中的各类数据进行计算、分析，及时掌握变更情况，为后期的结算工作提供便利条件。

（2）设计变更要反复对照合同、招标文件、招标答疑、图纸会审、图纸答疑、投标文件及会议纪要等有关文件规定慎重处理。

（3）经常深入施工现场，与项目公司工程技术部对接，对设计变更内容与实际施工情况一一对照。

（4）对照施工合同及进度计划，结合施工现场情况，计算已完工程量价值，为工程进度款的拨付提供依据。

3. 竣工结算阶段

（1）收集结算资料，统筹安排，保证合同结算及时办理。

（2）要求各分部按照审计要求及时提供竣工结算资料。

（3）对送审的结算工程量计算审核前，必须对图纸设计变更等进行核实。审核过程中对其中不详之处，会同工程技术部等相关部门到现场进行核对，核对结果与变更相符各方签字确认后方可生效。

（4）在工程量核对过程中，应严格按照合同约定进行计量，核对后的工程量必须有清晰的电子版计算式便于复审。

（5）保证结算造价的合理性、准确性、真实性，详细核对工程量，审定价格、取费标准计算工程总造价，做到资料完整，有理有据，数据准确。

5.9 项目造价管理检查评分表与造价例会制度

项目经理部每月组织一次造价例会，主要针对合同、计量等现场工作存在的问题进行解决，对每次检查存在的相关问题列出问题清单进行销项。

6 安全文明施工管理实践

6.1 施工安全管理目标

（1）有责任的导致人身死亡的生产安全事故为"0"。
（2）有责任的火灾事故为"0"。
（3）有责任的交通事故为"0"。
（4）有责任的环境违规事件、职业病发病率为"0"。
（5）重伤事故、中毒事故为"0"。
（6）重大设备、设施责任事故为"0"。
（7）千人轻伤频率控制在低于1.5‰。
（8）劳保用品发放及时率达到100%。
（9）按照《公路工程施工安全技术规范》JTG F90—2015和《云南省高速公路施工标准化实施要点》第一册、第二册，项目施工现场安全达标合格率100%。
（10）安全、文明施工创建不低于主合同要求，完成安全生产指令性创建指标达到"平安工地"考核合格标准。
（11）公路建设项目接受主管部门"平安工地"考核一次通过率100%。
（12）不发生任何新闻媒体曝光事件。

6.2 施工安全文明保证措施

6.2.1 安全文明保证体系

建立健全安全管理组织机构，建立以项目经理为首的安全文明保证体系。与项目公司签订安全生产协议书，坚持"安全第一、预防为主、综合治理"的方针和坚持"管生产必须管安全"的原则，明确承担安全施工的责任和义务。

项目经理部和各作业工区分级负责，以加强施工作业现场控制和职工的安全生产教育为重点，开展创建安全文明标准工地活动，确保单位工程的施工安全。

6.2.2 安全生产组织机构

根据本工程的特点，建立以项目经理为第一责任人，各部门、各作业工区分级负责的安全管理体系，配置必要的设备、装备和专业人员，确定整个施工过程中的重点内容、关键点及危险部位的控制手段、措施并严格实施，确保本工程的施工安全，创建安全达标工地。

6.2.3 思想保证措施

运用各种宣传形式，打造"安全第一"的声势，使广大干部、职工了解安全生产的重要意义和具体要求，积极自觉地投入到安全生产中来。加强教育培训工作，安全员、特种作业人员及工程技术人员持证上岗率达到 100%；职工和民工等劳动力上岗前安全施工教育培训率达到 100%。按照安全管理组织机构配齐、配强本项目安全管理的各级机构或部门的工作人员，明确其安全工作职责范围，将施工经验丰富、安全意识强的人员充实到安全管理的各级机构和部门，项目的各级第一管理者是安全管理的责任人，以确保领导安全管理工作的权威性。

制定严格的安全管理制度和措施，定期分析安全生产形势，研究解决施工中存在的问题。建立健全各级安全责任制，责任落实到人。充分发挥各级专职安检人员的职责作用和共产党员、共青团员的监督作用，及时发现和排除安全隐患。

安全教育经常化、制度化，对特种作业人员必须经培训合格后持证上岗；对新员工必须进行经理部、施工队和班组三级安全教育和培训；通过安全竞赛以及现场安全标语、图片等宣传形式，增强全员安全生产意识和自觉性。注意安全、珍惜生命，把安全生产工作落到实处。

6.2.4 组织保证措施

1. 安全生产管理组织

实行项目经理安全责任制，建立以岗位责任制为中心的安全逐级负责制，各级成立安全领导小组，制定切实可行的安全管理办法和奖惩制度，明确各职能部门和有关人员的安全工作职责。各级各类人员各负其责，定期检查、考核，奖惩兑现。引入竞争机制，把安全生产纳入承包内容，与业主签订安全生产协议，与各施工队逐级签订安全生产包保责任状，做到上对下一级包一级，下对上一级保一级。主管必须先管安全，明确分工，责任到人。

2. 安全生产教育与培训

项目经理部经常开展安全生产宣传教育活动，使广大员工真正认识到安全生产的重要性、必要性，牢固树立"安全第一、预防为主、综合治理"的思想，自觉地遵守各项安全生产法令和规章制度。

6.2.5 检查保证措施

（1）开工前的安全检查：工程开工前，由项目安全领导小组会同有关部门，对将开工的项目进行全面的安全检查验收。检查验收的主要内容包括：施工组织设计是否有安全措施，施工机械设备是否配齐安全防护装置，安全防护设施是否符合要求，施工人员是否经过安全教育和培训，施工方案是否进行交底，施工安全责任制是否建立，施工中潜在事故和紧急情况是否有应急预案等。

（2）定期安全生产检查：项目经理每月组织一次由有关职能部门的负责人和项目专职安全员参加的安全生产大检查，并积极配合上一级进行专项和重点检查；各工区每旬进行一次检查；班组每日进行自检、互检、交接检查。

（3）专业性的安全检查：针对施工现场的重大危险源，项目部专职安全员负责对施工现场的特种作业安全、现场的施工技术安全进行检查。设备管理人员负责对现场大中型设备的使用、运转、维修进行检查。

6.2.6 制度保证措施

1. 建立健全各项安全制度

根据本工程特点，制定具有针对性的安全管理制度，包括安全生产责任制、安全生产奖惩办法、安全生产教育培训制度、安全生产检查制度、安全技术措施交底制度、安全生产资金保障制度、生产安全事故报告处理制度、消防安全责任制度、爆炸物品安全管理制度、文明施工管理制度、特种作业人员管理制度、临时用电管理制度、安全防护设施及用品验收、使用管理制度、各工种及机具安全操作规程、生产安全应急预案等。

2. 安全生产教育与培训

开工前，对所有参建员工进行上岗前的安全教育。对从事电气、起重、高空作业、焊接、机动车驾驶等特殊工种的人员，经过专业培训，获得安全操作合格证后，方准持证上岗。

3. 安全生产检查

（1）开工前的安全检查。

主要内容包括：施工组织设计是否有安全措施；施工机械设备是否配齐安全防护装置；安全防护设施是否符合要求；施工人员是否经过安全教育和培训；施工安全责任制是否建立；施工中潜在事故和紧急情况是否有应急预案等。

（2）定期安全生产检查。

每月组织安全生产大检查，积极配合上级进行专项和重点检查；施工作业层每日进行自检、互检、交接班检查。

（3）经常性的安全检查。

安检工程师、安全员日常巡回安全检查。检查重点：危爆物品管理、施工用电、机械设备、模板工程等。

（4）专业性的安全检查。

针对施工现场的重大危险源，对施工现场的特种作业安全、现场的施工技术安全、现场大中型设备的运用、运转、维修进行检查。

（5）季节性、节假日安全生产专项检查。

在季节变化和节假日安排专职安全检查员对各项生产设施和施工机械进行全面检查，对工程施工过程中的安全设施和安全隐患进行全面检查，同时对所有员工进行专项安全教育。

4. 安全事故报告制度

建立安全事故报告制度，如发生重伤、死亡、重大死亡事故后，经理部负责人立即向项目公司及上级有关部门逐级报告，最迟不得超过 1 小时。报告内容包括事故发生单位、时间、地点、伤亡情况、初步分析事故的原因等。

对弄虚作假、隐瞒伤亡事故的单位和个人，追究项目经理部领导和当事人的责任，并严厉处理。

5. 安全奖惩制度

通过经济与行政手段的有效结合，将安全生产与干部职工的切身利益紧密挂钩，各部门制定安全生产奖惩办法，定期考核兑现，使干部全面加压、职工全员负载，达到施工现场安全生产有序可控。真正做到建制先行，检查全程，奖罚分明。

6.2.7 技术保证措施

（1）建立健全各级各部门的安全责任制，责任落实到人，各项经济承包及分包合同均有明确的安全指标和奖罚办法。

（2）在编制施工组织设计，制订施工方案和下达施工计划时，必须同时制定和下达施工安全技术措施。无安全措施技术交底，不得施工。

（3）生产工人应掌握本工种操作技能，熟悉安全技术操作规程，经考试合格，持证上岗，认真建立"职工安全教育记录卡"，及时做好记录。

（4）进入施工现场必须戴安全帽，每天有佩戴袖章的安全员值班。现场设有安全生产管理制度牌、防火须知牌、安全无重大事故计时牌、安全责任区划分牌。在主要施工部位、作业点、危险区都必须挂有安全警示牌。

（5）安全防护用品、钢管、扣件、螺栓、电力线等材料的质量必须符合规范规定的要求。

（6）中小型施工机具均必须专人使用，专人保养，并挂安全操作牌。

（7）夜间施工配备足够的照明，电力线必须由电工人员架设及管理，并按规定设红灯警示。

（8）各种大型施工机械，使用前要认真检查，确认良好，并经试运转正常后，方可使用。

（9）参加施工的驻地管理人员一律持证上岗。佩证内容有姓名、职务和本人相片，安全员的佩证为红色以示醒目。

（10）定期检查：项目经理部每星期进行一次安全检查（"四个一"活动）；安全员和作业班组随时注意安全检查。每次检查都必须做好记录，发现事故隐患要及时签发安全隐患通知单，并本着"三定"的原则（即定整改负责人、定整改时间、定整改措施）及时解决，将事故苗头消灭在萌芽状态。

6.2.8 经济保证措施

1. 施工安全措施费

按业主方要求，将安全施工措施费用于安全生产，并建立专项台账，不得挪作他用。必须保证安全资金的充分投入，禁止抱有侥幸心理而对安全设施的建设和安全物品的购买发放不重视、不投入。

2. 安全奖罚措施

按业主方安全生产管理办法中的奖罚规定执行。由项目部定期或不定期开会，给予安全工作先进个人和单位精神鼓励和物质奖励。对玩忽职守，导致重大伤亡以上事故发生或使国家财产损失的给予严厉处罚。

6.2.9　季节性安全施工保证措施

工程施工是全天候的作业，其时间跨度大，产品在生产过程中受外部环境变化影响大。项目部在组织工程施工中，应根据季节变更、气候变化的实际情况，采取相适应的技术及安全措施，保证工程质量、保障国家财产和人身安全，使工程建设任务顺利正常进展。

（1）雨季施工期间做好现场排水，水泥等原材料仓库的防漏、防淹、防潮。

（2）机具设备做好接零接地保护，并做好防雨、防潮、防触电工作。现场闸刀均安装上锁，专人掌握，所有移动式电动工具要安防漏电装置。

（3）项目部领导每天轮流值班，专人每天收听天气预报，与气象部门联系及时提供中长期天气预报，以便提前做好防洪和防风计划。在台风到来之前及时对设施、设备和工程的危险部位进行防护加固。

6.3　专项工程施工安全管理

6.3.1　桥梁工程专项施工安全管理

1. 基坑开挖安全保证措施

桥涵基坑开挖前，根据开挖深度和宽度，分析对既有路基稳定的影响程度，对基底开挖影响边坡稳定的，事先采取边坡支挡加固防护措施，以确保施工安全。施工中派专人对作业队进行检查，现场备足应急抢修物资。

2. 墩台施工安全保证措施

墩台施工时，在墩台身钢筋模板安装前，应搭设脚手架平台，栏杆上下扶梯。在脚手架平台上运送混凝土时，其走道满铺脚手板并安装栏杆。使用吊斗灌注时，先通知作业面操作人员避让，并不得依靠栏杆推动吊斗，严禁吊斗碰撞模板和脚手架。

起重机械设备设专人操作并配指挥人员，定责定岗；上岗前进行技术培训，制定专项制度和指挥联络方法，考核合格后，持证上岗。

定期对施工设备进行检查、保养、维修，确保设备正常运转，安全使用。跨越公路施工时，设专人负责做好防护工作，确保既有公路畅通无阻及人员安全。

安装好顶层、外层栏杆、立柱，铺好脚手板，对有明显伤痕、裂纹结疤的脚手板，不得使用。工作人员在行走时不得踏在探头板上。拆装模板均为双层作业，在拆除模板时，按规定的程序进行，先拴牢吊具挂钩，再拆除模板。模板、材料、工具不得往下扔。施工人员与模板之间，有一定的安全距离。

3. 水上作业的安全技术措施

施工作业期间按港监确定的安全要求，设置安全作业区或警戒区，安装警示标志或配备警戒船。对其所有的水上施工作业和施工设施的临时锚泊做出合理的安排，锚泊设施的位置、锚泊方式、警示标志、位置和数量符合港监的要求。

在水中施工前，与当地航政部门联系，商定有关航运和施工的安全事项，并通报有关单位。

定时与当地气象、水文站联系，当遇六级以上大风时，停止工作，并检查加固水面上的船只和锚缆等设施。

施工使用的各种船只，按航政部门规定设置航行标志，并备有救生、消防及靠帮等设备，并加以保管。水上施工设专用救生船，派人值班。水上施工人员穿好救生衣。

水上施工前检查各个部位的机械与设备性能是否良好，安全设施、工具是否齐全。

在抛锚船上松放钢丝绳的工作人员，必须穿好救生衣，并站在适当位置，以防被链、绳带落入水。

当遇有雾天或大雨，视线不清时，施工船上显示强烈灯光信号，并鸣锣、喊话，引起过往船只的警惕，并做好避碰准备。

4. 预应力施工安全技术措施

预应力钢绞线下料，在清理干净的硬化场地进行。场地内严禁动用电焊设备，防止电焊弧击伤钢绞线，造成钢绞线在张拉时断裂伤人。

夹片、锚具进场后仔细检查夹片、锚具的硬度和圆锥度以及夹片有无裂纹、有无锈蚀现象，以保证夹具具有足够的自锚能力，防止夹片、锚具弹出伤人。

采用油顶、油表相互匹配的预应力张拉施工设备，在使用一定时间或次数后及时校验，防止因油顶、油表不匹配造成张拉力控制不准确，产生安全事故。

锚垫板安装角度位置严格按设计要求，并采取锚筋与梁体钢筋焊接的方法确保锚垫板角度、位置准确，以防应力过大，造成锚垫板松动，进而造成预应力施工安全事故。

在张拉施工时，精确调整油顶位置确保油顶、工具锚、锚具、锚垫板位于同一条线上，确保预应力施工安全。

张拉油顶采用安全可靠的钢支架配合导链吊挂，以防油顶掉落，伤及张拉操作人员。

张拉作业区设立钢筋栅栏及安全防护网，并设立安全防护标志，严禁非作业人员进入。

张拉或退锚时，张拉油顶后面严禁站人，并在张拉作业区后方设置木防护板以防预应力筋拉断或锚具、夹片弹出伤人。

张拉作业时设置专人负责指挥，测量伸长量时，停止油顶张拉。

张拉液压系统高压油管的接头应加防护套，以防漏油伤人。高压油管在正式使用前作油管承压检查，保证油管的正常使用。

5. 防大风安全保证措施

大风到来前的准备工作：与当地气象部门保持联系，配备气象警报接收机一台，并落实专人建立气象日志；各工点确保通信完好畅通，以使大风信息随时通晓；备齐吊机、高支架及高度较高的机械设备的缆风绳，并预设牢靠的锚固点，备足铁丝、麻袋和草袋等防堵水物资；自备发电机组，解决短时生产、生活用电。

做好防大风主要工作：爬模、吊机等机械设备的锚固锁定工作；水上船舶的避风工作；物资、设备、材料的加固防护和转移工作；房屋的加固工作；人员的转移工作；大风到来前的工作调整。

防大风实施措施：服从统一领导，统一调度和指挥；当获悉工地区域 8 小时内可能有 6 级以上大风预报时，及时通知各工点停止生产，迅速按领导小组的统一布置开展工作。生产、生活用房逐间加固；各类机械设备及水上施工设备开至安全避风处；堆放的物资与材料除应有的防雨篷之外，还应加设带有地桩的防风网（绳）固定之；及时撤离现场的施工人员；施工机械设备全部切断电源；设置必要的监视哨和监视仪器，保证人员的绝对安全。

6. 保证既有公路安全畅通的措施

严格按照公路管理部门的规定，办理相关的公路临时改移手续，并采取相应的防护措施确保安全畅通。做到没有经建设单位或上级主管部门审批签认的施工组织设计或施工方案，没有制定安全技术措施不开工。

对跨公路施工时，设置警示标志，禁止超高、超宽车辆（船只）通行，支架支墩设置防撞墩加以保护，支架下方设防护钢筋网以防落物伤及车辆、行人。

跨公路施工时，尽量维持原有行车道数量，行车道前方设置全天候限速牌、警示牌，并设交通疏导人员保障交通畅通。

跨公路施工结束后，立即恢复原有路面及交通设施。

所有可能影响到公路行车安全的下部结构施工前，都必须先防护后开工、先加固路基后开挖基坑。为确保施工期间施工人员、机械、材料及其他设备不侵入限界内，沿建筑限界以外打一排防护桩，挂上防护网，张贴醒目的警示标语。

承台基坑开挖时，沿基坑周边（靠既有路基一侧及两边侧）插打单排或双排钢板桩支护，雨季施工时既有线路基边坡用彩条布覆盖，防止雨水冲刷路基；基坑内采取可靠的排水措施，防止积水浸泡路基。承台及墩柱施工完后，及时夯填基坑，恢复既有线路基。

在混凝土浇筑过程中不散落混凝土和废弃物，不影响公路交通安全；在已经完成的梁两侧设置 1.5 m 高的护栏，确保浇筑混凝土时工人的人身安全；夜间确保施工现场的照明充足、工人睡眠充足以及工人防护措施到位。

6.3.2 隧道工程专项施工安全管理

1. 隧道进洞安全保证措施

（1）洞口施工应安排现场管理人员统一指挥，按制订的施工方案合理安排开挖、运输作业，减少交叉和相互干扰。施工前应及时清理边仰坡以上的危石。

（2）在隧道开挖过程中，设专职地质工程师，做好地质描述超前地质预报，对进洞设计参数和施工方法进行必要的调整和建议，以保证边坡的稳定。同时，每个开挖工班配一名工程师跟班，并进行 24 小时轮流值班，以便及时发现地质变化，制定临时应急措施。

（3）隧道进洞施工应尽量避开雨季。在雨季、洪水期间可安排不受季节影响的备料、钢筋加工、预制构件及场地道路、排水等施工作业。雨天过后恢复隧道施工时，应对天沟等截排水结构物进行重点检查，堵塞的应及时疏通。

（4）不良地质、特殊地质或浅埋、偏压、滑坡地段，应组织专门的技术论证，确定钻爆、支护方案。

（5）严格按规范施工，隧道开挖后要尽快闭合成环，增强结构的稳定性，消除安全隐患。

（6）专职安检人员每班都要对施工现场进行一次全面检查，尤其是要注意加强临时支护状态的检查，不放过任何微小的变化，并应逐级做好记录。发现问题及时提请领导采取措施，妥善处理。

（7）洞口设置隧道门禁管理系统，控制施工人员在隧道中的出入，及时、动态、准确地掌握隧道内施工的人员总数和具体人员，据此推断生产是否有序，人员是否到位，监测检验人员工作是否正常等。

（8）落实《隧道施工安全九条规定》要求，在软弱围岩隧道开挖掌子面与二衬之间设置设逃生通道，并随开挖进尺不断前移，保证隧道出现险情时能够安全逃生。

（9）认真落实执行隧道施工各项安全管理制度。

2. 开挖支护安全保证措施

（1）坚持以地质为先导的原则，时刻掌握隧道的地质情况，异常地质要有特殊的超前支护和初期支护措施。

（2）坚持先护顶后开挖的原则施工：采用超前小导管预注浆加固措施。通过试验确定注浆的压力、配合比、固结范围，保证注浆能够达到预期的目的。

（3）采用合理的开挖方式：施工时严格按照"管超前、严注浆、短进尺、强支护、快封闭、勤量测"的原则进行。

（4）严格控制每循环进尺，开挖成形后及时进行初期支护，确保工序衔接，尽早施作仰拱封闭成环，以改善受力条件，对特殊地段缩小拱架的间距，加强初期支护。

（5）随时注意观察掌子面的情况，发现地质情况变化，及时采取相应处理措施，保证施工安全有序地进行。

（6）加强监测：开挖初期支护后，量测拱顶下沉及边墙收敛、地面下沉与隆起、钢拱架内力，及时对数据进行分析，发现异常情况立即上报，并采取相应防治措施。

3. 装卸渣与运输安全保证措施

（1）隧道的弃渣场地，必须避免因弃渣造成排水不畅与过大土压引起对建筑物的危害；若靠近交通道，应防止弃渣危害车辆与人身安全。有害环境保护的弃渣方案，应征得当地环保部门的同意。

（2）进入隧道的内燃机械与车辆，必须选用带净化装置的柴油机。汽油机械与车辆不得进洞。但若通风能达到粉尘与有害气体不超过规定要求时，可不受此限。

（3）装载料具时，不得超出装载限界。装运大体积或超长料具时，应捆扎牢固，并设保险绳和显示限界的红灯，还应专列运输和专人指挥。

（4）各种运输设备不得人、料混装，严禁非司机、非调车员搭乘非运人的车辆与行走机械；否则调车员与司机有权拒绝发车。

（5）禁止使用装载机当"吊机"爬坡和当运输车用，以免发生违章事故。

4. 衬砌作业安全保证措施

（1）衬砌使用的模板台车，台车的工作平台、跳板、梯子等，应安设牢固，其承重不得超过设计能力，并应在现场标明；使用轨道的应有足够的净空，保证车辆、行人安全通行；工作平台应搭设不低于1m的栏杆，底板满铺，木板端头必须搭在支点上，严禁出现探头板，上下平台的梯子一侧应有扶手。

（2）灌筑混凝土前，应先检查挡头板是否稳定和严密，灌筑时必须两侧对称进行，不使台车受到偏压；拆除混凝土输送软管时，必须停止混凝土泵的运转，台车停止工作时，应及时切断电源，以防漏电、触电。

（3）铺底衬砌，应尽量安排超前，以利拱墙衬砌加快和保证运输安全，做到文明施工。

（4）拆模移动模板台车时，设专人指挥、监护，以防事故发生。

（5）混凝土运输车在隧道内倒车时，必须先鸣笛后倒车；前后车辆行驶时，两车前后必须保持 20 m 的距离；洞内行车速度在施工作业地段时不得超过 10 km/h，会车时不得超过 5 km/h，非作业地段时不得超过 15 km/h。

5. 模板脚手架施工安全保证措施

（1）架设工具材料的规格和质量必须符合有关技术规定的要求，自行加工的架设工具必须符合设计要求，并经试验合格后方可使用。

（2）确保脚手架具有稳定的结构和足够的承载力，构造应符合有关规定要求。

（3）编制脚手架施工方案，制定具体安全保护措施，所有架设人员必须有架子工上岗证，必须进行岗前培训。

（4）认真处理脚手架地基，确保地基有足够的承载力，避免底部悬空现象产生。

（5）搭设脚手架时及时设置连墙杆、斜撑杆、剪刀撑以及必要的缆绳和吊索，避免在搭设过程中发生偏斜和倾倒。

（6）严格控制使用荷载，确保有足够的安全储备。

（7）采取二次检查脚手架的方法，消除安全隐患，保证脚手架安全、可靠。

（8）搭设脚手架必须按编制的施工方案进行，杜绝违规操作，并有专职安全员负责检查、监督。

（9）必须有良好的防电、避雷装置。

6. 隧道软弱破碎围岩施工安全保障措施

（1）施工原则：早预报、先治水、管超前、短进尺、弱爆破、强支护、紧封闭、勤量测、步步为营、以防为主，稳步前进。

（2）加强超前预报工作，开挖前切实掌握软弱破碎带段围岩的情况，包括宽度、填充物及地下水等地质特性，以便采取相应措施。

（3）施工方法：针对软弱围岩可能发生大变形，采用增大预留变形量和喷射混凝土、锚杆、钢筋网等手段，采用分部开挖方法，初期支护及时封闭，喷射混凝土分 2～3 次施工，加强监控量测，利用反馈信息指导施工。

（4）通过软弱破碎带富水段时，先治水，采用排堵结合等治理措施。开挖过程中配备有经验的地质工程师 24 小时轮流值班，及时监控地质变化情况，指导现场施工。

（5）加强监控量测，当初期支护变形异常且无收敛趋势时，调整支护参数，必要时施作二次衬砌。在二次衬砌中，采取增设钢筋和提高混凝土强度等措施。

7. 隧道明挖段施工安全保证措施

（1）为保证施工人员安全，整个基坑边采用钢管防护栏杆，每隔 4 m 左右设一钢管立杆，打入土内深度70 cm，并离基坑边口距离60 cm，防护栏杆上杆距地1.2 m，下杆离地0.6 m，水平搭设好扶手栏杆，挂好标牌，严禁任意拆除。

（2）在土方开挖的同时，严格按照施工安全技术要求，根据设计的支护结构跟进支护。严格把好支护材料的质量关，保证施工生产的安全。

（3）施工前，技术人员认真复核地质资料以及地下构造物的位置、走向，并掌握本项目工程可能影响邻近建筑物基础的埋设深度。

（4）对照施工方案和技术措施，确定正确的施工顺序、选择合理的施工方法及采取相应的安全技术保护措施，防止侧壁坍塌。

（5）边坡"网锚喷"支护施工前，对施工操作人员进行安全培训和技术交底。同时，必须清除锚喷支护作业区边坡上的浮土，施工机械应安放在稳固的地基上。

8. 火工品安全管理保证措施

（1）爆破器材临时存放仓库的设置，符合防爆、防雷、防潮、防火、防鼠、防盗等要求，具有良好的通风和防爆照明设备，制定严格的管理办法，并经当地公安部门验收合格后，方可投入使用。

（2）爆破器材库设专人看守，看守管理员由单位职工担任，并经当地公安部门培训合格后方可上岗。

（3）临时油库设置符合国家有关消防规定。库区周围设围栏，使用中配足消防设备并派专人看守，严禁在库区内存放易燃物品。

（4）施工场地设置的临时油库、爆破器材库、变电站要设置独立的避雷针等防雷设施，并定期检查接地电阻，防止雷击。严禁在库区内使用移动电话、明火等物品，并做好杂草等易燃物品的清理。

（5）爆破器材领用及退还要有详细的记录及登记台账，炸药领用及消耗记录中要以"支"为单位，不能以"包"或"箱"为单位，火工品运送及现场使用，安全员全程在场旁站，爆破员持证上岗。

（6）重视对爆破器材使用过程的管理，对每个参与爆破作业的相关人员都要进行法律法规和安全的宣传教育，做好严格的登记造册，并落实和明确带班人员的职责。

（7）爆破器材的运输严格执行《爆破器材运输安全操作规程》要求，用爆破运输车运送爆破器材时，炸药和雷管分别在两辆专车内运送，两车间距大于50 m，并派专人护送，运行中显示红旗或红灯，汽车排气口加防火罩。

（8）在爆破器材的运输过程中，要高度重视雷雨天气的防范。雷电降临时，立即停止所有炸药运输和短程搬运，所有人员立即撤至安全地点，并迅速将雷电来临和雷电已过的信号，通知爆破作业区人员。

（9）起爆后必须通风排烟15～30 min后才准工作人员进入工作面，并经下列各项检查和处理后，其他工作人员才准进入工作面：有无瞎炮及可疑现象；有无残余炸药及雷管；顶部、两端有无损坏及变形。

（10）进行爆破器材加工和爆破作业的人员，严禁穿化纤衣服。

9．通风、排水安全保证措施

（1）通风设备。

① 压入式通风机必须装设在洞外或洞内新风流中，避免污风循环。通风机应设两路电源，并装设风电闭锁装置，当一路电源停止供电时，另一路应在 15 min 内接通，保证风机正常运转。

② 必须有一套同等性能的备用通风机，并经常保持良好的使用状态。

③ 隧道掘进工作面附近的局部通风机，均应实行专用变压器、专用开关、专用线路及风电闭锁、瓦电闭锁供电。

④ 隧道应采用抗静电、阻燃的风管。风管口到开挖面的距离应小于 5 m，风管百米漏风率应不大于 2%。

（2）通风检测。

隧道建立测风制度，每 10 天进行 1 次全面测风。对掘进工作面和其他用风地点，应根据实际需要随时测风，每次测风结果应记录并写在测风地点的记录牌上。应根据测风结果采取措施，进行风量调节。必须有足够数量的通风安全检测仪表。仪表必须由国家授权的安全仪表计量检验单位进行检验。

（3）通风安全管理措施。

以"合理布局，优化匹配，防漏降阻，严格管理、确保效果"20 字方针，作为施工通风管理的指导原则，强化通风管理。

（4）施工排水安全措施。

施工中排水施工管理显得尤为重要。主要采取以下措施：

① 配备足够、富裕的抽水设备，保证施工生产安全和工程进度。

② 完善各种排水机械设备的安全操作规程和维护保养细则，并向操作和维修人员交底。认真做好机械设备的管用养修，避免在进行排水时出现故障，从而影响施工。

③ 配备专人负责工程排水工作，对每天排水情况进行记录，并对数据及时分析，以指导下步工作。

④ 通过多种超前水平钻探及综合物探手段相互印证，提前确定可能发生突、涌水的位置或段落，以防发生严重的后果。

⑤ 在涌水量较大、涌水类型为基岩裂隙水情况下，当涌水在长段落范围内时，采取"适量排放"的原则进行隧道施工排水；当涌水集中在比较短的范围内时，采用径向注浆的方式进行堵水。当涌水量较大、严重影响隧道的掘进速度时，采用超前注浆和帷幕注浆技术来加快隧道的施工。当施工中出现较大集中涌水时，采取局部注浆的方式进行封堵，对剩下的小股涌水进行集中引排。

⑥ 水量较大地段开挖过程中加强监控量测频率，及时进行回归分析，发现异常及时制定合理应对措施。

⑦ 配备相应的发电机，出现停电时由发电机组发电进行排水。

⑧ 在隧洞每一泵站处高压风管加设接头，在出现应急或管路检修时作为应急管道使用。

10. 隧道施工监控测量

（1）监控量测计划。

隧道施工时采取监控量测措施，用以监测各施工阶段施工动态，掌握围岩动态，确保施工安全，并为调整初期支护参数、确定二次衬砌和仰拱的施作时间提供信息。

（2）监控量测原则。

① 监控工程安全与改进设计、指导施工相结合，以监控工程安全为主。

② 监测将侧重地质条件差、结构受力复杂及工程薄弱环节等重点部位，并将各监测项目的测点（线）布设在该部位，设置成重点监测断面。

③ 将重点监测断面与一般监测断面相结合，以重点监测断面为主。

④ 选用稳定、可靠、新型、先进的观测仪器设备。

⑤ 所选择的监测项目具有代表性和可信性，获得的观测资料能满足反馈施工信息、综合评价工程的工作状态、预报和控制工程安全等要求。

（3）监控量测点布设。

隧道内监控量测测点按照现场开挖进度及设计要求的间距进行布置，中导洞拱顶一个边墙两侧各一个，侧导坑拱顶一个边墙两侧各一个，主洞拱顶一个边墙两侧各一个。

（4）现场量测管理。

① 成立专门量测小组，负责测点埋设、日常量测、数据处理和仪器保养维修工作。

② 现场监控量测与其他施工环节紧密配合，不得中断工作。

③ 预埋测点牢固可靠，易于识别并妥善保护，不得任意撤换和遭到破坏。

④ 量测监控程序：

a. 爆破开挖后立即进行工程地质与水文地质状况的观察和记录，并进行地质描述。地质变化处和重要地段采用照片记载。初期支护完成后应进行喷层表面的观察和记录，并进行裂纹描述。

b. 隧道开挖后及时进行围岩初期支护的净空收敛和拱顶下沉量测。

c. 现场量测数据及时整理和分析，绘制位移-时间曲线，随时掌握位移情况和变化速率，当位移出现反常急剧增长或净空收敛速率大于 2 mm/d 时或出现反弯点时，说明围岩和支护已呈不稳定状态，加强监视并采取加固措施，必要时暂停开挖。

d. 当位移量及位移-时间曲线呈收敛趋势、平均位移变化速率小于 0.1~0.2 mm/d、拱顶位移速度小于 0.1 mm/d 时，认为围岩及支护已基本处于稳定状态。

（5）监控量测信息反馈。

① 监测数据的分析及预测。

取得监测数据后，由专业监测人员及时整理分析监测数据，并结合施工步骤对围岩、支护等变形进行分析判断，将实测数据与允许值进行比较，及时绘制各种变形-时间关系曲线，预测结构变形发展趋势，预测结构的安全性，评价施工方法，确定工程技术措施，并向项目工程师及监理工程师汇报，项目经理部根据监测结果并及时调整施工步序及采取相应的技术措施，以实现信息化施工。

② 监测数据的信息反馈。

为确保监测结果质量，加快信息反馈速度，全部监测数据均由计算机管理，并绘制测点位移变化曲线图。

③ 信息反馈修正设计的基本要求。

a. 设计、施工紧密配合，共同研究，综合分析各项施工信息，及时进行信息反馈，最终确定和修改设计。

b. 工程开始施工后，根据施工信息，对施工前预设计所确定的结构形式、支护参数、预留变形量、施工工艺、施工方法以及各工序施作时间等的检验和修正，使设计贯穿于整个施工过程。

c. 施工信息的应用根据一个量测断面的施工信息综合分析处理结果，进行设计参数修正，只适用于该断面前后不大于 10 m 的同级围岩地段。

d. 隧道较长段同级围岩设计参数的修正，特别是降低设计参数，必须以不少于 3 个断面的施工信息综合分析为依据。按修正后的参数进行开挖的地段，设计参数的正确和合理性根据施工信息综合分析予以验证。

e. 信息反馈修正设计的内容：施工方法变更的建议；施工工序的更改；预留变形量的修改或确认；设计参数的修改或确认；采用辅助施工措施的建议。

f. 在监测后及时对监测数据进行整理和分析，判断工程安全稳定性并及时反馈到工程中去指导施工。

g. 当施工信息给出不稳定征兆时，应检查是否是由于工序不当，根据具体情况制定对策，采取措施（如暂停开挖、改变施工工序、及时喷锚、尽快封闭、加强初期支护、二次衬砌紧跟施作等），同时增加监控量测的频次，促使支护结构趋于稳定。

④ 增强隧道初期支护设计参数的确定。

遇下列情况之一，应立即采取补强措施，改变施工方法或设计参数，增强初期支护：隧道开挖后，工程地质和水文地质、围岩级别比预计的要差；喷射混凝土层裂缝多、裂缝大或不断发展；实测位移值超过规定的允许值或类似条件下的隧道位移值；位移速率无明显下降，实测位移值已接近规定的允许值，位移量可能超过预留变形量，稳定性特征出现异常状态。

（6）监测项目。

监控量测的项目主要根据地下工程的地质条件、围岩级别、跨度、埋深、开挖方法和支护类型等综合确定，针对实际情况，确定的量测项目主要有：

① 地表沉降及建筑物基础沉降监测：在隧道施工影响区范围内上部地表和所有房屋及构筑物进行沉降观测。

② 地面建筑物爆破振动监测：在隧道施工影响区范围内布设监测点对所有房屋及构筑物进行爆破振动监测。

③ 围岩变形观测：对隧道拱顶下沉及两侧边墙的相对收敛值进行观测。

（7）测点布设及测试方法。

① 布设地表监测网进行监测：地表监测网主要监测爆破振动速度、地表沉降、地面建筑物下沉及倾斜。

② 爆破振动速度布点监测：质点振速根据结构要求设点，噪声根据规定的测距设置。仪器采用声波仪及测振仪等，可随爆破及时进行。

③ 地表沉降布点监测：对隧道沿隧道轴线纵向地表每隔 50~100 m 布设一个测点（有房屋地段在空地处布设），地表测点桩顶部突出地面 5 mm 以内。

④ 采用精密水准仪和钢钢尺等高精度仪器进行地表沉降监测。

⑤ 测试频率：区间隧道的开挖面距量测断面前后<2B（B 为隧道开挖跨度）时，1~2 次/d；开挖面距量测断面前后<5B 时 1 次/2 d；开挖面距量测断面前后 >5B 时 1 次/周。可根据施工条件和沉降情况增加或减少观测次数，随时将地表观测信息反馈给施工人员。

⑥ 地面建筑物下沉及倾斜布点监测。

区间隧道两侧施工影响范围内的房屋四角及其他构筑物周围基础上布设测点，二层以上楼房均布设垂直量测点。其观测频率与地表沉降观测频率相同。采用水准仪和铟钢尺、测斜仪等进行量测。

⑦ 布设隧道内监测网进行监测。

隧道内监测网主要监测拱顶下沉、水平净空收敛位移等。拱顶下沉和水平净空收敛监测可沿区间隧道开挖方向每 10~50 m 选取一个断面，每断面布设 3 个测点进行监测。拱顶下沉量测采用全站仪，水平净空收敛量测采用数显收敛计。量测频率与地表沉降监测相同。

（8）监测资料的处理和信息反馈。

监控量测资料均由计算机进行处理与管理。采用地下工程施工监测和信息反馈专用软件进行处理。当取得各种监测资料后，能随时进行处理，绘制各种类型的表格及曲线图，对监测结果进行回归分析，预测 40 d 后的位移值，评价结构物的安全性，确定工程技术措施。

因此，对每一测点的监测结果要根据管理基准和位移变化速率（mm/d）等综合判断结构和建筑物的安全状况，并编写周、月汇总报表，及时反馈指导施工，调整施工参数，达到安全、快速、高效施工之目的。

（9）监测管理体系和质量保证措施。

针对本工程监测项目的特点委托有资质的监测单位成立组织机构，组成监控量测及信息反馈小组，配合第三方监测单位做好监测工作。小组成员由多年从事地下工程施工及监测经验的技术人员组成，组长由具有丰富施工经验、较高结构分析和计算能力的工程师担任，在组长的领导下负责地面和地下的日常监测工作及资料整理工作。为保证量测资料的真实可靠及连续性，主要采取以下几项措施：

① 成立专门监测组承担施工监测，量测人员保持固定，保证资料的连续性。

② 制定切实可行的监测实施方案和相应的测点埋设保护措施。

③ 监测组与监理工程师密切配合工作，及时向监理工程师报告有关情况和问题，并提供有关真实可靠的量测资料。

④ 仪器的管理采用专人专用、专人保养、专人检校的方法。

⑤ 仪器设备和元件在使用前均经严格的检校，合格后方可投入使用。

⑥ 在监测过程中，必须遵守相应的测试细则及规范要求。

⑦ 量测资料均经现场检查、室内复核两道程序后方可上报。

⑧ 量测资料的储存、计算、管理均采用计算机系统由专人进行。

11. 隧道施工超前地质预报、预探

（1）地质预报的目的。

为保证隧道施工安全，提前揭露地层发育不规律而产生的岩溶、涌水等不良地质，大大减少不良地质现象带来的危险性，减少人员和机械的损失，必须进行地质预报，并根据预报结果指导施工。

地质预报的目的：对照图纸提供的地质资料，预报地质条件变化情况及对施工的影响程度。对隧道将要穿越不稳定岩层作出预报，以便及时改变施工方法，采取应急措施。

（2）地质预报的手段。

地质预报主要以超前预报仪作长距离宏观控制。根据现场情况，如出现异常地质情况，则以地质雷达作为补充，加强常规地质综合分析和超前水平探孔，预测开挖工作面前方几米至几百米的围岩工程地质和水文地质条件，结合掘进中地质条件的变化，及时提出预报，以便有准备地做各种预防和施工措施，保证隧道工程的顺利进行，做到先探测后施工、不探测不施工。

（3）地质预报的方法。

探测采用超前地质预报系统。

地质雷达：采用的是时间域脉冲雷达，探测目标的形态及属性。

在不良地质地段采用超前地质钻孔对其他方法加以引证。钻孔采用水平地质钻机钻孔，在拱顶和两侧边墙各布1个钻孔。

地质综合判断分析是综合地质预报方法的中枢，主要是根据探测的预报结果，给出对其他预报方法的验证和指导。

为了确保预报结果质量，加快信息反馈速度，每一次的预报数据均由计算机管理，并绘制特殊地质地段位置、范围图，组织相关人员对预报结果进行详细分析，拿出既经济又可靠的施工方案，把损失减少到最低程度。

12．隧道安全管理系统

隧道施工现场必须安装安全管理（监控）系统，主要包括：视频监控系统、LED（发光二极管）大屏显示系统、外来无卡人员报警系统、隧道定位系统、车辆人员门禁系统。

6.4 安全文明施工管理

6.4.1 文明施工保证措施

1．做好文明施工的宣传教育工作

（1）文明施工是现代物质文明和精神文明的体现，是一个施工企业综合素质的缩影。我集团坚持科技领先、以人为本、文明施工，把文明施工作为强化企业管理，不断提升企业素质和增强企业竞争能力的重要内容，保质、保量地完成施工任务，加大文明施工的宣传力度，树立良好的企业形象，为创优质工程提供良好的施工氛围。

（2）在施工工地上设立规范醒目的宣传栏，营造文明施工氛围，使每名施工人员自觉文明施工。积极宣传修建本工程的重大意义；宣传党的方针政策，民族政策；宣传尊重科学、不畏艰险、无私奉献的精神，鼓舞全体员工的斗志。

2．施工现场的文明施工管理措施

（1）开展文明施工，保证现场管理有序，有条不紊。

（2）开工前做详细的实施性施工组织设计，绘制施工组织网络图，按环保要求精心设计，合理布置施工总平面。

（3）场地布置统一规划，施工区材料堆放整齐，确保场地平整、道路畅通、排水畅通；场区内设施布置线条整齐划一、卫生悦目。

3. 强化施工现场管理

（1）严格包保责任制，明确分工，责任到人，奖罚分明，做到突出重点，分级落实，规范施工，注重实效。施工作业人员应统一着装，佩戴安全帽。各种岗位人员佩戴胸卡，施工负责人、质量、安全检查人员佩戴红色袖标。坚守岗位，职责清楚。

（2）建立工地现场挂牌制度，设置鲜明周正的标示牌，施工现场悬挂"四牌三标"，即工程告示牌、责任划分牌、质量标准牌、安全标准牌，工期标语、安全质量标语、保护环境等宣传鼓动标语。工程告示牌标写：工程名称、工程概况、开竣工日期、建设单位、设计单位、施工单位、监理单位名称；责任划分牌应标写：工程名称、施工单位、施工负责人、技术负责人、质检工程师、安全检查员；质量告示牌标写：质量方针、质量目标、质保措施；安全告示牌标写：安全方针、安全目标、安全天数、安保措施。悬挂时要齐全、美观、整齐、按照规定的材料、式样、颜色、内容等标准格式统一加工制作。

（3）在进场道路入口处设置彩门。在场地及营区周围插设彩旗。

（4）严格按照施工组织设计平面布置图划定的位置堆放成品、半成品及原材料。所有材料分类存放、堆码整齐，并悬挂标识牌。在材料堆放地和拌和站（机）插（挂）标识牌标，书写：材料名称、产地、规格或型号、检验日期、检验人员姓名。

（5）车辆、机械设专人管理和操作。操作人员持证上岗，杜绝无照驾驶，无证操作。保证操作人员做到"三定"（定人、定机、定岗位），"三好"（管好、用好、维修好），"四会"（会使用、会保养、会维护、会排除故障），"四懂"（懂管理、懂结构、懂性能、懂用途）。

4. 施工现场清洁、整齐卫生

（1）按批准的施工组织设计平面布置图，修建生产和生活设施，合理布局。施工现场四周设置排水沟，及时完成"三通一平"，创造良好的施工环境，建设文明工地。施工现场内加工场地、预制场地、材料堆放场地采用混凝土硬化。水电管线按照规范架设，生产、生活区分开布置。施工现场四周采用半封闭围蔽，严禁非施工人员进入。

（2）在适当位置设置厕所，不随地大小便和乱倒垃圾，不在建筑物上任意刻画涂抹。施工现场的生产房屋及设施要求布局合理，整齐划一。临时便道合理规划，尽量减少便道数量，路面平整，两侧排水沟通畅。

5. 现场的临建房屋保证安全牢固

现场办公室或值班室，墙面悬挂（张贴）现场总平面布置图、施工形象进度图、组织机构、工作职责、工作制度。临时房屋建设满足抗风、防震、避雷要求。

6. 管线布置整齐规范

各种管线整齐、顺直，做到"五不漏"，即不漏油、不漏水、不漏风、不漏气、不漏电。

6.4.2 施工过程中的文明施工管理措施

1. 混凝土集中拌和

混凝土采取集中自动计量拌和,搅拌运输车运输;砂浆搅拌机拌制,杜绝人工拌制。

2. 减少噪声对环境的影响

混凝土拌和站,预制场等高噪声作业项目尽量避开人员宿营区。车辆通过村庄或动物保护区时减速慢行。

3. 加强废水处理

施工生产和生活废水,采取有效措施净化处理,不得超标排放,也不得随意排放。

4. 加强施工机械,经常养护便道

加强施工机械、车辆和司机人员的管理,做到遵章行车,安全礼让,不开带病车;施工期间,经常对施工运输道路进行维修保养,确保晴雨无阻,四季畅通。对扬尘地段,采用洒水车经常洒水,减少扬尘。

5. 控制运输物飞扬

车辆在运料过程中,对易飞扬的物料用篷布覆盖严密,且装料适中,不得超量,车辆轮胎及车外表用水冲洗干净,保证工程运输通过的国道、省道、地方道路、施工便道及料场的清洁。

6. 合理安排时间,尽量减少影响

合理安排施工作业时间,在靠近宿营区,夜间不安排噪声大的机械施工。如果施工,必须采取加快进度和采用隔声、消声装置或缓冲垫等措施减少噪声。

7. 加强特殊情况的现场保护

在施工中发现文物或重要的矿物、宝藏时,及时向当地文物保护单位报告并做好现场保护工作。

6.4.3 创建良好的生产与生活环境

创建良好环境,组织开展爱岗建家活动。对全体职工加强文化、生活管理,积极引导职工利用业余时间学习专业知识和进行国家有关政策法规宣传教育。现场设简易文体娱乐场所(如棋牌室、电视室、乒乓球室、阅览室及室外公共活动场所),使施工人员及时了解国家大事,得到愉悦身心的锻炼,以促进生产。在职工生活环境上做到"五小设施齐全"(食堂、更衣室、医务室、浴室、厕所),并由专人负责食堂清洁卫生和生活区环境卫生。

6.4.4 树立良好的社会形象,创造宽松的外部社会环境

(1)结合现场实际情况,制定明确的劳动纪律。

(2)严格遵守国家《劳动保护法》和有关部门制定的劳动保护条例,自觉执行关于劳动保护的有关规定。

（3）员工外出必须请假，二人以上同行；大风、大雪天气禁止外出，天气变化有恶劣的迹象时，不得远行；车辆行驶礼让三先，文明驾驶；途中因故出现问题，要及时向项目部汇报。

（4）服从当地公安部门规定，加强施工全面管理。积极同当地公安部门联系，签订"共建文明社区，支援公路建设"的合作协议；积极主动地取得当地政府及有关部门的大力支持；积极开展多种形式的便民、爱民活动，尊重当地民风、民俗和宗教信仰，遵守地方法规。搞好与驻地政府、群众之间的关系，为施工建设创造有利条件。

6.5　安全管理成效

项目已完成交工验收，提前顺利建成通车。建设期间，项目安全生产形势平稳受控，未发生任何生产安全责任事故，获得了各级政府主管部门及上级单位的认可，开工至建成通车平安工地考评一次通过，2021—2023年连续三年荣获建设单位颁发的优秀安全管理单位荣誉称号，羊蹄江大桥荣获云南建投集团"2022年度安全生产标准化示范工地"，取得了交通运输企业二级标准化建设等多项荣誉，争取完成全国"平安工程"的申报。

7 环境保护、水土保持管理实践

7.1 环保、水保管理目标

深入贯彻执行国家《环境保护法》《水土保持法》《水污染防治法》《大气污染防治法》《土地管理法》等相关法律条文，根据"因地制宜、变害为利""重点治理与一般防治兼顾"的原则，落实前期环评报告中有关的环保措施，布设各项环境保护和水土保持水保措施，做到工程措施、植树种草的生物措施以及复垦利用措施相结合，治沟与治坡、防护治理与利用相结合，做到环保措施同时设计、同时施工、同时投入使用。

7.2 环境保护、水土保持管理保障措施

7.2.1 思想保证措施

施工前认真组织全体参战人员学习《环境保护法》《水土保持法》《水污染防治法》《大气污染防治法》《土地管理法》等法律法规和当地有关环境保护和水土保持、水保等条例规定的知识，执行国家及当地环境保护和水土保持部门的有关环境保护和水土保持、水保等方面的规定，经常进行宣传教育工作，认识环境保护和水土保持、水土保持的意义及重要性，提高全员的环境保护和水土保持和水保意识。督促全体职工自觉做好水土保持工作。

7.2.2 组织保证措施

（1）项目部成立以项目经理为组长的施工环境保护和水土保持、水土保持领导小组，制定施工环境保护和水土保持、水土保持措施，项目部、工区分级管理、检查、监督各项环境保护和水土保持、水土保持工作的落实。

（2）项目部设置环境保护办公室，设主任一名，配备2名环境保护和水土保持工程师，收集国家和地方的相关法律、法规，负责识别、评价环境因素，制定环境保护和水土保持方案和措施，并检查和监督措施的落实；组织全体施工人员学习有关环境保护和水土保持、水保法规和相关知识，并经常进行宣传教育。各工区配备1名专职环境保护和水土保持监察员，各工班配备1名兼职环境保护和水土保持监察员，负责协助环境保护和水土保持工程师工作，并在施工中执行环境保护和水土保持方案和措施，及时反馈环境保护和水土保持信息，为环境保护和水土保持方案和措施的调整提供资料。

7.2.3 制度保证措施

（1）项目经理对施工环境保护和水土保持工作负全责，其职责是：监督检查各部门环境保护和水土保持工作措施的落实情况，检查环境保护和水土保持措施是否有效、全面，是否存有隐患，进行宏观控制。

（2）各部门负责制定具体的施工环境保护和水土保持措施、工作制度，并检查各队的执行情况，及时上报环境保护和水土保持工作动态和指导下级工作。

（3）环境保护和水土保持工程师负责执行各项环境保护和水土保持措施的落实工作，检查工班环境保护和水土保持员的工作是否到位，效果是否满足环境保护和水土保持措施要求。

（4）工作上一级报一级，确保环境保护和水土保持工作不流于形式，使各项环境保护和水土保持措施落实到位。

7.2.4 经济保证措施

（1）提高认识，重视环境保护和水土保持；加大力度，重在落实。根据有关环境保护和水土保持的国家法律、法规和施工技术细则规定，制定检查制度，不断完善，认真抓好落实。并建立"三级"检查落实制度，即领导层抓全面，管理层抓重点，实施层抓具体落实。引入奖罚机制，把环境保护和水土保持、水保工作与工资、奖金挂钩，根据检查落实情况，进行奖优罚劣。

（2）设立环境保护和水土保持水保基金，用于环境保护和水土保持设施建设。内部建立"包保责任制"，运用行政和经济手段，表彰先进，惩处后进，加强环境保护和水土保持工作的落实。

（3）实行"环境保护和水土保持水保否决制"，即施工作业活动不符合环境保护和水土保持要求的项目不得开工，环境保护工作不到位的工程不得评优，工区、个人不得评先。

（4）严格落实"无条件服从制"，即无条件地接受环境保护监测单位的指导和监督。

7.2.5 管理保证措施

1. 施工准备阶段

（1）成立以项目经理为组长的环境保护领导小组，明确各级、各部门在施工期环境保护工作中的职责分工。

（2）建立健全施工期环境管理体系和各项环境管理规章制度。

（3）核实、确定本工程施工过程中的重大环境因素。

（4）明确本工程各施工阶段应遵循的环境保护和水土保持法律、法规和标准要求。

（5）制订培训计划，建立培训、考核程序，定期对直接参与施工期环境管理的人员进行环境保护和水土保持专业知识培训，对各层次工作人员进行必要的环境保护和水土保持知识培训，对关键岗位员工进行岗位操作规程、能力和环境知识的专门培训，新员工进场和员工转岗都要进行相关的环境保护和水土保持培训和教育。

（6）将《环境影响评价报告》及周围实际环境状况作为编制《施工组织设计》和分阶段《专项施工方案》的重要依据。根据施工现场具体情况和环境保护和水土保持要求，制定噪声控制方案、预防扬尘和大气污染工作方案、工地排水和污水处理方案、泥浆及固体废弃物、处置方案、城市生态控制措施、管线迁移和防护方案以及具体的文物保护方案等。上述各项方案必须通过审核后方能实施。

（7）安排环境保护的具体工作任务，包括方案、措施、设施、工艺、培训、监测、检查等，计算环境保护工作的工程量和工作量，并作出经费预算。

（8）按要求做好施工现场开工前的环境保护准备工作，对开工前必须完成的工作内容列出明细表，明确要求，逐项完成。

（9）结合本工程特点，提交潜在事故或紧急状态项目，并制订相应的应急预案。

2．施工阶段

（1）项目经理部制定环境保护管理实施细则，并广泛宣传，认真落实。指定专人负责施工现场和施工活动的环境保护工作，完成施工环境保护和水土保持工作方案中的各项工作。

（2）将环境保护工作和责任落实到岗位、落实到人，在日常施工中随时检查，出现问题及时纠正。

（3）根据不同的施工阶段和季节特征，及时调整环境保护工作内容，保证工作质量。

（4）每周对环境保护工作进行一次例行检查，并记录检查结果，内容包括：施工概况；污染情况（污染种类、强度、环境影响等）；污染防治措施的符合性、实施性和有效性分析；存在问题和拟采取的纠正措施；下步环境保护工作计划；其他需说明的问题，如措施变更、污染事故的纠正处理等。

（5）在事故或紧急状态发生后，组织有关人员及时对事故或紧急状态发生原因进行分析，编写事故或紧急状态分析报告，并根据分析报告制定减少和预防环境影响的措施，报批后组织实施。同时，根据事故或紧急状态后，内、外部条件的变化，对有关的应急预案进行评审、修订。

（6）接受项目公司、监理单位定期或不定期进行的环境保护和水土保持检查、监督，对检查提出的问题，限期落实整改，并将整改结果书面报告监理单位和项目公司。

3．环境保护和水土保持责任制及奖惩措施

（1）指定专门的环境保护和水土保持监督员，对工程的每道工序进行监督检查，出现问题马上会同项目经理部领导或环境保护和水土保持部门一起解决。

（2）大力宣传环境保护的重要性，项目经理部定期对每名员工进行环境保护和水土保持教育，并且监督其执行情况。

（3）每月对项目经理部的环境保护和水土保持情况进行一次综合考评，达不到标准，令其限期整改，在下个月考评时仍然不达标者，对项目经理部主要领导在本项目内进行通报批评和给予必要的经济处罚；严重时撤换相关主要责任领导。

（4）项目经理部领导小组每15天对现场环境保护和水土保持情况进行一次自评，对在环境保护和水土保持工作中有突出贡献者给予表彰和奖励，对破坏环境和生态的员工进行批评、教育和处罚。

7.2.6 监督保证措施

充分发挥项目部中环境保护和水土保持领导小组的作用，安排专人负责与当地相关环境保护和水土保持部门联系，会同有关部门组织环境监测，调查和掌握环境状态，督促全体职工自觉做好环境保护和水土保持工作，并无条件接受甲方、当地环境保护和水土保持部门的监督指导。

7.3 施工环境管理方法

（1）切实提高政治站位、把生态环保提升到新的政治高度。

自 2020 年 6 月开工至项目竣工，云南省 S35 永金高速永仁至大姚段高速公路项目办公室始终高度重视生态文明建设和环境保护工作，每季度定期召开生态环保专题会议安排部署有关工作，积极彻底排查整治建设期内存在的各类问题，加大现场整治力度，组织各环保、水保监理监测单位及项目各施工单位，从水保环保方案落实、环境保护措施、现场控制及管理行为、现场文明施工、涉河工程及内业资料管理等方面进行逐一排查梳理，针对存在问题严格督促整改落实，确保本项目生态文明建设及环境保护工作不走老路、不犯旧错，从讲政治的高度抓好本项目生态环保各项管理工作，真正把思想和行动统一到党中央、省委、市委的决策部署上来，坚持不懈，为楚雄州的生态环保"花大钱、出实招"，做出了应有的贡献。我们始终坚持引导各参建单位"科学管理、绿色发展"的理念，牢固树立"不破坏才是最大的保护"的观念，在项目建设中实行生态环保"一票否决制"，进而把云南省高速公路建设项目生态环境保护工作推向一个新的高度。

（2）建立健全制度，明确目标任务，生态环保管理有的放矢。

云南省 S35 永金高速永仁至大姚段高速公路建设项目在建设期间认真执行《环境保护法》《水土保持法》《大气污染防治法》等法律，生态环保部、水利部、交通运输部制定的《交通行业环境保护管理规定》《公路建设项目水土保持工作规定》等法规，以及云南交通运输厅印发的《关于做好生态环境安全隐患排查整治通知》、云南省水利厅印发的《关于开展2021年度生产建设项目水体保持设施方案实施情况及水土保持设施运行情况随机抽查的通知》、云南省环境保护督察工作领导小组办公室印发的《关于做好迎接中央生态环境保护督察准备工作的函》的规定和要求，以保护和改善楚雄州生活环境和生态环境为己任，正确面对和解决项目建设与保护生态环境的矛盾，建立坚强的项目生态环保监督管理体制和制度，分解靠实责任、明确项目各参建单位的目标和任务，加强管理与考核，使项目建设目标与生态环保任务得到有效统一。项目办自开工以来，制订了完善的《项目管理制度汇编》，将环境保护、水土保持等内容以单独的篇章建章立制，立足环境保护、水土保持这两大内容，切实落实设计、施工、管理三大主体责任，确保抓好健全制度、教育培训、监测监督、现场管理、检查考核和科技创新这六项措施。在具体工作中，项目办通过不断实践完善管理制度，结合项目管理实践，编制了《环水保管理体系、管理办法》，建立取弃土场"动态管理台账"；冬季配合楚雄州政府抓好大气污染防治；项目立足将"绿色公路"创建工作和环水保工作协调开展。努力把建设过程和运营管理的"绿色低碳"理念贯穿到项目建设的全过程。项目各参建单位严格执行《云南省S35永金高速永仁至大姚段项目经理部环水保管理体系、管理办法》，项目建设期间持续开展全域无垃圾治理工作。在每年春节后的复工情况自查自纠过程中，同步采取有效措施落实建设项目生态环境保护要求，排查各自存在的生态环境保护问题，及时清理公路用地范围内的施工及生活垃圾，整治施工现场、驻地、拌和场（站）、料场、取弃土场等区域卫生，治理项目各施工现场存在的扬尘、噪声、污水、废弃物排放等环境污染问题。本项目在每个工地现场设置醒目的"生态文明及环境保护宣传牌"，在建设期间，为了落实好云南省大气污染防控治理责任，各参建单位累计共投入550多万元直接用于现场洒水降尘、裸露土方苫盖及扰动土的固化等措施。

（3）生态环保措施科学合理，防治结合，落实有力。

云南省S35永金高速永仁至大姚段高速公路项目依据项目建设有关管理办法及规定，认真落实对水、大气和土壤污染的防治措施。各施工单位全面严格执行《环水保管理体系、管理办法》精神，切实履行生态环境保护工作职责，认真抓好规划方案编制和实施各项工作。

一是认清主体责任。项目经理部、各分部分别从履行环境保护主体责任、履行行业监管责任的角度编制污染防治攻坚计划方案，并抓好贯彻落实。项目经理部通过开展专项治理活动，对项目建设过程中主要涉及影响生态环境的突出问题进行重点治理，通过日常巡查、监督加强治理施工车辆无覆盖或覆盖不严造成的扬尘、物料遗洒等不规范行为；人员居住场所废水及生活垃圾的处理；隧道或路基施工过程中的弃土弃渣等影响生态环境的突出问题，保证项目施工过程符合当地环保部门的控制排放标准，施工现场生态环境保护满足国家和地方环保部门的法律、法规要求。

二是加强与当地生态文明及环境保护相关部门的沟通协调。各施工单位就污染防治计划方案确定的重点工程项目、重大政策措施要与当地环保、水保、河道管理等有关部门进行沟通协调，确保形成保护环境治理污染的整体合力。涉河涉沟以及在环保敏感区必须要加强生态环境保护防范措施，迅速排查清理侵占河道、乱排乱放等违规行为。

三是完善项目生态环保的网格化监管。本项目利用建设、监理、施工各参建单位的力量，健全和完善了环境监管网格化模式，形成及时发现问题、监管无盲区、执行无死角的环境监管体制机制。各参建单位要将环境监管网格化纳入环境治理责任体系，靠实目标责任、强化检查考核，在推动环境管理精准化上下功夫求实效。

四是加强宣传。营造良好氛围、创设积极条件，广泛动员全体参建人员力量参与到向污染宣战的时代行动之中，最大限度凝聚引领绿色发展的共识和力量。

五是务求实效。2021年是生态环保工程实施的关键一年，我们按照方案加强管理严格落实，把行动落实到水、大气、土壤污染防治等重点环保工作上来，一个工程一个工程、一项措施一项措施地狠抓落实，以实实在在的成效保护和改善建设项目沿线生态环境、造福楚雄州人民。

（4）紧抓水土保持、环境保护两个重点，开创建设项目生态环保工作新局面。

云南省S35永金高速永仁至大姚段项目紧紧围绕习近平总书记提出的"绿水青山就是金

山银山"的发展理念，全面贯彻落实建设项目生态环境保护各项工作要求，坚决按照集团、投资公司在环境保护、水土保持工作方面的指示、指导意见，加快推进本项目环保、水保重点工程的实施，全面保障各项环保、水保措施深入落实。具体落实工作的重点有以下几个方面：

一是强化措施、全力做好项目"水保方案、环评报告"的实施及落实。建设项目的"水土保持方案"和"环境影响评价报告"实施及落实是环保、水保工作的关键。云南省S35永金高速永仁至大姚段项目经理部有针对性地强化管理措施，监督方案和报告中各项环保、水保措施的实施及落实，确保对主体设计中环保、水保设施的质量、功能落地进行严格管控，实行内部验收及移交，保质保量地完成环保、水保投资。

二是落实责任，将责任分解落实到项目各参建施工单位，对于各施工单位环保设施不到位、环保措施不落实的全部要求停工整顿。对于表土裸露、土方作业、物料运输、污水排放等环境污染隐患，监督各施工单位全面制订和完善污染防治的方案、预案。在项目经理部日常管理及巡查中，重点监督、检查环境污染违法、违规行为。

三是加大力度，深入推动环保、水保监理、监测工作。项目办根据工作实际需要，为了深化环保、水保工作"建设项目自主验收"工作，推动并引入第三方环保、水保监理单位，对项目水保、环保工作开展独立监理，全面落实了建设、监理、监测、施工等各参建单位在生态环保工作中的职责任务，进一步凝聚了绿色发展的共识，使环保、水保管理工作取得扎实有效的推进。

四是明确职责、严格考核奖惩，积极推动项目环保水保"网络化管理"。在建设项目管理过程中，严格落实《环境保护法》《环境影响评价法》《建设项目环境保护管理条例》等环保法律法规，明确各参建单位环保、水保的责任划分，将环保、水保工作落实与项目的考核管理、计量支付挂钩，根据建设项目环保、水保交工验收的标准和要求，制定网络化工作任务和目标管理，理顺各自在网络内的职责和节点衔接，推动项目环保、水保工作，有序实现科学管理的目标。

五是坚持外请监督内抓管理，做好交工验收准备工作。在项目实施期间，我们积极邀请省市环保、水保的行政管理部门对工地现场进行监督、考察、指导，聘请专业的第三方监测、监理单位对项目水保、环保设施进行验收、评估，提出的许多问题得到整改和完善，既增强了项目环保、水保工作的透明度和监管力度，又使项目的环保、水保设施的投资及实施更加科学合理，使我们的环保、水保不仅仅体现在治理上，更上升到了综合利用的高度，为项目顺利通过水保、环保交工验收奠定了坚实的基础。

六是做实做细环保措施，施工便道洒水降尘、便道硬化、邻近农作物采用防尘网，路基开挖施工进行洒水降尘，对场内多处主要运输便道进行碎石铺垫，铺垫厚度30 cm；设置专用垃圾池、垃圾箱；拌和站生产污水设置三级沉淀池；定期清理抽排泥浆池泥浆；按要求设置危险废物暂存间，规范标识标牌上墙，驻地厨房设置厨房隔油池；拌和站设置三级沉淀池，建立危险废物管理台账；建立环境保护内业资料标准化。

边坡绿化、洒水降尘如图7-1所示。

图 7-1　边坡绿化、洒水降尘

7.4　施工水土保持管理

1. 水环境保护措施

（1）施工及生活污水的排放遵循清污分流、雨污分流的原则，各种施工废油、废液集中储积，集中处理，严禁乱流乱淌，污染水源，破坏环境。

（2）施工作业产生的污水经过沉淀池沉淀，并经过净化处理，符合要求后进行排放。应防止严重漏油，禁止机械在运转中和维修时产生的含油污水未经处理直接排放，应对含油污水进行隔油处理后再行排放。

（3）食堂废水按规定设置隔油池，定期处理油污，污水经过处理后排入污水管道。施工、生活产生的经过处理的废水严禁排入农田。

（4）施工物料堆放应严格管理，防止在雨季或暴雨将物料随雨水径流排入地表及附近水域造成污染。

（5）废弃垃圾中不得含有有毒有害物质，避免雨水冲洗后对地表、地下水造成污染。

2. 水土保持具体措施

（1）水土保持、防止水污染是文明施工、保持生态平衡、为人民造福的要求所在。

（2）水土保持的原则：重规划、少占地、少开挖，多利用、少弃渣、快恢复，严管理、少流失。

（3）遵守国家和省有关水土保持的规定，采取必要的措施防止施工中的燃料、油、沥青、污水、废料和垃圾等有害物质对河流、湖泊、池塘和水库的污染。

生活区垃圾集中收集清运如图 7-2 所示。

图 7-2 生活区垃圾集中收集清运

7.5 环境保护、水土保持管理成效

项目根据环境影响评价报告书及水保方案，建立健全了环境保护与水土保持管理体系文件、环境保护与水土保持管理办法、环境保护与水土保持实施细则、突发环境事件应急预案、环水保重大风险管控清单，严格落实各项措施及要求。

认真落实"绿水青山就是金山银山"的生态理念，弃土场恢复严格分台整形（图 7-3）、修筑截排水沟，有效保护地方水体不被污染，植被不被破坏；严格按照要求设立三级沉淀地，避免污水直接外排；严格控制危废物的外流，按照要求设立危废暂存间，建立危废物管理台账，住宿区放置垃圾桶、定期转运，避免造成水土污染；施工现场制定扬尘防控措施，配备专用洒水车进行降尘治理，委托第三方监督机构每月开展环水保监督检查、监控。

为实现节能减排，国家 2030 年实现碳达峰、努力争取 2060 年前实现碳中和作出努力和贡献，永大高速结合项目实际及相关法律法规，积极开展了节能环保、水土保持教育培训 10 余次，现场张贴环境保护宣传标语 160 幅，安装环境保护牌 50 处，大力提倡建设节约型、环境友好型项目，把践行绿色发展方式落到实处。

图 7-3 弃土场严格按照设计图进行分台整形、复垦

8 征地拆迁管理实践

8.1 征迁管理实施总则

（1）为使云南省楚雄州 S35 永金高速永仁至大姚段建设项目征地拆迁工作有章可循，做到征地拆迁工作管理规范化、程序化，确保工程项目顺利施工，根据《中华人民共和国土地管理法》《中华人民共和国森林法》《云南省土地管理条例》《云南省林地管理办法》的规定，特制定本征迁措施。

（2）云南省楚雄州 S35 永金高速永仁至大姚段建设项目，征地拆迁工作由招标人负责，成立了专职工作和保障机构，履行征地拆迁和施工环境保障职责。根据国家、省主管部门对建设项目土地、林地征（占）用地批复和设计施工需要，招标人及其专职工作机构负责组织项目区域内的国土、林业、交通管理部门和沿线各级政府实施。

（3）本征迁管理措施适用的征地拆迁范围为：云南省楚雄州 S35 永金高速永仁至大姚段建设项目的公路正线、联络线、立交区、交叉工程的建设用地和地上、地下建筑物、构筑物（附着物）的拆迁；公路运营管理配套的收费站点、监控急救中心、管理机构、沿线服务设施及养护管养基地、施工进场道路用地及拆迁；设计变更、地质变化、水毁、滑坡坍塌等灾害产生的新增用地和拆迁；其他临时用地及拆迁。

8.2 指导思想

征地拆迁工作指导思想：以楚雄州政府及项目所在县政府为依托，积极主动推进征地拆迁工作，务必满足工程建设进度对用地的需求。

高速公路迁改工作指导思想：尽早启动，周密策划，按期实施，确保施工开挖前完成路线内全部迁改。

其他相关协调事项工作指导思想：沟通顺畅，组织得力，创造良好的施工外部环境。

8.3 保证措施

8.3.1 组织保证措施

为有效促进拆迁工作进展，满足工程建设进度对项目用地的需求，征迁工作组加强与项目所在地县政府拆迁指挥部加强对接，保持流畅沟通。项目公司根据拆迁谈判进展做好资金的统筹安排，确保征地拆迁补偿款如期及时足额支付相关费用（包括公路建设征地的土地补偿费、安置补助费、地上附着物和青苗的补偿费、通信、广播电视、供水、供电等管线管缆和其他物品的拆迁费用以及各项税费等），用地费用按照项目概算批复确定的征地拆迁费，由项目公司支付州政府据实结算，征地拆迁超概算部分的相关费用，由州政府承担。

为调动拆迁各方积极性，有效促进拆迁工作进度，在项目中标后将加强与州、县相关主管部门的沟通衔接，在州政府相关部门的协助下建立起一套行之有效的拆迁工作促进机制。

（1）建立定期例会制度。项目公司征迁工作组与县政府相关部门建立定期联席会议制度，坚持每周召集办公会，就拆迁工作推进情况进行汇总，总结本周工作，分析当前工作存在的重点、难点问题，研究部署下周工作任务，及时研究解决拆迁过程中出现的各类问题。施工现场如遇重大问题和突发事件，报请征迁工作组研究解决，确保拆迁工作顺利推进，满足工程现场施工进度。

（2）建立信息沟通机制。根据工作任务落实工作周例会制、进度周报制，建立拆迁形象进度台账，制订动迁工作计划，及时与县政府拆迁指挥部进行沟通协调。

（3）建立应急机制。本项目拆迁工作形势严峻，项目公司可能需要面临由于拆迁工作引起的相关复杂问题，要建立应急责任制，指派专人协调配合拆迁工作，妥善处置拆迁过程中出现的突发及群体性事件。

（4）建立监督检查机制。项目公司拆迁协调主管全方位、全过程协助县征地拆迁指挥部工作，有力促进拆迁工作进展。

8.3.2 控制保证措施

充分发挥项目所在县政府的作用，加快推进征地拆迁工作，按照国务院公布施行的《国有土地上房屋征收与补偿条例》、《国务院办公厅关于进一步严格征地拆迁管理工作切实维护群众合法权益的紧急通知》、云南省各级地方政府的相关政策等征地拆迁制度规定，做好征地拆迁进度控制，建立动态台账，必要时委托中介对机构征地拆迁费用进行审核，零星补征地手续办理流程按照项目公司相关制度和要求执行。

8.3.3 其他相关协调工作措施

项目建设过程中加强与不同的相关政府部门进行协调并办理相关许可手续。为确保不影响工程建设进展，项目公司各部门之间密切配合，根据施工进度计划要求提前报送协调事项，采取针对性措施推进相关工作，并且在项目建设日常进程中加强与相关主管部门的沟通协调。

8.4 征地拆迁管理成效

永大高速涉及永久用地 415.2 hm², 概算批复用地 415.2 hm², 实际完成征地拆迁 415.2 hm²；

概算批复临时用地 274.2 hm²，提供使用临时用地 274.2 hm²。在开展征地拆迁工作中，建立了多维度沟通体系。各部门之间保持密切交流，建设单位、地方政府、拆迁实施单位协同合作，信息共享及时。通过联合办公等形式，快速解决了涉及多方利益的复杂问题，如交叉区域权属纠纷，保障了工作顺利开展。制定了详细征地拆迁时间表和路线图，严格按照计划推进。通过合理调配资源、优化工作流程，克服了地形复杂、村落分散等困难。关键路段的拆迁工作均提前完成，为高速公路主体建设按节点开工创造了有利条件。

9 "党、工、团"融入项目建设管理实践

把党建工作和项目生产工作相融合,在党建中开展生产,在生产中开展党建。通过加强对职工的思想政治引领,引导广大职工增强对党的基本理论、基本路线、基本方略的政治认同、思想认同、情感认同,主动承担起团结引导职工群众听党话、跟党走的政治责任。

坚持深入开展党风廉政建设和反腐败宣传警示教育工作,认真贯彻落实中央相关规定和厉行勤俭节约等规定并取得了明显的成效。与各参建单位签订党风廉政建设责任书,压实逐级监管和一岗双责,落实"三重一大"事项决策制度,对合同和资金支付事项进行专项监督和定期复查,推进全面从严治党,坚持党风廉政和中心工作同谋划、同部署、同考核。开展"阳光工程·廉洁通道"创建,推进项目监管和廉洁风险防控覆盖到项目建设全过程,有效促进建设清廉建设。开展廉政建设知识竞赛,强化全员廉洁从业意识,切实将廉政建设深入人心,落到实处,营造了风清气正的建设环境。

项目坚持以人为本,构建和谐团队。树立团体共同目标,积极开展各项和谐劳动关系创建活动,助推目标实现。采取多种形式凝心聚力,通过党建、团建活动等宣传进工地活动,主题党日活动,集团工会夏送清凉冬送温暖活动等活动,关怀全线参与者,打造了一支能吃苦、能干事、能牺牲、能奉献的和谐队伍,以实干实绩为项目建设保驾护航。针对冬季施工黄金季节,在全线开展以劳动竞赛及百日攻坚为主题的启动大会,激发广大职工的劳动热情和创造活力。

9.1 党建系列活动

党建系列活动清单见表 9-1。

表 9-1 党建系列活动清单

序号	活动主题
1	昆明片区项目党支部党史学习教育方案
2	党史学习教育启动会
3	党史学习教育专题宣讲
4	永大高速组织集中收看中国共产党成立 100 周年大会,热烈庆祝建党百年华诞!

序号	活动主题
5	"汲取党史智慧、强化使命担当"主题党史学习教育
6	党史学习教育专题党课
7	永大高速开展电影党史学习教育
8	参加"百年礼赞心向党继往开来谱新篇"主题演讲比赛
9	云南省建设投资控股集团有限公司总承包二部关于举办"百年礼赞心向党继往开来谱新篇"主题演讲比赛通知
10	永大高速"百日攻坚"专题思想大讨论活动
11	云南建投总承包二部昆明片区党支部十九届六中全会会议精神宣贯
12	集中观看电视系列专题片《零容忍》
13	昆明片区项目党支部永大高速学习集团及二部职代会精神
14	总承包二部永大高速项目任职宣布大会
15	昆明片区项目党支部"威楚学院"5月培训活动
16	昆明片区项目党支部"彝州学院"6月培训活动
17	集体朗诵《请党放心 强国有我》
18	昆明片区项目党支部"彝州学院"8月培训活动
19	昆明片区项目党支部"彝州学院"9月培训活动
20	集中收看习近平总书记在中国共产党第二十次全国代表大会上的报告直播
20	昆明片区项目党支部"彝州学院"10月培训活动
21	参观"清风彝乡 红火楚雄——楚雄州全面从严治党"特色文化展
22	组织召开廉洁警示教育大会
23	永大高速"阳光工程·廉洁通道"工作推进会及集团"四保一控一树"保廉洁相关知识培训
24	在项目部各办公室张贴永大高速公路项目创建"阳光工程·廉洁通道"廉洁行为规范
25	签署廉洁从业公开承诺书、严禁收受礼品礼金、履职回避等承诺书
26	项目代表参观云南省反腐倡廉警示教育基地
27	云南省建设投资控股集引有限公司总承包二部纪委关于组织参观云南省反腐倡廉警示教育基地的通知

9.2 工会活动

工会活动清单见表9-2。

表 9-2 工会活动清单

序号	活动主题
1	云南建投集团工会常务副主席杨金 2021 年在永大高速项目调研、"送清凉"慰问活动
2	云南省建设投资控股集团有限公司工会委员会进行 2021 年中秋国庆"送温暖"慰问活动
3	云南建投集团党委副书记、工会主席陈文双 2021 年赴永大高速"送温暖"慰问活动
4	开展总承包二部工会委员会 2021 年送温暖资金捐款活动
5	云南省建设投资控股集团有限公司总承包二部工会委员会关于号召开展 2021 年送温暖资金捐款活动的倡议书
6	云南省建设投资控股集团有限公司工会开展 2022 年元旦春节"送温暖"活动
7	云南建投集团工会常务副主席周俊 2022 年到永大高速"送温暖"慰问活动
8	楚雄州总工会到永大高速开展 2022 年"夏日送清凉 喜迎二十大"慰问活动
9	云南建投集团工会副主席、女工主任赵艳波 2022 年到永大高速开展"夏日送清凉 喜迎二十大"慰问活动

9.3 团队建设

团队建设活动清单见表9-3。

表 9-3 团队建设活动清单

序号	活动主题
1	开展防触电事故应急演练
2	组织党员干部职工帮助村民砍竹子
3	组织开展 2021 年安全月知识竞赛活动
4	参加云南建投总承包二部第一届"筑梦杯"职工篮球赛
5	参加云南建投总承包二部工会举办的第一届"筑梦杯"篮球联赛决赛暨闭幕式活动
6	永大高速一线职工接受云南省总工会采访
7	开展 2022 年五一国际劳动节系列活动
8	参加云南省建设投资控股集团有限公司工会开展的 2022 年五一国际劳动节系列活动的通知
9	参加二部工会第一届"筑梦杯"职工羽毛球赛

9.4 职工技能培训

职工技能培训清单见表9-4。

表 9-4 职工技能培训清单

序号	活动主题
1	钉钉系统操作及保障农民工工资支付条例培训
2	物资管理培训
3	2021年永大高速"平安工地"宣贯培训
4	征地拆迁相关知识培训
5	安全教育培训——消防安全培训
6	桥梁工程技术培训
7	水泥混凝土拌和站控制要点培训
8	招标、统供报销管理办法宣贯、差旅费
9	报销流程培训
10	学习《土地管理法》
11	混凝土预应力梁片的施工浇筑与养护培训
12	集团及二部近期安全文件学习宣贯
13	学习集团贯彻落实王予波省长调研讲话精神实施方案、新安法
14	QC活动准则培训
15	特种作业取证培训——焊工
16	路基填方、三背回填、预制T梁首件总结培训
17	路基转序控制要点及参与单位、人员及检测仪器准备培训
18	永大高速隧道施工安全培训
19	预制T梁正弯矩、负弯矩张拉压浆工艺培训
20	特种设备安全法培训
21	永大高速公路2021年10月份竣工资料培训
22	隧道防水施工质量控制及隧道二衬、墩柱、T梁筋保护层控制培训
23	永大高速环保、水土保持工作管理、验收培训
24	隧道病害处治方案培训

表 9-4 职工技能培训清单

序号	活动主题
25	永大高速秧鱼坝立交整体施工组织及方案培训
26	起重设备安全培训
27	交工验收流程、依据、合格标准及注意事项培训
28	"法律进项目"培训讲座
29	云南省建设投资控股集团有限公司总承包二部关于举办 2021 年第六期法律培训讲座的通知
30	楚雄州司法局"法治宣传进工地"活动
31	楚雄州综合协调办工程管理能力提升现场培训会

10 农民工权益保障管理实践

10.1 农民工权益保障体系

为规范云南省 S35 永金高速永仁至大姚段工程项目农民工实名制管理，切实维护农民工合法权益，完善用工实名制管理工作，及时解决农民工工资问题，避免出现劳资纠纷，根据国务院《保障农民工工资支付条例》及其他相关法律规定，云南省有关农民工实名制管理相关的法律法规，结合集团公司、二部对农民工实名制及信息化建设相关要求和本项目部实际，制定管理制度，建立组织机构。

根据现行法律法规的要求，须将农民工实名制及工资支付管理纳入管理的范畴，通过信息化手段将相关数据上传至系统平台，及时掌握工程项目的实际用工人数、工资支付情况、人员动态管理等，并严格规范工资支付行为，切实保障农民工劳动报酬权益。

10.2 农民工实名制管理具体措施

1. 建立各参建分部管理机制

各参建分部应在分部层面成立以项目经理为组长的农民工实名制管理及工资支付管理领导小组，建立健全分部农民工实名制管理制度、工资支付管理组织机构、支付流程及农民工实名制打卡制度体系。项目经理为第一责任人，分部必须配备农民工专管员专职岗位；同时，所有分部应成立相应劳资纠纷处置预案，切实履行好农民工实名制及工资支付直接管理职责。

按月对各参建分部农民工实名制及工资支付管理工作组织考核，按照《云南省 S35 永金高速永仁至大姚段指挥部农民工实名制管理考核评分表》每月进行检查考核，并进行奖罚。与成本 6 合约部建立联动机制，确保农民工工资按月支付。实时掌握农民工动态，做到早发现、早报告、早处置，避免上访事件及上访事件的扩大化。

2. 进场劳务队伍资质审查

（1）各参建分部应对各分包单位的营业执照、资质证书、安全生产许可证进行审核是否在有效期之内。

（2）各参建分部应审查各分包单位管理人员相关资格证书，以及分包单位委托的现场主要负责人与分包单位签订的劳动合同以及社保证明材料（核验现场主要负责人是否与招投标资料一致），并建立台账，并报送指挥部备案。

3. 进场用工管理

（1）各参建分部监督农民工用工合同应当认真执行国家《劳动法》《劳动合同法》及养老保险政策相关规定，严格规范劳动用工年龄管理，不得超龄用工；招用人员需身体健康，能胜任当前岗位的工作要求。

（2）各参建分部应对各劳务公司的农民工劳动合同签订、农民工劳动合同管理台账、备案手续进行核实。核查内容包括合同签订情况、合同条款的合法性和完备性，合同备案手续是否完善。用人单位与农民工签订劳动合同应需对劳动合同期限、工作内容、劳动保护和劳动条件、劳动报酬、劳动纪律等事项进行明确约定。同时，农民工工资的支付标准不得低于当地最低工资标准。

（3）按现行法律法规要求，劳务公司须与使用的农民工签订劳动合同，必须坚持先进行安全教育合格再签订劳动合同，最后进场施工。根据《劳动合同法》第十条的规定，建立劳动关系，应当自用工之日起1个月内签订书面劳动合同，不能采取口头协议。不愿意签订劳动合同的农民工，必须在1个月内清退。

（4）对于与劳务公司解除或终止劳动关系的农民工，已办理工资银行卡的应在次月通过银行代发结清工资；未办理工资银行卡的则应在7个工作日内结清工资（班组结清的必须收集发放凭证）。

（5）对于用工时间不足1个月的短期或者临时性用工（临时用工必须有临时用工花名册），劳务公司应在任务完成后5个工作日内结清或者按日支付农民工工资（班组结清的必须收集发放凭证）。需以每月一报的形式报送指挥部。所有资料需有劳务公司签章及法人或委托代理人亲笔签字。

4. 进场基本安全培训管理

（1）各参建分部必须对农民工进行基本安全培训，经培训合格，并签订进场确认书，方可允许其进入施工现场从事与建筑作业相关的活动。

（2）已录入实名制管理平台的农民工，一年以上（含一年）无培训记录数据更新的，再次从事建筑作业时，项目应对其重新进行基本安全培训，记录相关信息，否则不得进入施工现场进行上岗作业。

5. 进场政策宣贯管理

各参建分部针对新入场农民工做好有关于农民工权益保障和实名制管理的政策宣贯，签订进场承诺书或进场确认告知书，确保工人能够配合现场管理和考勤管理制度。

6. 进场实名制平台信息录入管理

（1）建立分部信息，分部命名格式需统一为：××项目××分部建投××公司××直管部。

（2）分包客商录入。若为已存在于系统中的客商，则直接选取即可；系统中不存在的客商，则需通过"新建客商"进行录入。

（3）分包合同录入。若合同尚未签订，则先建立一个虚拟合同，待后期合同签订完善后，再对相关信息进行修改。

（4）录入班组信息。录入各班组的相关信息。

（5）农民工入场信息登记。农民工系统信息为一人一条档案信息，每条档案信息只能单个录入，无法批量导入。同时，系统中农民工照片必须通过手机拍照上传。

（6）自动生成花名册。新开项目农民工实名制信息的录入必须在二部的系统架构下进行，各参建单位不得将农民工实名制信息录入本公司的架构中，如后续需要获取相关信息可以指定相关劳资主管加入二部的架构中给予权限获取信息。要求参建单位所有进入现场作业的工人在实名制平台中进行入场登记、三级安全教育登记，并及时使用考勤设备录入人脸信息。各参建分部农民工专管员将农民工信息录入进实名制管理系统，及时与工人确定工资、劳动合同、银行卡信息、从业证书等相关个人信息并录入实名制管理系统。各参建分部应每天对实名制管理人员信息进行核实，录入平台，并检查农民工基本从业信息登记表、农民工花名册，核查管理信息系统平台内数据，平台数据必须保证实时更新，真实、准确、完整记录农民工工作岗位、劳动合同签订情况、考勤、日工资（月工资/计件）等从业信息，已经离岗的工人必须及时做退场登记。各参建分部农民工专管员入职及离职应及时上报指挥部，需要增减管理权限的人员名单。

7. 考勤管理

（1）硬件设施设备。各参建分部应配备足够的人脸识别打卡设备，至少满足打卡要求；考勤机必须稳固在农民工方便打卡的地方，并严格要求督促农民工按照每天两次（上下班各一次）的频次进行打卡。

（2）各参建分部应严格督促各劳务班组人员进行实名制打卡，对班组人员出勤率实施每日监控。指挥部每月对农民工出勤率进行检查考核，对考核低于指挥部下发文件要求的分部进行惩罚，并进行问责处理。

（3）考勤数据传输。考勤机在联网的状态下会自动传输考勤数据，离线状态下可最多支持存储3天的考勤数据。

（4）请假有假条，交至各参建分部农民工专管员处；月底对考勤、工资表核对。

（5）有班组停工或其他因素影响不能正常施工的要及时与指挥部农民工专管员联系。

（6）农民工按照"进场打一次，出场打一次，有进有出"的原则进行考勤管理。

（7）农民工考勤表的审查：各参建分部农民工专管员应当每月上报考勤表到指挥部。考勤表应以钉钉系统导出的考勤为主要依据，无系统导出的考勤记录，不予计算考勤；花名册、考勤表、工资确认表需经农民工本人签字确认、捺印。

8. 退场管理

（1）要求各参建分部农民工退场时及时在实名制系统中进行退场操作。在系统中无考勤记录超过30天，且未执行退场登记的人员，实名制系统将自动进行退场操作。

（2）农民工完成在实名制系统的退场流程后，应及时与农民工签订退场确认书，确认书中应明确体现退场工人工资的办结状态，并附有各参建分部劳资农民工专管员的审批意见和签字。

9. 临时用工管理

对于部分用工周期较短的临时用工的工人，无法及时办理银行卡，无法进行代发的工人，应编制临时用花名册、考勤表、工人工资表。

10. 设置"农民工维权告示牌"进行公示制度

（1）各参建分部应当按指挥部下达的标准模板在分部项目部、施工现场项目位置设立统一样式的"农民工维权告示牌"和进行用工管理信息公示，告示牌信息必须写全。

（2）各参建分部标准按照告示牌内容进行监督，保障公示内容的规范性。监督内容包括：告示牌应明示建设单位、施工总承包企业及项目部、分包企业、行业监管部门等基本信息；

明示劳动用工有关法律法规、当地最低工资标准、工资支付日期等信息；明示工程所属地建设行业主管部门、劳动保障监察投诉举报电话和劳动争议调解仲裁机构联系电话等信息。用工管理信息公示的内容为农民工进退场人员名单、考勤表、工资发放表等经农民工签字核对的用工信息公示 30 日以上。维权公示牌规格不能低于 2.4 m×1.2 m。

10.3　农民工工资代发管理具体措施

1. 农民工工资总包代发制度

（1）永大高速所有工程项目农民工工资均通过银行专户进行农民工工资代发。

（2）各参建分部每月应根据系统导出的人员登记表花名册、工资支付表、考勤表、计量结算依据（也包括未实际计量，但施工现场已完成一定工作量）、劳务公司法定代表人或委托代理人、项目经理签字捺印的委托文件等（材料需完整、真实、准确无误），找农民工本人签字确定。

（3）每月 10 日以前上报指挥部，如有变动以通知为准。

（4）农民工工资的支付相关资料由各参建分部农民工专管员记录、保存 3 年以上备查。

2. 银行代发工资流程（图 10-1）

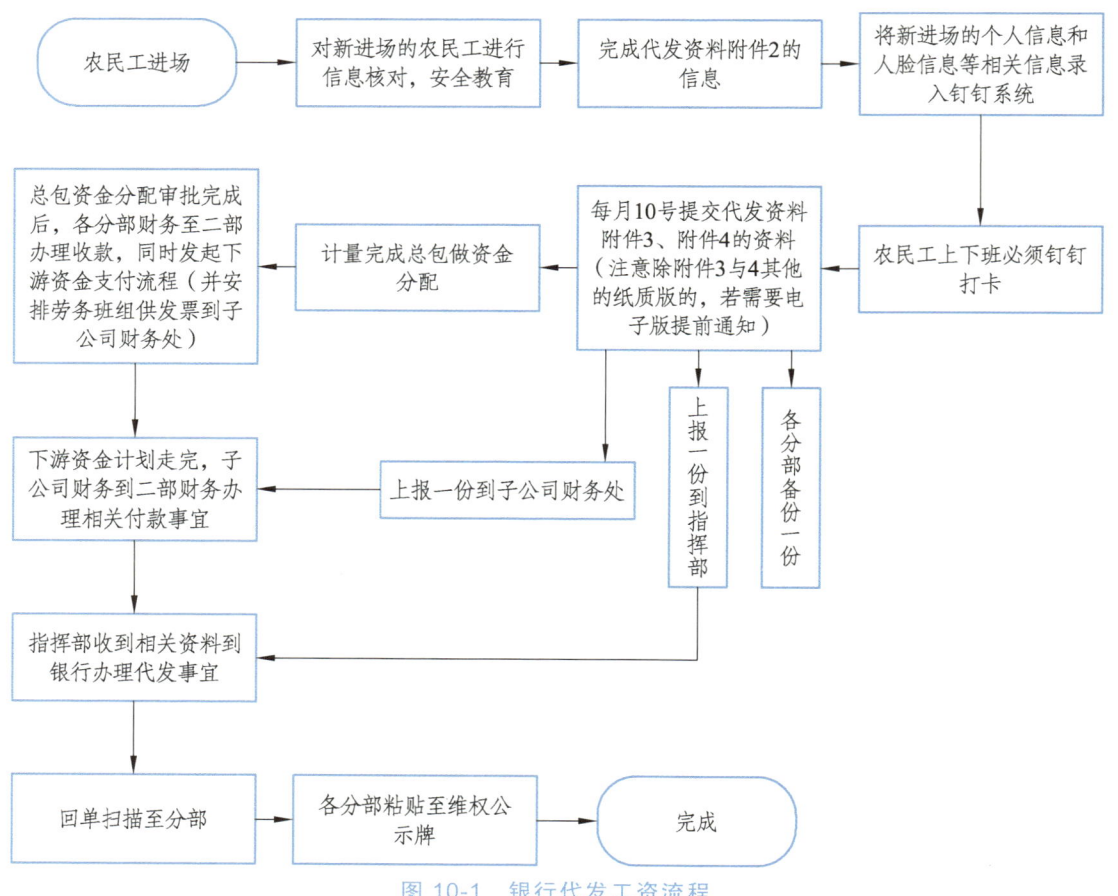

图 10-1　银行代发工资流程

3. 永大高速农民工代发资料审核

（1）根据《云南省建设投资控股集团有限公司总成包二部关于印发资金管理规定通知》（建投总包二部政发〔2020〕87号文）要求，农民工管理及维稳办公室将在资金支付审批流程中，负责对各项劳务费用的合理性、资料完备性、拨款计划的科学性进行审核。

（2）农民工工资支付及其他相关材料：钉钉系统农民工考勤表、农民工花名册、农民工工资代付审核确认单、分包合同、分包合同补充协议等相关资料。

（3）农民工管理及维稳办公室将在款项审批时对代发工资农民工信息是否录入实名制管理的系统中和考勤表和实名制系统中实际考勤情况是否匹配重点审核。

（4）相关资料不齐全或真实性存疑、工人考勤严重不匹配、实名制管理工作滞后的，领导小组在审批流程中不优先审批。

4. 农民工工资支付台账管理

各参建分部应认真审核分包单位上报的工资支付的相关资料，重点审核农民工是否与用人单位签订劳动合同、工资数额、考勤表、计量结算资料、分包单位签订的委托银行代发的协议等，审核无误方可予以确认，并予以妥善保管。

10.4 农民工工资纠纷应急处理措施

1. 成立应急管理机构

为了维护社会稳定，维护企业声誉，坚持预防为主，纠防结合，在项目经理领导下，各有关部门"快速反应、赶赴现场，协调配合、控制局面、妥善处理"，做到早发现、早报告、早控制、早解决，防止矛盾激化和事态扩大，尽快恢复生产、生活和社会秩序，减少或避免经济损失和不良影响，确保社会稳定。为防止农民工工资突发事件的发生，成立永大高速项目经理部农民工工资纠纷应急领导小组，负责处理群体农民工工资纠纷的应急事件。

2. 重大节假日值班制度

各项目分部和劳务队伍要安排专人值班。重大节日期间如元旦、国庆、春节、国家重大活动期间由各分部项目经理和劳务项目负责人亲自值班。值班期间值班人员不得脱岗、不得关闭手机。

3. 建立农民工工资纠纷事件报告制度

发生农民工工资纠纷事件时，事发分部项目部要在第一时间按以下报告程序逐级上报：劳务队伍—分部项目部—永大高速项目经理部应急领导小组。

4. 建立农民工工资纠纷事件报告制度

当发生农民工工资纠纷时，分部项目部要在第一时间（纠纷发生到报告不超过30分钟）按报告程序及时逐级上报，不得出现忽视、隐瞒，甚至纵容或激化矛盾的情况发生。分部项目负责人要及时到达现场亲自处理，各应急领导小组要积极协调，做到态度、诚恳、用语文明，努力把问题化解在萌芽状态，尽量做到各分部的事不出所在工地，争取化解在项目内部。

严禁激化矛盾，造成上访。事件妥善处理后，分部项目部要将处理情况及时向上一级应急领导小组汇报。

5. 当发生农民工向集团公司、上级主管部门和政府有关部门电话投诉时

各应急领导小组要立即组织项目负责人及劳务有关人员调查、落实和处理，3日内将处理情况书面报告连同经当事人签字认可的工资支付表、处理协议或证明分别报送公司和处理投诉的政府有关部门。

当发生农民工到上级建设主管部门和政府信访办上访时，各应急领导小组要在第一时间向总承包项目经理部和各母单位主管领导报告，并立即组织项目负责人及劳务有关人员到有关部门将人带回妥善处理，分部项目经理要迅速赶往事发地或项目部组织处理。

6. 农民工集体上访（15人以上）等影响较大的事件

分部项目经理、劳务公司负责人要立即到达事发地点，并及时向政府主管部门说明情况、表明态度，并尽快平息化解矛盾，将当事人带回妥善处理，各单位于3日内将处理情况书面报告连同经当事人签字认可的工资支付表、处结协议或证明分别报送公司和政府各有关部门。

7. 其他应急方案处理方式

对个别不讲诚信、恶意讨薪、无理取闹的农民工，分部项目部相关人员要积极应对，妥善处理，并按规定程序向建设主管部门上报。要通过提供强有力的证据资料（特别是将寻衅滋事的农民工组织者要保留身份证原件或者将个人信息列入钉钉黑名单），抵制其不法图谋，排解纷扰，同时积极利用公安、司法等手段，依法维护企业的合法权益。

10.5 农民工权益保障成效

永大高速项目自开工以来扎实推进农民工实名制管理，建立健全制度体系、落实责任，全线钉钉实名制系统使用全覆盖，成立了维稳信访工作组，严格按照"六制一金一表"来完成农民工实名制工作，项目农民工高峰期达3 800人次，总包农民工工资专户累计代发6.5亿元，代发人数涉及6.3万余人次，总包代发率已达99%，确保项目上农民工工资支付得到有效保障。最终永大高速在2023年荣获云南省2023年度第一批"无欠薪项目部"。

11 劳动竞赛的运用与实践

11.1 竞赛意义

永大高速公路项目建设者牢牢把握为实现中华民族伟大复兴的中国梦而奋斗的时代主题，结合项目特点和难点，深入开展了以"争做新时代奋斗者、建设优质百年工程"为主题的劳动竞赛活动，把践行交通强国战略部署落实到具体的项目建设实际行动中，坚定理想信念，争当新时代中国特色社会主义云南新实践的时代先锋，通过围绕比工程质量、比建设工期、比安全生产、比科技创新、比文明施工、比环保成效、比廉政建设、比农民工工资支付与管理、比成本控制、比标准化示范、创和谐团队、树形象等"十比一创一树"内容促管理、促生产、促发展，努力营造出"评、比、学、赶、超"的工作氛围，最大限度地激发广大员工的劳动热情和创造活力，积极推进各项工作，完成既定工作目标。

11.2 竞赛活动要求

1. 认真组织，精心部署

竞赛领导小组或组委会，根据竞赛内容，结合项目建设特点和实际，制订详细的组织计划、实施方案、考评标准，明确工作职责，将竞赛与工程建设各项工作有机融合，有力助推工程建设。在项目推进中，各级党政工团组织要做到思想统一、步调一致，以增素质、保安全、强管理、增效益为抓手，齐抓共管，组织开展好本次竞赛活动，要做好对全体参建集体、参建职工的宣传动员、组织参赛等工作，强化人员、资金、场地等保障，为竞赛提供必要的人力、财力、物力支持，确保竞赛活动顺利开展。

2. 创新载体，树立形象

进一步完善竞赛机制、创新竞赛载体、创建竞赛品牌，坚持把党政关注的焦点、建设工作的重点、生产经营的难点作为竞赛的主攻方向，使竞赛成为攻坚克难、推动创新的重要平台。结合关键岗位、关键节点、关键时期，采取单项赛、综合赛、对标赛、对手赛等方式，大力开展集专业性、知识性、技能性和生动性为一体的特色竞赛。各参建单位要自觉肩负好职责和使命，充分认识到公路工程的重要性和必要性，狠抓施工管理，建设精品工程，彰显集团形象。

3. 营造氛围，激发活力

层层动员，广泛参与，充分认识宣传动员、氛围营造在竞赛中的鼓劲加油、正向激励作用,加强竞赛宣传动员和营造氛围的组织领导,切实把此项工作作为竞赛的重要基础性工作、常态化开展。在劳动竞赛过程中,加强人才队伍建设,注重过程宣传,及时发现、培养和选树在本次劳动竞赛活动中涌现出来的新典型,充分发挥榜样的引领作用,形成"比、学、赶、帮、超"的良好氛围,展现竞赛生动实践、典型示范、丰硕成果,促使社会各界认识、关心、支持竞赛。

4. 选树典型,争创先进

把竞赛活动与争创先进、创建"五一劳动奖""工人先锋号"等结合起来,加大培养和选树先进典型,及时发现、培养、树立、宣传竞赛活动中涌现出的先进典型,在建设现场内外积极营造劳动光荣、技能宝贵、创造伟大的良好氛围。要切实发挥劳模、工匠、高技能人才的引领作用,组织他们积极开展创新工作室创建、师徒帮带、技能培训等,为他们施展才华、展现精神品格提供支持、搭建平台,带动全体参建职工共同努力打造精品工程。

11.3 竞赛活动思路和做法

1. 加强领导,建立健全竞赛组织网络

为确保劳动竞赛工作落到实处,永大高速公路指挥部成立了组织领导机构,制定了劳动竞赛实施方案,建立了由党政领导、工会组织、各参建单位配合、各相关部门积极参与的管理格局和管理体系,项目形成各劳动竞赛参建单位积极协调配合,上下互动机制。建立了指挥部、参建单位、劳务班组三级劳动竞赛网络,明确竞赛内容和要求,逐层抓好劳动竞赛组织,为劳动竞赛工作的顺利开展提供了强有力的组织保证。

2. 狠抓落实,深入持久开展劳动竞赛

永大高速公路项目经理部结合本项目的特点和难点,以投资控制好、项目建设好、生态保护好为主线,通过劳动竞赛着力推进公路工程设计与施工相融合,提高公路工程设计施工质量,推进现代工程管理,极力营造良好的竞赛氛围,确保竞赛开展有成效。

3. 发挥好工会职能,促进竞赛活动持久性

工会是党领导的工人阶级群众组织,承担着组织动员广大职工为完成党的中心任务而共同奋斗的重大责任。在劳动竞赛中,我们的主要做法是:

(1)把党建工作和劳动竞赛相融合,在党建中开展劳动竞赛,在竞赛中开展党建。

(2)围绕项目施工难点,精心策划劳动竞赛方案,按照劳动竞赛的要求,在实用、便捷、安全、低耗的前提下,促进项目计划全面完成为目标开展劳动竞赛活动。

(3)结合工程要求和施工实际情况,制定好竞赛措施。在实施过程中,根据施工方案合理调整竞赛措施。

(4)深入施工的每一个环节,主动做好竞赛服务。指挥部主要管理人员根据所分管工作建立分工包保服务,使现场遇到的问题得到及时解决。同时把劳动竞赛与日常管理紧密结合,在劳动竞赛中积极探索竞赛评比标准,将各项评比活动纳入年底"争先评优"考核指标,使劳动竞赛的杠杆作用、激励作用得到了充分发挥,不断掀起了劳动竞赛新高潮。

11.4　竞赛活动内容与成效

1. 比工程质量，赛工程优良率

一是建立了完善的质量管理体系文件制度；二是狠抓工程质量控制，全线未发生质量事故，分部分项工程合格率100%；三是全线推行"首件工程认可制"、三检制，目前审批完成首件方案、总结163份；四是定期开展质量管理检查，开展专项治理工作19余次，有效减少了质量问题的发生，组织并参与各级技术质量交底17余次，参与人数达到2 000人次；五是正常开展QC活动及质量月活动，累计发布6项QC成果，6项QC成果均在云南省建筑业协会成功发布，其中2项由省级评审单位推荐至中国建筑业协会评审发布。

2. 比建设进度，赛工程速度

一是全员深入施工现场，帮助梳理施工组织，累计完成节点目标100余个。二是每月组织拍摄形象进度视频，对比播放，使各分部知晓每月生产进度完成情况。三是举行劳动竞赛百日攻坚活动，攻坚克难，强势推进，效果显著。在这样的任务与目标下，各参建单位积极参与，大干快上，形成"比、学、赶、帮、超"的浓烈氛围。

3. 比安全效益，赛遵章守纪、降本增效无事故

一是落实各级安全生产责任，建立全员安全生产责任制，严格落实"洞长、桥长、片长"负责制，实行安全网格化管理，签订安全目标责任书共计48份，实现工程建设期间无安全责任死亡事故。二是强化安全教育培训，进场人员进行三级安全教育培训并考试合格后上岗，定期组织安全培训和交底，积极开展班前安全教育，其中组织外部培训14场/560人次，内部教育安全培训37场/1 580人次，岗前教育安全培训54人/次。三是深入施工现场开展隐患排查治理工作，建立双重预防机制，识别施工现场存在的较大及以上风险，每月召开风险辨识调度会。对特种设备做到合法合规管理，对所有特种设备依法依规进行检测，并且办理使用登记证。四是开展多种应急救援演练活动，检验培训效果、应急救援预案程序的有效完善度。五是积极推进安全生产费用计量，制定安全费用管理制度，严格落实安全费用计量审批工作，全线目前完成产值67亿元，已上报审批安全费7 294万元。六是积极发挥总包五总管理理念，全面强化安全管理，做到领导重视安全，管理人员人人管安全的氛围。同时打造培养了一支敢于管安全、会管安全的年轻队伍，发挥了安全管理人员的年轻优势，通过业务知识培训，提高安全管理人员的专业水平。七是永大高速把劳动竞赛与"平安工地"建设、"安全月"活动紧密结合起来，开工至今建设单位组织的"平安工地"考评一次通过全部合格，并且在2021年、2022年连续两年荣获建设单位颁发的安全管理先进单位荣誉称号。

4. 比科技创新，赛科学态度

一是组织各参建单位对施工方案的编制内容、要点及审批流程进行学习培训，并编制施工方案清单计划。二是开展创新劳动竞赛，竞赛期间共申报了实用新型专利5项，公开发表核心论文9篇，申报科技进步奖7项，申报工法4个。三是积极推进施工组织设计方案实施及变更管理，完善设计变更处理卡，有效缩短工期及减少造价。本项目涉及方案总计629份，已完成审批629份，完成比例为100%；四方签认累计完成一般变更处理卡共268份，产生较大及以上变更18份，变更资料（整套资料）审批全部完成。

5. 比文明施工，赛组织实施

一是为提高文明施工标准，改善施工环境，项目制定了文明施工管理制度，全线推行文明施工管理。在施工现场安排专人进行文明施工清理，做到场地清洁，文明施工良好，以文明施工管理制度为依据，包括组织领导、制度建设、资料管理、岗位责任制度、劳动保护、职工教育、执行绿色施工环境保护。二是为了减少施工现场扬尘污染，采用边坡覆盖和洒水除尘常态化管理，营造良好的施工环境。三是联合项目公司、监理、施工单位开展安全文明施工专项检查 82 次，发放安全宣传资料 2 000 余册，粘贴安全文明施工宣传标语 500 余幅。让各位永大建设者，将最大限度地减少施工对周边人民群众的干扰和影响牢记在心中。

6. 比环保成效，自觉践行绿色发展方式

一是建立健全环保责任制度，成立专门的环保管理小组，明确小组成员在施工各阶段的环保职责，将环保工作纳入项目绩效考核体系，确保环保责任落实到个人。制订详细的绿色施工方案，结合永大高速工程特点，明确各施工环节的环保标准和操作规范，定期组织施工人员进行环保培训，提升全员环保意识与技能。二是在施工前开展全面的生态环境调查，识别项目区域内的生态敏感点，如珍稀动植物栖息地、水源保护区等，根据调查结果制订针对性的保护方案。施工过程中严格控制施工范围，避免对周边生态环境造成不必要的破坏。对于因施工造成的植被破坏，及时进行生态修复，采用本土适生植物进行绿化，恢复生态平衡。三是在施工设备选型上，优先选用节能、低排放的机械设备，淘汰高能耗、高污染的老旧设备。加强施工设备的日常维护与管理，确保设备处于良好运行状态，提高能源利用效率。合理安排施工进度，优化施工工序，避免设备闲置和能源浪费。在临时设施建设中，采用节能灯具、节水器具，推广使用太阳能、风能等清洁能源，减少对传统能源的依赖。四是施工区域设置完善的排水系统，对施工废水进行收集和处理，经沉淀、过滤、中和等处理工艺达到排放标准后再排放，避免对周边水体造成污染。建立雨水收集系统，将收集的雨水用于施工现场的降尘、绿化灌溉等，提高水资源的重复利用率。在混凝土搅拌等用水量大的施工环节，采用节水型施工工艺和设备，减少水资源浪费。五是施工现场采取封闭管理，设置围挡和喷淋降尘设施，对易产生扬尘的物料进行覆盖或存放于封闭仓库内。定期对施工道路进行洒水降尘，对运输车辆进行清洗，防止泥土和扬尘带出施工现场。合理安排施工时间，避免在居民休息时间进行高噪声作业，对高噪声设备采取降噪措施，如安装消声器、设置隔音屏障等，确保施工噪声符合国家标准。六是建立施工现场废弃物分类收集制度，对建筑垃圾、废旧钢材、木材等废弃物进行分类存放。积极探索废弃物资源化利用途径，如将建筑垃圾破碎后用于道路基层填筑，将废旧钢材、木材等回收再利用，减少废弃物的产生量和填埋量。对于无法利用的废弃物，委托专业机构进行无害化处理，确保符合环保要求。

7. 比廉洁，赛奉献和作风建设

一是每月组织参建单位开展廉洁专题培训，邀请纪检监察部门专家、法律顾问进行授课，围绕工程建设领域典型案例剖析、《廉洁从业准则》解读、招投标与合同管理风险防控等内容展开，提升全员廉洁意识。培训后设置考核环节，确保参建人员对廉洁知识掌握到位，考核成绩纳入个人和团队竞赛评分体系。二是在施工现场、办公区域设置廉洁文化宣传栏、标语牌，张贴廉洁警示漫画、格言警句，营造浓厚的廉洁氛围。同时，创建"永大高速廉洁文化

长廊",展示廉洁建设成果、廉政故事,定期组织员工参观学习,强化廉洁文化的感染力和渗透力。三是每季度组织开展一次廉洁风险排查工作,对各岗位、各环节存在的廉洁风险点进行梳理和评估,制定相应的防控措施。建立廉洁风险预警机制,对可能出现的廉洁问题提前预警,及时采取措施加以防范和化解。对发现的违规违纪行为,严肃追究相关人员责任,绝不姑息迁就。四是在劳动竞赛中,定期评选"奉献之星""岗位标兵"等先进个人和"优秀施工班组""先进项目部"等先进集体,通过内部简报、公众号、宣传栏等渠道广泛宣传他们的先进事迹和突出贡献。组织先进典型开展经验分享会,发挥榜样的示范引领作用,激发全体参建人员的工作积极性和奉献精神。五是明确工作纪律、考勤制度、请销假制度等要求。定期开展作风纪律检查,重点整治迟到早退、工作期间玩游戏、浏览无关网页等散漫行为,以及推诿扯皮、敷衍塞责等不作为、慢作为现象。对违反作风纪律的人员进行批评教育、通报批评,情节严重的给予相应的纪律处分。

8. 比农民工工资支付与管理,保障农民工权益

一是与指定银行合作,为每位农民工开设工资专用账户。施工总承包企业根据分包企业提交的农民工工资支付表,通过农民工工资(劳务费)专用账户,委托银行将工资直接发放到农民工个人工资账户中。同时,利用银行系统的短信提醒功能,让农民工在工资到账时能及时知晓。例如,永大高速项目与当地某银行合作,每月按时将工资发放到农民工账户,农民工通过短信就能第一时间确认工资是否到账。二是由永大高速项目指挥部牵头,联合人力资源社会保障部门、交通主管部门等成立联合监督小组,定期对项目进行检查。检查内容包括农民工工资支付情况、用工管理情况、维权信息公示情况等。通过查阅账目、随机访谈农民工等方式,及时发现问题并督促整改。例如,联合监督小组在一次检查中,发现某分包企业存在考勤记录不完整的问题,当场要求其限期整改,确保了农民工工资核算的准确性。三是在施工现场显著位置设立维权信息公示牌,公示项目负责人、劳动保障监察投诉电话、工资支付情况等信息。让农民工清楚了解自己的权益和投诉渠道,一旦发现工资拖欠等问题,能够及时反映。同时,在项目驻地设置农民工维权服务中心,安排专人值班,为农民工提供咨询和帮助。

9. 比成本控制,提高项目利润

永大高速项目制定目标成本,每月进行成本结算,对比目标成本,对影响成本的因素和条件采取一系列预防和调节措施,把建设成本控制在工程预算、计划之内,力争降耗增效;主要材料统一集中采购、管控,降低项目整体施工成本,做好资金管理规划和成本分析,实现资金使用效能最大化。

10. 比标准化建设,提升管理内涵

一是永大高速项目全面推广标准化建设,通过标准化管理,以标准促管理,通过搭建信息化管理平台,以点带面,助推标准化管理提升。永大高速自开工以来,明确了各施工点标准化建设时间节点,制定下发了桥梁、隧道、场站建设标准化实施方案图集,实行标准化建设统一安排部署。二是全面推广隧道流媒体宣传、桥梁定型化防护、安全体验馆和信息化建设。例如桥梁墩柱盖梁施工全面推广使用定型化安全爬梯、梯笼和定型化操作平台,操作方便、防护到位;隧道洞口全面推进洞口五大系统建设,全线钢筋加工厂、拌和站、梁场建立

视频在线监控系统，实时有效记录施工现场违规违章行为；永大高速全线建立了两个安全体验馆，在隧道洞口、梁场等重要位置设置流媒体大屏，实时播放安全警示教育视频和国家安全生产法律法规。三是组织开展标准化建设培训、项目间交流学习，积极查缺补漏补短板，完善项目标准化建设。

11. 创和谐团队，凝心聚力

永大高速项目坚持以人为本，构建和谐团队。一是在永大高速劳动竞赛启动初期，组织全体成员参与目标制定会议。结合项目整体进度要求、质量标准及安全规范，共同拆解细化出阶段性目标与个人任务指标，确保每位成员清晰知晓自身工作在竞赛全局中的定位与价值。同时，通过宣传栏、内部会议、工作群等多种渠道，定期宣传劳动竞赛的总体目标与阶段成果，强化团队成员对目标的认同感和归属感，使大家朝着共同方向发力。二是设立丰富的物质奖励项目，如月度、季度、年度的"施工标兵奖""安全卫士奖""创新能手奖"等，对在劳动竞赛中表现突出的个人和小组给予奖金、奖品等奖励。同时，将奖励与绩效考核挂钩，对于在竞赛中成绩优异的成员，在绩效考核中予以加分，进而影响薪酬调整和年终奖金发放。三是建立线上线下相结合的沟通平台。线上利用即时通信软件、项目管理系统等工具，方便成员随时交流工作进展、分享问题与经验；线下定期组织团队会议、座谈会，鼓励成员畅所欲言，提出工作中的困难和建议。同时，设立意见箱，确保成员的意见和想法能够及时反馈。四是针对永大高速项目涉及多部门合作的特点，定期组织跨部门协作会议，明确各部门职责与协作流程。开展跨部门团队建设活动，如联合举办技能培训、户外拓展等，增进部门间的了解与信任，打破部门壁垒，提高协作效率。五是开展团队建设相关培训，如沟通技巧培训、冲突管理培训、团队协作能力培训等，提升成员的团队意识和协作能力。通过案例分析、角色扮演等方式，让成员在实践中掌握团队建设的方法和技巧，促进团队和谐发展。

12. 树形象，展风采

以劳动竞赛为契机，永大高速项目积极按照集团下发的"四保一控一树"和《驻地、场站标准化建设实施指南》由指挥部对各驻地、场站统一策划、统一部署，按标准化要求建设，同时，在施工现场范围以各种形式展现建设文化和精神内涵宣传标语200余条，不断通过各种媒体、平台对企业及项目宣传126次，特别是永大高速项目集体荣获2021年楚雄州"五四"奖章，让社会各界充分认可云南建投品牌。

通过劳动竞赛活动，永大高速公路建设项目的各项工作得到了有力的推进，但我们发现活动形式还不够丰富，人员积极性还可以进一步调动。今后我们将一如既往地将劳动竞赛活动继续深入、有效地开展下去，在省总工会、省发改委、省交通厅和各级工会的正确领导下，充分利用好劳动竞赛这个平台，顺应员工群众对美好生活的向往，组织动员广大员工为实现质量建投、绿色建投、数字建投、清廉建投、幸福建投发展贡献智慧和力量，最大限度地激发广大员工的劳动热情和创造活力。在学习思考中开阔视野，在生产实践中增长才干，在服务项目建设中有所作为。

第 2 篇

"四新"技术推广应用篇

12 "四新"技术管理

在"科学技术是第一生产力"的指导下，我单位以工程实践为依托，围绕施工难点开展科技创新与成果转化，通过推广应用"四新"技术（新技术、新工艺、新材料、新设备），结合现代化管理手段，显著提升了工程质量、缩短了工期、降低了资源消耗，圆满完成了各项施工任务。以下是近年来管理成果的总结：

1. 科研课题与经费管理

完成 33 项 C 级科研课题研究，涵盖桥梁施工、大体积混凝土温控、复杂地质环境处理等关键技术领域，并严格按照规范完成科研经费归集与使用，为技术攻关提供了坚实的资源保障。

"山区公路大跨度悬索桥高效施工技术研究"成果总体达到国内领先水平，其中无基准索股架设方法达到国际先进水平；"高原山区大跨度悬索桥钢箱梁施工关键技术"成果总体达到国内领先水平；"山区高速公路边坡钻孔植播及抗侵蚀纤维生态修复综合技术"成果总体达到国内先进水平；"山区大跨悬索桥深、大锚旋基坑快速化施工技术"成果总体达到国内先进水平；"山区大跨悬索桥深、大锚旋基坑快速化施工技术"成果总体达到国内先进水平。

2. 知识产权与学术成果

专利成果：累计授权专利 20 项，其中发明专利 3 项，实用新型专利 17 项，涵盖施工装备与工艺优化领域，如"一种简易的钢筋笼滚焊装置""移动式 T 梁湿接缝钢筋焊接接火装置"等，显著提升了施工效率与安全性。

论文发表：在核心期刊及行业会议发表 13 篇论文，包括《山岭区承台大体积混凝土温控技术研究与运用》《Midas 有限元分析软件在施工大临结构中的应用与思考》等，推动技术经验共享与行业进步。

3. 工法创新与推广

累计编制 7 项工法，其中 1 项获部级工法认证（"塔柱模板快速化施工工法"），另有 3 项工法申报省级认证（如"山区大跨度悬索桥钢箱梁单侧吊装施工工法"）。工法应用覆盖桥梁、隧道、边坡防护等领域，助力标准化施工与质量提升。

4. 科技进步奖项

申报 8 项科技进步奖，斩获多项殊荣：
云南交通科学技术奖一等奖（"山区公路大跨度悬索桥高效施工技术研究"）；

云南省市政协会科学技术奖一等奖("山区大跨度悬索桥快速建造关键技术研究");
云南建投集团科技进步奖一等奖("山区大跨度悬索桥快速建造关键技术研究");
总承包二部级奖项 5 项,涵盖隧道、桥梁桩基、边坡绿化等方向。

5."四新"技术应用亮点

通过"四新"技术的集成应用,实现多项突破:

专利技术,如"后张法预应力施工千斤顶安装装置"解决了传统定位难题;

创新工法,如"悬索桥钢箱梁节段环焊施工工法"缩短工期 30%;

数字化管理:应用 Midas 软件优化大临结构设计,降低材料损耗 15%。

通过系统化的科研攻关与成果转化管理,我单位在专利、工法、论文及科技奖项等方面取得显著成效,为工程高质量实施提供了技术支撑。未来将持续深化"四新"技术应用,推动管理创新与施工技术协同发展,助力行业技术进步与效益提升。

13 "四新"技术推广应用

随着我国交通基础设施建设的不断推进，山区高速公路的建设成为推动区域经济发展、改善交通条件的重要举措。然而，山区地形复杂、地质条件多变、气候环境恶劣，给高速公路的设计、施工和运营带来了巨大挑战。为了克服这些困难，提升山区高速公路的建设质量、安全性和运营效率，"四新"技术（新技术、新工艺、新材料、新设备）的推广运用显得尤为重要。云南省S35永金高速永仁至大姚段项目经理部结合现场实际需求对以下8项技术进行推广运用，见表13-1。通过新技术的应用，能够有效应对山区复杂的地形和地质条件，降低施工风险，延长工程使用寿命。

表 13-1 "四新"技术推广运用情况

序号	"四新"技术名称	运用项目
1	公路钢筋加工机械化配套施工技术	永大高速土建各分部
2	钢-混凝土组合桥梁结构施工技术	永大高速土建七分部
3	隧道三维超前地质预报技术	永大高速土建六分部
4	高强、高性能混凝土应用关键技术	永大高速土建五分部
5	预制梁场蒸汽养护技术	永大高速土建各分部
6	UHPC技术施工技术	永大高速江底河特大桥
7	红砂岩粗集料在高速公路水稳基层中的应用	永大高速路面分部
8	山区高速公路边坡钻孔植播及抗侵蚀纤维生态修复综合技术	永大高速土建各分部

13.1 公路钢筋加工机械化配套施工技术

13.1.1 项目工程概况及总体推广情况

本项目针对每个钢筋加工场的钢筋种类，选择钢筋加工的设备，由土建各分部总工办及机电设备部收集需要的钢筋加工设备的使用方法、使用功效。在项目部会议室对"四新"技术推广小组人员进行整体的培训，由项目技术负责人对"四新"技术推广小组人员针对钢筋加工场的布置及公路工程钢筋加工机械化配套施工的运用要点进行整体的培训与讲解、钢筋加工质量要求的讲解、安全交底等。

13.1.2 项目应用"四新"技术情况

永大高速土建各分部灌注桩较多，目前国内桩基钻孔方法常采用旋挖钻成孔、冲击钻成孔等机械成孔方式，并采用多台钻机同时作业，成孔效率高，但钢筋笼的生产效率已很难满足机械化钻孔对钢筋笼数量的要求。另外，受工人技术水平、责任心等差异性因素影响，人工成形钢筋笼的质量不稳定，人工制作钢筋笼易出现主筋不顺直、箍筋间距超标问题。

永大高速土建各分部运用全自动数控智能钢筋笼滚焊机，使用智能钢筋笼滚焊机"焊接箍筋笼"技术后，钢筋笼加工实现机械化作业，钢筋笼主筋和箍筋间距均匀，钢筋笼直径一致，钢筋笼加工质量完全符合验标要求。

钢筋笼的生产效率、从技术层面改善钢筋笼加工质量通病、降低生产成本，成为桩基施工需要解决的首要难题，也是目前制约桩基施工进度、质量和成本的重要因素。

永大高速土建各分部桥梁较多，T 梁生产任务重，为了确保预制 T 梁混凝土构件钢筋保护层合格率，确保施工质量，从钢筋制作起就必须规范化、机械化。永大高速土建各分部运用了全自动数控智能钢筋弯曲机器人、全自动数控智能钢筋弯箍机、全自动数控锯切套丝线、钢筋整体式锯等配套设备。

钢筋加工机械化配套施工技术，是时代的要求，是安全生产、文明施工要求，专业化的钢筋加工工艺设计及针对性的技术攻关和创新是行业发展的必然趋势，永大高速土建各分部很好地运用了钢筋加工机械化配套施工技术工艺。通过该项目的推广、实践，项目部在公路工程钢筋加工机械化配套施工技术运用方面将越来越走向成熟。

13.1.3 操作要点及关键技术

1. 钢筋整体式锯床

钢筋原材料整件用 10 t 龙门吊吊至金属带钢筋整体式锯床（图 13-1）上，去端头后，吊至两台钢筋直螺纹滚丝机上滚丝，通止规检查丝牙质量并打磨接头。检查丝牙质量没有问题后在钢筋笼制作胎架上进行定位与骨架焊接，检查气保焊接处质量合格后吊至钢筋笼滚笼机上进行钢筋螺旋筋施工。

图 13-1 整体式锯床

2. 生产流程

人工将每根主筋通过固定盘相应圆孔穿至移动盘相应圆孔中进行固定。将箍筋穿过箍筋矫直器焊接于一束主筋上，然后固定盘与移动盘同步旋转，移动盘同时纵移，采用二氧化碳保护焊将主筋与箍筋点焊连接，形成钢筋笼。

3. 滚焊机安装

设备安装前，对钢筋加工场进行合理的场地规划，使施工整洁有序，提高生产效率。箍筋存放区和主筋存放区的宽度应大于 3 m，并与道路相通，以便钢筋的进场、存放及箍筋料架的放置和操作。成品存放区的功能为成品钢筋笼从设备上运出和存放，应考虑起重设备的放置位置和运输机具的位置。在箍筋缠绕过程中，钢筋笼滚焊机与箍筋料架之间会产生较大的拉力。设备安装区应设置基础，基础采用 C20 混凝土，厚度为 25 cm，顶面应水平。两个箍筋料架也应设置基础，基础几何尺寸为 2 m × 2 m × 0.25 m。设备基座应保持水平，并用膨胀螺栓锚固于硬化的混凝土上，保证设备在运转期的水平稳定。

4. 滚焊机设备调试

箍筋间距由移动盘和固定盘旋转速率及移动盘纵移速率决定。钢筋笼滚焊机工作前需要预设参数：在控制台输入箍筋间距，试运行 1 m 后，检查间距是否满足要求，如有误差应微调移动盘的纵移速率。

钢筋笼滚焊机数控单元应由专人负责调试。在箍筋缠绕过程中常对箍筋间距进行测量，若发现间距不符合要求，应及时调整参数。

5. 主筋及箍筋上料（图 13-2）

在主筋料架的每个隔档内放入主筋，主筋料架在钢筋笼滚焊机运转过程中起到固定未成形主筋的作用；在箍筋料架上吊装一捆盘筋，将盘筋的一端分别穿过改装的箍筋矫直器钢管。

图 13-2　主筋及箍筋上料

6. 主筋连接

主筋连接采用滚扎直螺纹机械连接滚丝机，如图 13-3 所示。

图 13-3 主筋连接

7. 主筋穿筋、固定

将钢筋笼滚焊机的移动盘纵移至接近固定盘的起始位置（两旋转盘间距 50 cm）。操作台和焊接位位于两旋转盘之间。将每束主筋从主筋料架穿过固定盘的模板圆孔，穿至移动盘的模板圆孔内，用螺栓将主筋束逐个固定于移动盘模板圆孔内。两旋转盘之间的主筋束此时间距均匀，钢筋笼直径形成，如图 13-4 所示。

图 13-4 主筋穿筋、固定

8. 箍筋焊接

（1）起始焊接：将箍筋穿过改装的箍筋矫直器钢管，拉至与主筋交叉的焊接位置，与主筋焊接固定。仅启动移动盘的旋转功能，将箍筋连续绕两圈，并在每束主筋与箍筋的交叉点用二氧化碳保护焊进行点焊，防止加工过程中由于箍筋拉力过大而脱焊。

（2）正常焊接：启动移动盘的旋转和纵移功能，移动盘和固定盘及主筋料架同步旋转，同时移动盘纵移。此时主筋旋转，并通过固定盘上的圆孔纵移，双箍筋连续在主筋上并排等间距缠绕，使用二氧化碳保护焊对主筋束和箍筋的交叉点进行同步点焊，可采用左右跳焊的方式。每隔 1 m 对主筋束进行点焊。当移动旋转盘纵移经过液压托架位置后，应将托架顶起，防止钢筋笼下挠变形。当成形钢筋笼加工至加强筋位置时应及时焊接加强筋，防止钢筋笼变形。

（3）终止焊接：加工至箍筋终止位置时停止移动盘纵移，将箍筋缠绕两圈，并焊接牢固，切断箍筋。

9. 钢筋笼分离

（1）分离固定盘：仅启动移动盘的纵移功能，移动钢筋笼，使钢筋笼和固定盘分离。

（2）分离移动盘：卸除固定主筋束的螺栓，向外纵移移动盘，使钢筋笼和移动盘分离。此时钢筋笼支撑于液压托架上。

10. 卸 笼

将加工好的钢筋笼移离液压托架，并降下液压托架。然后用 10 t 龙门吊把钢筋笼吊至拖车上，运出至施工现场。

11. 钢筋笼检验

主、箍筋钢筋笼的检验项目包括：

（1）外观检验：钢筋有无锈蚀，焊渣是否清理干净，受力钢筋是否顺直。

（2）主筋检验：钢筋笼外径、钢筋笼长度、主筋间距、主筋根数、主筋束的整体性。

（3）箍筋检验：箍筋间距、同排箍筋的整体性。

12. 公路工程钢筋配套设备使用情况

公路工程钢筋配套设备如图 13-5～图 13-9 所示。

图 13-5 全自动数控锯切套丝线

图 13-6　全自动数控锯切套丝线

图 13-7　智能调直机

图 13-8　整体式锯床

图 13-9　全自动数控智能钢筋弯曲机器人

13.1.4　"四新"技术主要内容

（1）钢筋笼加工实现机械化配套作业。
（2）成形钢筋笼的质量控制，钢筋笼主筋和箍筋间距均匀，钢筋笼直径一致。
（3）提高钢筋笼的生产效率，加快桩基施工进度。
（4）从技术层面改善钢筋笼加工质量通病、降低生产成本。
（5）T梁钢筋加工机械化作业，各构件加工尺寸精准。

13.1.5　研究达到目标

1．技术指标

（1）外观检验：钢筋有无锈蚀，焊渣是否清理干净，受力钢筋是否顺直。
（2）主筋检验：钢筋笼外径、钢筋笼长度、主筋间距、主筋根数、主筋束的整体性。
（3）箍筋检验：箍筋间距、同排箍筋的整体性。
（4）T梁各构件尺寸精准。

2．质量指标

（1）钢筋笼质量稳定可靠，采用数控机械化作业，主筋、缠绕筋间距均匀，保证钢筋笼直径一致，产品质量达到国家标准。
（2）T梁各构件尺寸精准。

3．应用成效指标

（1）钢筋加工机械化配套技术自动化程度高。
（2）钢筋笼成形快，替代手工捆绑，效率高。
（3）焊点精度高，箍筋拉紧不需搭接，主筋分布精度高，一致性好，箍筋间距均匀，箍筋拉紧不需搭接，节省材料1.5%，大大降低了施工成本。
（4）T梁各构件尺寸精准。

4. 研究成果

通过公路工程钢筋加工机械化配套施工技术的应用,有效保证了钢筋制安工程的施工质量,确保了结构安全;有效减少了钢筋制安工程人员的投入,减少了钢筋的损耗量,有效降低了工程成本。

5. "四新"技术推广成效

(1)采用机械化作业成形快,替代手工捆绑效率高。

(2)成品钢筋笼质量稳定可靠,采用数控机械化作业,主筋、缠绕筋间距均匀,保证钢筋笼直径一致,产品质量达到国家标准。

(3)焊点精度高,箍筋拉紧不需搭接,主筋分布精度高,一致性好,箍筋间距均匀,箍筋拉紧不需搭接,节省材料1.5%,大大降低施工成本。

(4)设备操作简单,支持单人作业,结构合理,易上手操作,轻松实现一人完成钢筋笼加工作业。

(5)创新技术,配备自动上料分料系统,实现自动上料,减少人工成本,设备运行持久稳定。

(6)设备自动化程度高,钢筋笼一致性好旋转速度、行驶速度可调,保证钢筋笼成形质量。

(7)T梁钢筋加工机械化作业,各构件加工尺寸精准。

(8)通过公路工程钢筋加工机械化配套施工技术的应用,大量减少了钢筋制安工程的施工时间,有效保证了施工进度;有效保证了钢筋制安工程的施工质量,确保了结构安全;有效减少了钢筋制安工程人员的投入,减少了钢筋的损耗量,有效降低了工程成本。

(9)通过公路工程钢筋加工机械化配套施工技术研究,激发了广大技术人员对"四新"技术的推广学习兴趣,在实践创新中不断总结,努力提高自身技术素养。

13.2 钢-混凝土组合桥梁结构施工技术

13.2.1 技术背景与优势

在山区及复杂地形公路建设中,传统钢筋混凝土桥梁因自重过大、施工周期长、跨越能力有限等问题面临诸多挑战。钢-混组合梁技术凭借其自重轻、跨越能力大、工业化制造效率高、运输便捷等优势,成为解决高墩大跨径桥梁建设的优选方案。K36+784陈家沟大桥位于永仁至大姚高速公路第4合同段,为跨越河流深沟所设,结合地形、地貌、水文等情况,本桥上部结构采用(55+70+55)m连续组合钢箱梁,共两幅桥,单幅桥梁宽度12.5 m,全桥质量约1 650 t;下部结构采用变截面方形空心薄壁墩,下设承台及群桩基础,其中1号墩高度为52 m,2号墩高度为43 m,桥梁平面位于半径 $R=965$ m 的左转圆曲线上,桥面纵坡位于 $R=20\,000$ m、$T=290$ m、$E=1.56$ m 的凹曲线上,纵坡 $i_1=-1.5\%$、$i_2=1\%$,边坡点里程为K36+550,变坡点高程为1 740.42 m。两岸桥台各设置一道FD80型伸缩缝。对该桥使用顶推法施工的推广运用研究,实现了复杂地形下桥梁的高效建造,为同类工程提供了重要参考。

13.2.2 核心技术亮点——顶推法施工

（1）分段设计与工厂预制。

钢箱梁纵向分 17 段、横向分 5 片，工厂预制后运输至现场拼装，大幅减少现场作业量，降低施工风险。分段线避开应力集中区域，确保结构安全性。

（2）智能顶推系统。

采用步履式顶推设备（400 T 型，共 28 套），集成液压驱动与计算机控制，实现同步顶升、前进、纠偏等功能。

顶推速度达 3~5 m/h，通过涂抹润滑油、铺设四氟板等措施减少摩阻力，提升施工效率。

（3）精准线形控制。

通过横向调节油缸、光电挠度仪实时监测，将中线偏差控制在 5 cm 以内，确保桥梁线形与设计一致。

设置多级监测与纠偏机制（如里程标线、导向装置），形成"动态调整+主动干预"的闭环管理。

（4）安全与稳定性保障。

采用滑道预压、临时墩标高调整、导梁刚性连接等技术手段，有效防止钢箱梁失稳。全过程配备专职监控人员，及时发现并处理异常变形或荷载突变。

13.2.3 应用成效与评价

1. 经济效益显著

与传统支架法相比，顶推法减少临时支架用量，节省材料与人工成本约 15%~20%，施工周期缩短 30%，综合造价降低 10% 以上。

2. 社会效益突出

减少对周边地形、植被的破坏，符合绿色施工理念。快速施工降低对交通干线的干扰，提升工程社会接受度。

3. 技术可推广性

该技术适用于跨河、跨谷、城市高架等复杂场景，尤其适合跨径 50~100 m 的连续梁桥。已成功应用于陈家沟大桥（总质量 1 650 t，顶推总长 180 m），验证了其可靠性与普适性。

4. 未来展望与建议

技术优化方向：开发更轻量化、模块化的钢箱梁分段设计，进一步提升运输与拼装效率；引入 BIM 技术实现施工全过程数字化模拟，优化顶推路径与设备协同。

5. 推广策略

编制标准化施工工法，形成行业技术规范，加速技术普及；开展跨区域技术交流与培训，提升施工单位对顶推法的应用能力。

13.3 隧道三维超前地质预报技术

13.3.1 总体推广情况

根据云南省 S35 永金高速公路永仁至大姚段土建六分部项目实际情况，计划运用三维超前地质预报技术的部位有：沙拉么隧道左线起讫桩号为 ZK30+295～ZK32+195，长 1 900 m，隧道所在路段纵坡为 +1.00%，隧道路面横坡随平曲线半径变化，最大埋深 113 m；右线起止桩号为 K30+295～K32+240，长 1 945 m，隧道所在路段纵坡为 +1.00%，隧道路面横坡随平曲线半径变化，最大埋深 123 m。

13.3.2 重点（项目）推广"四新"技术应用情况

沙拉么隧道为一座分岔式四车道高速公路隧道，隧道从小桩号到大桩号方向依次按连拱隧道、小净距隧道、分离式隧道形式布置。进、出口洞门均采用明洞式，围岩等级为Ⅳ、Ⅴ级；地下水为第四系松散岩类孔隙水类型、基岩裂隙水类型。沙拉么隧道左线起讫桩号为 ZK30+295～ZK32+195，长 1 900 m；隧道右线起止桩号为 K30+295～K32+240，长 1 945 m，采用三维超前地质预报技术。目前左线长 1 900 m 已采用三维地质预报技术顺利贯通。右线长 1 950 m 采用三维超前地质预报技术已掘进 1 743.4 m，剩余 201.6 m。

1. 重点技术应用情况及推广应用广度

本标段隧道主要采用地质调查法与加深炮孔钻探法相结合的方法进行地质超前预报，如有必要，在地质异常区域采用 TSP（隧道超前地震）探测仪或水平钻机进行长距离超前探测。

各种探测必须以地质为中枢，加强隧道地质工作，将地质综合分析贯穿到施工的整个过程中，实行地质、物探相结合，中长距离探测与短距离探测相结合，优化组合，综合应用，确保隧道安全、快速、优质施工，不留后患，全面确保隧道施工取得经济效益、社会效益和环境效益三者的最优结合。

从运用效果来看，推广效果明显，产生经济效益价值高。

2. 地质超前预报的内容和方法

（1）超前地质预报的内容。

超前地质预报是隧道施工地质工作最主要的工作内容。其工作分为既有资料收集、地质素描、洞内外水文调查、监测测试、超前地质预测、综合超前预报和成灾警报等 6 项任务。

① 既有资料收集。

既有设计资料和相关地质成果的收集和分析，对存在疑虑的相关重大地质问题和地段，必要时进行踏勘和补充恰当的地质工作。

② 地质素描。

施工地质最基础的工作，包括正洞、超前平导和辅助导坑洞壁地质及掌子面地质素描，其主要内容是地质观察包括：

a. 地层岩性：地层时代划分、岩组划分、岩石划分、岩体性态、切割程度、围岩等级等。

b. 断层：断层性质、位置、产状、破碎带宽度及构造岩划分，断层岩体的围岩级别划分及稳定性评价。断层坍方的地质原因，是地质素描的重点。

c. 贯穿性节理：产状、密度、宽度、延伸情况，节理面特征、力学性质。分析判断组合特征、岩体完整性程度，控制局部坍方的构造内因。

d. 地应力：高地应力显示性标志（岩爆、软弱夹层挤出，探孔饼状岩心等现象）及其发生部位。

e. 特殊地层：煤层、含膏盐层和含黄铁矿层等单独素描。

③ 洞内外水文调查。

洞内水文调查：

a. 涌水点（处）调查。

空间：层位、构造部位、洞周分布，含水体分布；

时间：点（处）间的时效关系；

制约：制约因素、补给来源、途径、连通关系。

b. 涌水量预测。

实用量测：反映瞬时特征和短期变化特征；

长期观测：反映长期变化特征和动态特征；

涌水量预测。

c. 水质水压测试：包括水压、水温、水色、含泥沙量测定。

d. 危害评估。

洞外水文调查：

a. 气象观测；

b. 重要排泄点、径流点长期观测；

c. 相关岩溶水文地质及环境水文地质调查调绘：相关岩溶水文调绘、地表坍方、变形调查；

d. 试验：同位素、示踪等，水质。

④ 监测测试。

监测测试包括天然气、软岩变形、地面沉降变形监测及洞内地应力测试。其中，隧道周边位移量测，包括拱顶下沉、净空水平收敛及必要时增设的隧底上鼓量测（采用仪器为收敛计、水准仪、塔尺）和隧道浅埋段、山间洼地、岩堆、破碎带、偏压洞口的地表下沉量测（采用仪器为水准仪、塔尺等）为必测项目。

⑤ 超前地质预测。

Ⅰ. 预测方法。

a. 地质编录预测法（图解法、类比法、断层参数法）。

b. 超前物探预测法：包括 TSP-203 等。

c. 超前钻孔预测法。

Ⅱ．预测有效距离。

a. 长距离超前地质预测：其预报距离为 100～150 m，是以 TSP、断层参数法等为手段结合地面地质工作进行的综合预报。

b. 短距离超前地质预测：其预报距离为 15～30 m 以内，是在长距离超前地质预报的基础上，以 5～8 孔 5 m 超长炮眼孔和 30 m 超前钻孔为手段并结合掌子面地质素描工作进行的综合预报。

c. 中长距离超前预测：其预报距离为 30～60 m，是在长距离超前地质预测的基础上，针对较大物探异常，以 30～60 m 超前钻孔为手段并结合掌子面地质素描工作进行的综合预报。

⑥ 综合超前预报和成灾警报。

Ⅰ．综合超前预报内容：地层、完整性及含水情况；断层及富水情况；大型岩溶及富水情况；暗河。

Ⅱ．超前地质灾害警报内容：大型塌方；突水突泥；煤类突出、天然气燃烧爆炸；岩爆、软岩大变形。

（2）超前地质预报方法。

本标段隧道地质超前预报的主要方法见表 13-2。

表 13-2　本标段隧道地质超前预报的主要方法

预报方法	预报内容	预报工具	预报频率
地质调查及地质素描	岩性、结构面产状及不良地质现象	地质罗盘、数码相机等	开挖后及初期支护后进行，每次爆破后进行
加深炮孔探测	掌子面超前 5 m 范围围岩状况	风枪、钻孔台架	开挖钻孔时进行
超前钻探法	掌子面超前 30～50 m 范围围岩状况	超前水平钻机	每隔 30～35 m 一个断面，搭接不小于 5 m
地震波法	划分地层界线、查找地质构造、探测不良地质体的厚度和范围	TSP 探测仪	地质异常区域

① 地质调查法。

对地质较简单的地段，以地质调查法为主。

利用常规地质理论和作图法，根据隧道已有的勘察资料、地表补充地质调查资料、洞内地质调查资料、隧道开挖面地质素描、围岩数码照片，通过地层层序对比、地层分界线及构造线地下和地表相关性分析、断层要素与隧道几何参数的相关性分析、地质作图和趋势分析、隧道内不良地质临近前兆分析等，推测开挖工作面前方可能揭示的地质情况。

其特点为：设备简单，占用时间少，是其他探测方法的地质学基础依据；人员素质要求高，须掌握较丰富的地质学理论知识和现场工作经验；在隧道埋深较浅，地质构造不太复杂的情况下，地质调查法有很高的准确性。

② 加深炮孔法。

对地质条件较复杂的地段，如地层分界线、角度不整合接触带、物探异常段、次级断层、富水段等，在地质调查法的基础上，采用加深炮孔探测。

利用风钻或凿岩台车等在隧道开挖工作面钻小孔径浅孔获取地质信息，每断面均匀选取3孔，外插角1°~3°，搭接长度不小于1.5 m，加深炮孔至5 m进行超前探测。

③ 超前钻探法。

超前地质钻探是在掌子面布设3~6个探孔，采用水平钻机进行超前钻探。根据钻机在钻进过程中的推力、扭矩、钻速、成孔难易及钻孔出水情况（必要时提取岩芯进行分析）来确定前方的地层及岩性，同时进行涌水量、水压测试和水质分析，判定掌子面前方地层含水情况及地下水的性质。

其钻孔布置掌子面中部两边的超前钻孔应水平且有一定水平偏角1°~3°，掌子面上部的超前钻孔仰角1°~1.5°，掌子面下部两边的超前钻孔俯角1°~1.5°、水平偏角为1°~3°。探孔孔径一般为108 mm，孔深30~50 m，搭接长度不小于5 m。

④ 物探法。

采用TSP203探测仪根据地震波的回波原理，通过人工制造一系列规则布置的轻微震源，由三维地震波接收仪在计算机的监控下采集这些震源所发出的地震波沿隧道前方及四周区域传播而遭遇不良地质体（如地层层面、节理面、岩溶面，特别是断层破碎带等）被反射返回的地震波数据。这些回波信号的传播速度、延迟时间、波形、强度和方向是与相应的不良地质体的性质和分布状况紧密相关的，通过分析可以得到前方地形的地层力学参数和空间位置数据，从而形成预测预报结果。

TSP测量原理如图：

a. 钻孔要求：预报断层构造时爆破钻孔应根据走向布置在与断层夹角较小一侧的隧道边墙上。预报岩溶时爆破钻孔应布置在没有横洞和停车道的一侧。爆破钻孔应选择布置在完整灰岩段落上，不宜在隧道边墙岩溶发育的段落做TSP试验，此时应加强地质雷达和水平钻孔进行超前探测。

每一次预报的有效炮数不少于20个，炮间距1.5 m。炮眼高度1~1.5 m，所有炮眼与接收器高度应相同（与隧道底板平行）。炮眼孔深1.2~1.5 m（孔深尽量一致），向下倾斜10°~20°，垂直于隧道轴向。钻孔完成后应注意保护，防止塌孔。

接收器孔距掌子面约50 m，距第一爆破孔15~20 m。必须在隧道两壁各安置1个接收器，接收器安置高度与炮孔一致，孔径42~45 mm，孔深2 m，应根据采用的耦合材料确定接收孔上倾还是下倾。接收器与孔壁的耦合必须紧密，施测时隧道中应没有其他振动源。

b. 爆破要求：遵守《爆破安全规程》（GB 6722—2014）的规定，使用毫秒级无延迟电雷管，炸药量应大于200 m探测距离要求，一般在50 g左右，最多不大于75 g。应保证炸药与炮孔严密耦合，所有炮孔必须采取堵孔和注水措施。

c. 资料的处理和整理：数据采集时应对每一炮的波幅进行调节，记录不好或存在干扰时应重新放炮。对采集的数据及时进行三维波场处理，提取反射界面。

d. 提交以下资料：现场数据记录表（表13-3），X、Y、Z三个分量的原始记录，频率谱，纵横波分离后的P、SH、SV波形图，P、SH、SV波的极度偏移图（横坐标为里程），二维结果图（横坐标为里程），岩石参数曲线图（横坐标为里程），电子文档。

表 13-3 TSP 现场记录数据

				年	月	日
掌子面里程			炮孔布置	左边墙		
				右边墙		
接收器		里程	高度	孔深	倾角	耦合剂	耦合状态
	左						
	右						
炮点参数							
序号	距离	孔深	高差	炸药量	备注		
1							
2							
3							
4							
5							
6							
7							
8							
9							
10							
11							
12							
13							
14							

注：第一炮的距离为炮点到接收器的距离，以后为孔间。距高差为各炮孔与接收器的高差，高为正，低为负。

| 操作: | | 记录: | | 复核: | | 施工监理: | |

13.3.3 "四新"技术推广成效

从实施的情况看，效果明显。地质超前预测预报，减少了隧道施工过程中的盲目性，避免了隧道施工过程中可能诱发的重大不良地质或灾害地质的发生，并根据现场预报结果，实施动态信息的施工方法，及时调整或修正围岩分级、设计参数及施工方法，正确指导施工，使施工快速、安全、经济、合理。同时，通过地质超前预测预报，总结出有关隧道在通过岩溶水、软岩、高地应力、断层等重大灾害地质问题地段的一套行之有效的地质超前预测预报方法及其施工方案。

13.4 高强、高性能混凝土应用关键技术

13.4.1 项目工程概况及总体推广情况

1. 项目工程概况

云南省 S35 永金高速公路永仁至大姚段公路工程是云南省高速公路网规划中第 12 条纵线永仁—大姚—姚安—牟定—楚雄—双柏—元江—红河—元阳—曼耗—金平—金水河高速公路的重要组成部分，是云南省北进四川等西部省级行政区及南下东南亚的国际大通道之一，也是楚雄州骨架路网重要组成部分，为云南省、州（市）、县的一条地方经济干线。

本标段起点桩号为 K28+390.04，终点桩号为 K30+280，路线全长 1 889.96 m，江底河特大桥跨越江底河到达窝祖么后，设沙拉么隧道穿越山梁，经江头村东沿山坡向西北展线。江底河特大桥位于永仁至大姚高速公路 K28+612～K30+280 处上跨江底河峡谷，是永大高速公路控制性工程。

江底河特大桥桥址位于赵家店碗状向斜北部，跨越江底河峡谷谷口宽约 1 085 m，大桥桥面距江底河面高度大约为 350 m。永仁岸地形较为平缓具有多级阶地，原有地方村落较多，分布集中，大姚岸地形较为陡峭，但具有较为平整的场地，村落分布较为分散，详见图 13-10。

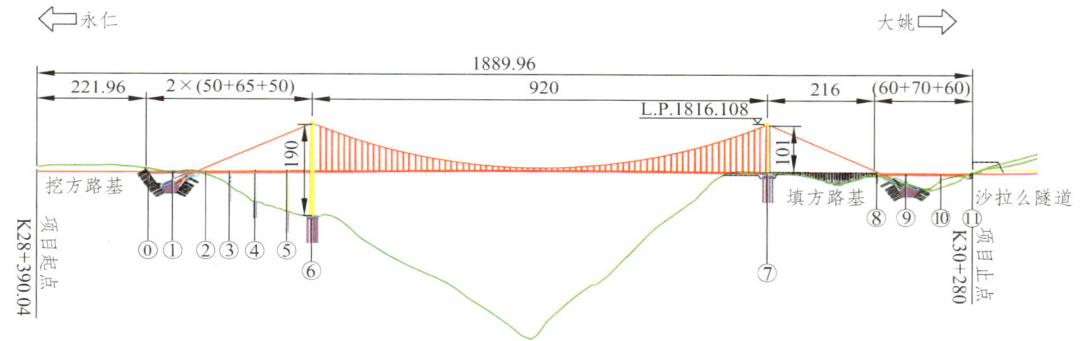

图 13-10 江底河特大桥总体布置图（单位：cm）

本合同段结构分布为：江底河特大桥主桥跨径组成为（255+920+255）m。永仁岸引桥为 2×（50+65+50）m 结构连续钢箱组合梁桥，永仁岸引桥小里程为长 221.96 m 的挖方路基；大姚岸引桥为（60+70+60）m 结构连续钢箱组合梁桥；大姚岸引桥与主塔之间为 216 m 长填方路基。桥面宽为 25.5 m，主要工程内容为：主桥锚碇、索塔、缆索系统、索鞍、钢箱梁、桥面系、排水系统、引桥上下部结构、桥面系等。

2. 总体推广情况

根据云南省 S35 永金高速公路永仁至大姚段土建五分部项目实际情况，永大高速五分部设置 2 个拌和站（永仁岸及大姚岸各 1 个）、1 个工地试验室，混凝土设备满足高强、高性能混凝土施工的要求。

江底河特大桥主塔均为门式结构，永仁岸塔高 187 m，大姚岸塔高 102 m，均采用强度等级为 C55 的高强、高性能混凝土，且现已全部施工完成。

13.4.2 项目应用"四新"技术情况

江底河特大桥主塔是全桥施工的重难点,如何保证主塔C55高强、高性能混凝土的施工质量是控制主塔施工的关键。

原材料选用P·O42.5水泥、含泥量低的河砂、坚固性高的碎石、Ⅰ级优质粉煤灰、S95级矿粉,采用矿粉粉煤灰双掺技术、低水胶比,通过试配、预拌、优化等过程,制成具有优异的工作性能、力学性能、耐久性能和长期性能的混凝土。高性能混凝土不仅是对传统混凝土的重大突破,而且在节能、节材、工程经济、劳动保护以及环境等方面都具有重要意义。高强、高性能混凝土关键技术在江底河特大桥施工中得到了很好的运用,通过该项目的推广、实践,项目部在高强、高性能混凝土关键技术运用方面将越来越走向成熟。

13.4.3 关键技术解析

1. 高强、高性能混凝土配合比设计

C55混凝土从前期选材开始经过大量的试配及优化最终选定配比见表13-4。

表13-4 高强、高性能混凝土配合比

选定配合比	水胶比	每立方米混凝土各种材料用量/kg							混凝土抗压强度/MPa	
		胶凝材料			细集料	粗集料		水	外加剂	7 d	28 d
		水泥	粉煤灰	矿粉	河砂	2#	3#				
	0.28	482	34	45	732	758	252	157	7.29	61.4	70.4
	质量比	(水泥+粉煤灰+矿粉):细集料:粗集料:外加剂:水=1.00:1.30:1.81:0.013:0.28										

2. 高强、高性能混凝土泵送技术

(1)优化公路桥梁的工程结构。

高性能新型混凝土的应用能够使公路桥梁的结构自重得到有效的降低,从而为桥梁设计中主梁间距的增加和跨度比的加大创造重要的前提条件,这样桥梁的结构形态就可以设计得更加新颖,并实现更加丰富的作用以及功能,扩充了公路桥梁工程的形式。

(2)提高公路桥梁工程的耐久性。

由于高性能新型混凝土在耐久性方面具有良好的性能,因此可以更好地适应环境和气候变化,抵御各种污染物的破坏和侵蚀,从而使公路桥梁工程的使用寿命能够得到有效的延长,并为道路交通的安全运行提供更加可靠的保障。

通过对高性能新型混凝土实际应用经验的总结发现,使用了高性能新型混凝土后,公路桥梁工程不仅延长了使用寿命,而且其后期的保养维护工作难度也得到了明显的降低,有力地促进了现代化公路桥梁施工质量的全面提高。

(3)提高公路桥梁工程的技术水平。

由于高性能新型混凝土目前仍然具有很大的技术发展潜力,因此在公路桥梁的施工技术中有机地结合高性能新型混凝土后,能够丰富公路桥梁的结构形式,并在传统混凝土所具备的良好抗压性及致密性特点基础上发展出各种高性能的多功能型混凝土材料,从而满足现代化公路桥梁工程施工的要求。

（4）公路桥梁工程施工中高性能新型混凝土的实际应用。

① 公路工程施工中高性能新型混凝土的应用分析。

在公路工程的施工中，应用高性能的新型混凝土既能够充分发挥其所具有的高稳定性、高耐久性、高强度以及良好的施工性等优势，而且可以有效地防止公路工程在恶劣的环境以及天气条件下所受到的侵害。特别是高性能新型混凝土的高耐久性特点，可以让公路工程在保证其耐久性的基础上减少所使用的水泥量，这样可以很好地解决公路工程对于耐久性的要求与节省建材的要求之间的矛盾。

另外，通过应用高性能新型混凝土，还可以促进施工质量的提高，防止公路工程发生路基下沉的问题。同时，高性能新型混凝土其他的相关性能参数也有明显的增强，因此在施工过程中要对混凝土配比加以优化，并充分考虑施工技术以及工艺要求等综合因素，以提高混凝土的工作性，降低其离析率。

② 桥梁工程施工中高性能新型混凝土的应用分析。

在桥梁工程的施工中，应用高性能新型混凝土的范围主要是应用在离岸结构以及大跨度桥梁工程的主梁和桥墩、桩基的施工中，可以有效地提高桥梁工程的使用寿命。这主要是由于高性能新型混凝土在力学特性方面的优势，使桥梁工程可以更好抵御自然因素以及人为因素所造成的侵害。

同时，在桥梁工程的施工中，应用高性能新型混凝土还能有效改善其经济性。通过在国内一些著名桥梁工程中的实践可以发现，高性能新型混凝土的应用不仅有效地提高了工程的抗腐蚀性、耐久性和强度，降低了桥梁工程的施工难度，而且也节约了施工的成本。

③ 高性能新型混凝土在路桥施工中的养护。

公路桥梁施工完成后要加强对高性能新型混凝土的养护工作，这是保证混凝土构件性能的重要环节之一，目前，比较常用的养护方式包括用水养护和低温养护等方法。在实际的养护工作中，要根据公路桥梁工程的具体施工情况来选择相应的养护方法，只有做好养护工作，才能充分发挥出高性能新型混凝土所具备的各种性能特点和优势。

13.4.4　技术效益说明

在公路桥梁工程的施工中，传统混凝土的局限性使得工程的部分位置出现了开裂或者剥落等问题，严重影响了工程质量，甚至造成了重大的安全事故。

所以，公路桥梁的设计施工单位应充分了解高性能新型混凝土的各种性能特点和技术参数，并将其合理地运用在公路桥梁的施工建设中，全面提高工程的施工质量，从而防止重大安全事故的发生，减少由此产生的经济财产损失和人员的伤亡，为我国基础交通设施的快速发展奠定良好的基础。

13.4.5　经济效益说明

高性能新型混凝土的应用能够使公路桥梁工程结构的自重得到有效的控制，这样公路桥梁施工时对其下部结构强度的要求就得以降低，从而使工程的整体造价能够降低。

此外，应用高性能新型混凝土后，公路桥梁在施工过程中可以减少对混凝土材料、物资以及其他设备材料的使用和运输，减少了工程施工所需要的费用支出。

13.4.6 "四新"技术主要内容

依托江底河特大桥,将本课题的研究成果直接应用于该大桥的混凝土施工建设中,确保大桥的质量、安全稳定和施工工期,做到快速化、精细化施工。其全套的施工科研技术将有力促进我国山区大跨径钢箱梁悬索桥快速施工核心技术领域的发展。

13.4.7 研究达到的目标

1. 技术指标

(1)混凝土工作性能。
(2)混凝土力学性能。
(3)混凝土耐久性能。
(4)混凝土长期性能。

2. 质量指标

(1)混凝土性能满足设计及规范要求。
(2)混凝土外观质量满足规范要求。

3. 应用成效指标

充分了解高性能新型混凝土的各种性能特点和技术参数,并将其合理地运用在公路桥梁的施工建设中,全面提高工程的施工质量,从而防止重大安全事故的发生。

13.4.8 研究成果及推广成效

1. 主要技术指标

(1)科研过程中发表相关论文 1 篇,获得发明专利 1 项、工法 1 项。
(2)以本项目成果为依托,争取获得省级科研成果奖。

2. 主要经济指标

云南省山区、半山区的地理特点决定了许多公路工程所用的混凝土只能就地取材,导致许多工程面临优质原材料匮乏、可选择性小等问题。

13.4.9 "四新"技术培训及人才培养

针对本次"四新"技术"高强、高性能混凝土应用关键技术"的推广应用的人才培养分为两个部分:一是理论部分的培养;二是现场实践的培养。

13.5 预制梁场蒸汽养护技术

13.5.1 项目工程概况及总体推广情况

本项目路线全长 62.97 km,按双向 4 车道高速公路标准建设,设计速度 80 km/h,整体式路基宽度 25.50 m。路基挖方约 1 501.38 万立方米，路基填方约 737.72 万立方米；特大桥 7 977.82 m/5 座，大桥 14 615.535 m/47 座，中桥 492.52 m/7 座；长隧道 1 922.5 m/1 座，中、短隧道 2 935.12 m/7 座；涵洞 103 道（包括圆管涵 6 道）；通道 6 道；天桥 19 座；互通立交 6 座；服务区 2 处；停车区 1 处；收费站 4 处；加水站 1 处，以及其他必要的交通工程和设施，连接线全长 3.112 km。桥隧比为 44.31%。

13.5.2　项目应用"四新"技术情况

永大高速桥梁较多，T 梁生产任务重，为了确保预制 T 梁混凝土构件钢筋保护层合格率，保证混凝土强度，确保施工质量，从钢筋制作就规范化、机械化，混凝土养生标准化，永大高速运用了全自动数控智能钢筋弯曲机器人、全自动数控智能钢筋弯箍机、全自动数控锯切套丝线、钢筋整体式锯等配套设备，在 T 梁混凝土养生上，除了常规的喷淋养护方式以外，针对永大高速 T 梁预制工期短、时间紧、任务重，场地、台座周转等受到制约的情况，还运用了预制梁场蒸汽养护技术。

根据云南省 S35 永金高速公路永仁至大姚段项目实际情况，针对每个梁场产梁的实际情况，分别配置不同数量的蒸汽养护设备，并在项目部会议室对"四新"技术推广小组人员进行培训，由项目技术负责人对"四新"技术推广小组人员针对蒸汽养护相关技术的运用要点及设备使用安全等进行整体的培训与讲解。

对养护时间短、表面系数大、早期强度要求高的混凝土工程，或当自然气温较低，在技术上有困难时，可用蒸汽养护工艺对新浇筑的混凝土进行养护。

通过该项目的推广、实践，项目部在预制梁场蒸汽养护技术运用方面有了很大提高。

13.5.3　操作要点及工艺流程

蒸汽是一种良好的热载体，它在冷凝时释放热量大，且具有较高的放热系数，它既能加热，使混凝土在较高的温度下硬化，又能供给一定的水分，使混凝土不致因水分过量蒸发而出现表面干燥脱水。在工艺上它比短时加热复杂；在混凝土强度增长上它可根据要求达到拆模或受荷强度，这是一种快速湿热养护方法。

1. 蒸汽养护工艺作业内容

（1）预埋或安设测温计。

（2）安装蒸养棚架并封闭蒸养棚布。

（3）供汽前设备及蒸汽管道的检查和维修。

（4）蒸汽养护质量管理。

（5）蒸养结束后蒸养棚架的拆除。

2. 施工机械及工艺装备

（1）蒸汽炉。

采用 YH-004 型桥梁蒸汽养护机，每台额定蒸发量 65 kg/h。电压 380V，水容量 29 L。额度工作压力 0.4 MPa，饱和蒸汽稳定 150 °C。

（2）热力管网。

安装主管道、支管道，并用保温材料进行包裹，减少散热，避免将人烫伤。

（3）散热器。

① T 梁底部安装 2 根 $\phi15$ mm 钢管，模型外侧各安装 1 根 $\phi15$ mm 钢管，两个端头各安装 1 根 $\phi15$ mm 钢管。

② $\phi15$ mm 钢管每隔 300 mm 留置一小孔，作为蒸汽排放孔道。

3. 施工工艺及质量控制流程

（1）施工准备。

① 技术准备。

在施工前，组织有关施工人员认真学习蒸养技术、蒸养工艺，了解蒸养设备、测试方法的技术要点，进行施工工艺设计并认真进行技术交底，确保在施工中正确应用，确保工程质量。

② 施工资源准备。

a. 覆盖蒸养棚布，T 梁两端头各一幅、梁中部两幅，使之完全遮蔽 T 梁。

b. 检查供汽系统的各个部位，是否处于良好状态，包括管道、阀门等设施，泄尽冷凝水，升火暖管已热，关闭泄水管，方可开机供汽。

c. 测温仪表及传感器的安装，每片梁的两个侧面各安装一条传感器测温总线，每条总线上挂接 4 个数字温度传感器，分 2 段测温；在箱梁混凝土中安装 8 个数字温度传感器，串联在一条总线上，用于测量混凝土内部的温度（水化热的温度）。预埋时可用钢筋作支承物，先将测温线绑在钢筋上，测温线的温敏元件测温点位置不得与钢筋直接接触，在灌注混凝土时，将绑好测温线的钢筋灌入混凝土中，接头留在混凝土的外面，测温时将各测温点插头依次插入主机插座中，主机即可显示相应测温点的温度。

（2）工艺步序。

① 混凝土静停期。

混凝土灌注完后，立即用双层棚布（T 梁面积大，单层棚布不能满足要求）覆盖，覆盖完后，作第一次温度记录，并使棚内不低于 10~20 °C，让混凝土静停 4~6 h。

② 送汽蒸养。

a. 升温阶段。

升温阶段就是由混凝土原始温度上升到养护温度的阶段。这一阶段的温度不能上升过快，否则会使混凝土表面因体积膨胀太快而产生裂缝。温度由静停期升至规定的恒温阶段为升温期，升温速度不得大于 10 °C/h。

b. 恒温阶段。恒温阶段是混凝土强度增长最快的阶段。这一阶段的恒温时间一般为 8~10 h（如气温太低，可适当延长恒温时间，具体根据强度试验确定）。恒温加热阶段应保持 90%~95%的相对湿度。梁体表面混凝土温度不宜超过 45 °C，梁体芯部混凝土温度不宜超过 60 °C，最高不得超过 65 °C。

c. 降温阶段。

按预定恒温时间，取出随梁养护的混凝土检查试件，经试验混凝土达到工艺设计要求的脱模或放张强度、弹模后，停止供汽降温，进入降温阶段。如检查试件达不到工艺设计要求的脱模或放张强度、弹模，则继续延长恒温时间进行，直到混凝土达到脱模或放张强度、弹模后方能降温。这一阶段如果降温过快，混凝土表面会产生裂缝，因此必须严格控制降温速度不大于 10 ℃/h。

（3）拆除蒸养棚架。

降温至接近环境温度或梁体表面混凝土温度与环境温度之差不超过 15 ℃ 时，方可撤除保温设施和测试仪表，再拆除模板。

（4）测温监控要点。

① 采用传感器埋入式测温，应分别在跨中和箱梁支座处两个截面的中心和表层混凝土内的不同部位布设测温点。

② 测温方法及要求。

a. 混凝土灌注完后，立即进行一次测温并做好记录。静停 4~6 h 后，以不大于 10 ℃/h 的速度升温，通汽以后指定专人每小时测温一次，做好测温记录，根据测温记录及时绘制温度曲线图。当发现混凝土蒸养温度、内外温差或升温速率出现异常时，立即报告，分析原因，采取措施。

b. 升温、降温时每 1 h 测温 1 次，恒温每隔 2~4 h 测温 1 次，降温停汽后，坚持测温记录，直至记录到撤除棚布。

c. 棚内各部位的温差应尽量控制一致，梁体外两端与跨中及两侧，T 梁顶面与底面之间的相对温差不宜大于 10 ℃。

d. 蒸汽养护结束后，应立即进入自然保湿养护或喷涂养护，并按自然养护和喷涂工艺办理。

③ 测温管理。

a. 升温降温应用调节蒸汽来控制，不得用蒸汽直接喷射混凝土的办法来升温，为防止梁体混凝土升温不均而发生裂纹，也不得用撤除或移开养护罩的办法来降温。

b. 在蒸汽养护过程中，应随时注意养护罩内温度变化的情况，如发现温度不符合规定，应立即调整送气阀。

c. 对预应力混凝土的预留孔道，在抽拔造孔器后，应立即清除孔内粉渣。

13.5.4 "四新"技术主要内容

（1）预埋或安设测温计。
（2）安装蒸养棚架并封闭蒸养棚布。
（3）供汽前设备及蒸汽管道的检查和维修。
（4）蒸汽养护质量管理。
（5）蒸养结束后蒸养棚架的拆除。

13.5.5 "四新"技术施工安全

（1）严格执行各项规章制度，精心操作，确保锅炉的运行安全。
（2）认真做好锅炉辅机及安全附件的维护保养工作，以确保设备的运行安全。
（3）认真及时填写运行日记，字迹端正清晰，内容真实。

（4）做好巡回检查，应明确检查内容、路线及记录项目，执行好交接班制度。
（5）设备水位表、压力表、安全阀除按周期检查外，每班必须自检一次。
（6）坚持交接班制度。
（7）当达到拔管要求时，分别撤除两端的保温设施，拔管后立即恢复盖好。
（8）蒸汽管道严禁碰压，确保供汽设施处于良好状态。

13.5.6 "四新"技术过程管控及推广成效

1. 实施过程

蒸汽养护使用的设备及养护过程如图 13-11～图 13-15 所示。

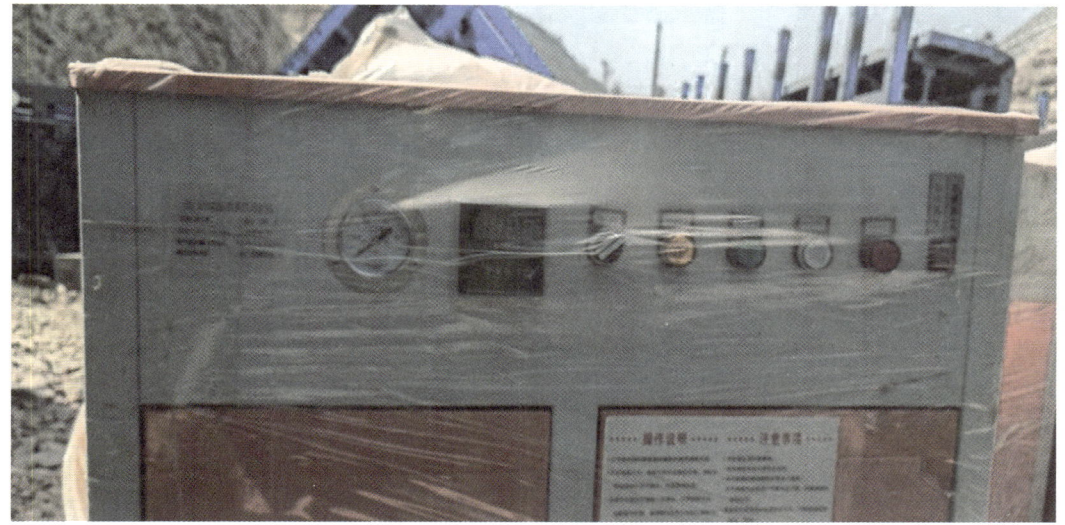

图 13-11 永大高速投入使用的蒸汽养护机

图 13-12 现场投入使用的蒸汽养护机

图 13-13　永大高速 T 梁蒸汽养生暖棚

图 13-14　蒸汽养护中的预制 T 梁

图 13-15　蒸汽养护中的预制 T 梁

2. 推广成效

（1）施工 T 梁蒸汽养生技术可以很好避免因昼夜温差大、空气干燥产生的裂纹，提高 T 梁施工质量，加快 T 梁混凝土强度形成，缩短 T 梁生产周期，确保工期。

（2）通过 T 梁蒸汽养生技术推广研究，激发广大技术人员对"四新"技术的推广学习兴趣，在实践创新中不断总结，努力提高自身技术素养。

13.6 UHPC 技术施工技术

13.6.1 技术概述

UHPC（超高性能混凝土）施工技术是一种集高强度、高耐久性、优异抗裂性于一体的先进施工工艺，广泛应用于钢桥面铺装、复杂结构修复等领域。其核心流程包括钢桥面处理、UHPC 浇筑与养护、防水层施工及沥青铺装等环节，通过标准化作业和精细化控制，显著提升工程质量和结构寿命。

13.6.2 技术优势与创新点

1. 高效防腐与耐久性提升

抛丸除锈工艺（清洁度 Sa2.5 级，粗糙度 Rz 为 50～80 μm）与环氧富锌底漆涂装结合，有效隔绝腐蚀介质，延长钢桥面使用寿命，如图 13-16 所示。

图 13-16　桥面抛丸除锈

UHPC 层纤维分布均匀，抗压强度达 150 MPa，抗渗性与抗冻性优异，减少后期维护成本。

2. 精细化施工管理

采用专用 UHPC 布料机与振捣整平机，布料系数（1.0~1.1）及振捣速度（0.5~1 m/min）精准控制，确保浇筑密实度和表面平整度，如图 13-17 所示。

图 13-17　UHPC 浇筑

分段接缝采用方波形设计，人工凿毛结合钢纤维外露处理（3~5 mm），增强新旧混凝土界面黏结性能，如图 13-18 所示。

图 13-18　UHPC 接缝处理

3. 绿色环保与高效节能

养护阶段覆盖塑料薄膜与湿土工布，减少水分蒸发，降低养护能耗。

施工周期短（UHPC 终凝时间为 15~16 h，拆模时间为 24~36 h），缩短工期，减少交通封闭影响。

13.6.3 应用成效

1. 质量提升

钢桥面与 UHPC 层结合紧密，无空鼓、开裂现象，环氧防水层与沥青铺装层附着力达标率 100%。

竣工项目经检测，UHPC 层平整度误差≤2 mm，满足高等级路面要求。

2. 经济效益显著

与传统混凝土相比，UHPC 层厚度减少 50%，材料用量降低，综合成本节约 20%左右。结构寿命延长至 50 年以上，全生命周期成本降低 30%。

3. 社会效益突出

快速开放交通（施工后 24 h 可通行），减少对城市交通的干扰。

技术适用于大跨径桥梁、重载道路等场景，助力基建高质量发展。

13.6.4 推广建议

（1）加强技术培训。

组织专项培训，重点讲解 UHPC 配比、振捣工艺及养护要点，提升施工人员技能水平。

（2）优化设备配置。

推广使用自动化布料机、抛丸设备及智能养护系统，提高施工效率与一致性。

（3）建立标准体系。

编制 UHPC 施工技术规范与验收标准，推动行业标准化应用。

（4）示范工程引领。

选取典型项目作为示范工程，通过现场观摩与数据对比，增强市场认可度。

UHPC 施工技术通过材料创新与工艺革新，实现了工程质量的飞跃式提升，兼具经济性与环保性，是未来桥梁与道路建设的优选方案。未来需进一步深化技术研究，扩大应用场景，推动我国基础设施建设迈向更高水平。

13.7 红砂岩粗集料在高速公路水稳基层中的应用

13.7.1 技术概述

红砂岩粗集料作为一种区域性天然材料，具有分布广、易开采、成本低等特点，其在高速公路水稳基层中的应用通过科学配比与工艺优化，替代传统石灰岩、玄武岩等集料，实现了资源本地化利用与工程成本节约。云南省 S35 永金高速永仁至大姚段试验段采用红砂岩粗集料（粒径 5~31.5 mm）结合水泥稳定技术，形成高强度、抗裂性良好的水稳基层结构，适用于山区、丘陵等交通受限区域。试验段设计厚度 34 cm（分两层铺筑），通过标准化施工流程与精细化控制，验证了红砂岩粗集料的技术可行性与经济性。

13.7.2 技术优势与创新点

1. 资源经济性突出

就地取材：红砂岩无须外运，减少运输成本 30%~40%，每公里水稳基层节约成本约 15 万元。

材料成本低：单价较石灰岩降低 20%~30%，综合施工成本节约 15%~20%。

2. 性能适应性优化

力学性能：红砂岩压碎值≤25%，混合料 7 d 无侧限抗压强度≥4.0 MPa（实测 4.1 MPa），满足规范要求。

抗裂性提升：通过掺加 0.5%~1%聚丙烯纤维及悬浮密实型级配设计（粗、中、细集料比例 4∶3∶3），裂缝率≤0.3 m/100 m²。

水稳性保障：吸水率≤3%，冻融循环质量损失率≤5%，抗冲刷性能优异。

3. 绿色环保效益

减少传统石料开采对山体破坏，每万吨红砂岩利用减少 CO_2 排放约 120 t。废弃红砂岩资源化利用，助力矿区生态修复。

13.7.3 关键技术措施

1. 原料预处理与级配优化

红砂岩破碎后采用"水洗 + 自然晾晒"工艺，含泥量≤1.5%；掺加 10%~15%石灰岩细集料（0~5 mm）增强骨架密实性。

配合比设计：水泥掺量 4%~5%，最佳含水率 5%~6%，最大干密度≥2.3 g/cm³。

2. 施工工艺创新

摊铺控制：采用大功率摊铺机连续作业（松铺系数 1.3~1.35），螺旋布料器埋入混合料 2/3，防止离析。

碾压工艺：初压（静压 1 遍）+ 复压（振动压 5 遍）+ 终压（胶轮压 2 遍），压实度≥98%。

养生管理：覆盖土工布洒水养护 7 d，高温区辅以 90 ℃蒸养工艺，确保强度发展。

3. 质量全程监控

实时检测混合料级配、水泥剂量（EDTA 法）、7 d 无侧限抗压强度（≥4.0 MPa），确保施工一致性。

13.7.4 推广应用成效

（1）质量验证。

云南省 S35 永金高速永仁至大姚段：压实度≥98%，平整度误差≤8 mm，厚度偏差在 -8 mm 以内，完全满足规范要求。

（2）经济效益显著。

材料用量减少 30%，全生命周期成本降低 25%~30%。工期缩短 10%~15%（减少外购材料等待时间）。

（3）社会效益突出。

推动地方资源开发，带动红砂岩加工产业链发展，创造就业岗位。减少弃渣占地，助力"双碳"目标实现。

红砂岩粗集料在高速公路水稳基层中的应用，通过技术创新与资源整合，实现了"降本增效"与"绿色低碳"的双重目标。云南省 S35 永金高速试验段的成功实践，验证了其技术可行性与经济性。未来需加强长期性能监测与改性技术研究，推动其在山区公路、重载道路等场景下的广泛应用，为我国公路建设可持续发展提供新路径。

13.7.5 存在问题与解决对策

（1）红砂岩易风化。

对策：掺加硅烷偶联剂或表面改性处理，增强抗风化能力。

（2）高含水率地区碾压反弹。

对策：优化含水率控制（±0.5%偏差），采用高频低幅振动压路机。

（3）长期性能验证不足。

对策：建立长期监测机制，结合云南昌保高速等项目持续跟踪数据。

13.7.6 推广建议

（1）完善标准体系。

编制《红砂岩水稳基层施工技术规程》，明确材料标准、配比范围及验收指标。

（2）区域化试点示范。

在红砂岩资源丰富地区（如云南、湖南）建立示范工程，积累数据与经验。

（3）技术培训与设备升级。

开展红砂岩预处理、级配优化专项培训，推广高精度破碎筛分设备及智能养护系统。

（4）政策支持。

联合地方政府出台资源利用补贴政策，鼓励企业参与红砂岩综合利用。

13.8　山区高速公路边坡钻孔植播及抗侵蚀纤维生态修复综合技术

13.8.1　技术概述

"山区高速公路边坡钻孔植播及抗侵蚀纤维生态修复综合技术"是针对山区复杂地形、恶劣气候及传统生态修复技术不足而研发的创新解决方案。该技术通过钻孔植播、抗侵蚀纤维防护、微生物唤醒技术及喷射水泥土浅层加固等工艺，实现边坡生态修复与抗侵蚀的双重目标。核心原理包括：

钻孔植播：在边坡钻孔形成植生孔，结合活性基质与微生物群落，创造植物生长的必要条件。

抗侵蚀纤维（ECM）：通过纤维材料与土壤结合形成保护层，减少水分蒸发和侵蚀，增强坡面稳定性。

微生物根际技术：激活土壤休眠微生物，促进植物根系与土壤形成共生系统，提升抗逆性与生态自愈能力。

喷射水泥土浅层加固：利用水泥土浆封闭坡面裂缝，结合植物根系形成长期稳定结构。

该技术适用于高陡边坡、风化破碎坡面、季节性干旱及高寒区域，兼具生态修复与工程防护功能。

13.8.2 技术创新与优势

1. 技术突破

钻孔植播工艺：通过专利钻头（如 ZL201620475921.8）精准钻孔至常态化湿气层，植生孔分上下结构（上部保温保湿，下部调节水热），植物成活率提升至95%。

活性基质与微生物唤醒：基质内含益生菌群落，结合微生物蛋白唤醒技术，缩短植物成活期至7 d以内。

抗侵蚀纤维（ECM）：材料含硅藻土、白云石等成分，喷播后形成保水、抗冲刷保护层，减少养护成本50%以上。

喷射水泥土加固：取代传统锚杆框格梁，综合成本降低65%（从450元/m²降至140元/m²）。

2. 核心优势

资源高效：就地取材（风化砂土、红砂岩），减少外购材料运输成本30%~40%。

快速成坪：宿根植物（如葛藤、双荚决明）与灌木混植，4~5个月形成抗侵蚀地被层。

绿色低碳：无化学添加，材料可生物降解，碳排放较传统工艺减少40%。

13.8.3 推广应用成效

1. 云南省S35永金高速永仁至大姚段项目

云南省S35永金高速公路永仁至大姚段高速在路堑、路堤与隧道仰坡坡面采用本项创新技术直接经济效益：

（1）业主获取直接经济效益。施工总成本与总造价：完成约30万平方米钻孔植播施工，每平方米单价为45元；施工总成本约1 350万元，本项目总造价约1 960万元；业主获取直接经济效益610万元。

（2）部分路堑坡面因实施创新技术后，取消部分原设计圬工防护节约造价2 000万元以上。

（3）约 58 km 路基两侧绿化节省造价：传统绿化方案总造价约 3 000 万元，采用创新技术绿化总造价约 800 万元，节省造价约 2 200 万元。代表性路段钻孔植播创新技术绿化效果详见图 13-19。

图 13-19　代表性路段钻孔植播创新技术绿化效果

（4）推广应用直接经济效益。在边坡率缓于 1∶1 的风化破碎坡面采用"喷射水泥土钻孔植播植被修复浅层加固"取代锚杆框格梁，每 100 万平方米直接经济效益分析。喷射水泥土钻孔植播植被修复浅层加固综合单价 140 元，锚杆框格梁防护综合单价 450 元，则每 1 万平方米直接经济效益为（450 元 – 140 元）/平方米 × 100 万平方米 = 310 万元。

（5）生态效益。如果把本项技术引入全国实施国土绿化、矿山石场绿化、水土流失区域绿化、石漠化区域绿化以及各级公路特别是高速公路的在建与工后绿化，将产生的生态效益之大，不言而喻。

（6）社会效益。项目针对省委、省政府提出的绿美交通建设要求，结合项目实际情况及《绿美交通三年行动方案》要求，永大高速项目应用"山区高速公路边坡钻孔植播及抗侵蚀纤维生态修复综合技术"，取得了交通主管部门的认可，同时该技术获得了行业的推荐，成为了绿美交通的典型，如图 13-20 所示。

图 13-20　边坡实施效果

2. 其他推广案例

元蔓高速红河段：应用 24 万平方米，工期缩短 30%，坡面抗冲刷能力提升 60%。

宣富高速实验段：风化破碎坡面采用水泥土喷射 + 植播，综合成本降低 55%。

经济效益：

直接节约：每 1 万平方米替代传统圬工防护，节约造价 310 万元。

间接收益：减少后期维护费用 50%，延长边坡使用寿命至 20 年以上。

3. 种植阶段目标要求实际完成情况

项目通过山区高速公路边坡钻孔植播及抗侵蚀纤维生态修复综合技术实施要求的主要种植阶段性目标完成情况：

（1）实施方案植物的 50 d 成活期下降到了 7 d 以下。

（2）植物幼苗成活率达从 90% 以上增加到 95% ~ 99%。

（3）春夏季钻孔植播植物从 1 年进入开放式自然生长期下降到 4 ~ 5 个月，如图 13-21 所示。

图 13-21　某坡面 5 月份采用 60 ~ 80 cm 苗木种植，4 个月生长效果实景图

13.8.4　推广应用条件与前景

1. 推广应用的条件

如下成果的创造性与先进性是推广应用的条件：

（1）本项成果通过实践验证了如下各种创造性专利技术理论的正确性：

① 苗圃育苗过程中培育活性基质内部益生菌群落。

② 通过植生孔结构设计能够经济适用地创造符合植物生长的必要条件。

③ 采用专利钻头快速对植生孔实施精细化处治创造符合植物生长的必要条件。

④ 通过植物多样化的优势互补作用，将季节性速生而且具有宿根、再生能力的植物与常青观花叶灌木混植以后，将能够在坡面上快速、高效形成抗侵蚀地被结构层。

⑤ 在"风化破碎坡面"上，采取经济适用措施创造出具有初期加固、中期加固与持续永久性浅层加固作用的抗侵蚀生态修复结构。

（2）成果的先进性。

① 节省土壤原材料消耗：1 000 m^2 绿化面积钻孔植播消耗基质料约 18 m^3，与传统 5 cm 厚客土喷播绿化方法需要 50 m^3 土壤比，原材料消耗量与运力仅占 36%；与传统 30 cm 厚植生袋绿化方法需要 300 m^3 土壤比，原材料消耗量与运力仅占 6%。

② 施工不受季节性影响。在实施国土绿化、矿山石场绿化、水土流失区域绿化、石漠化区域绿化以及各级公路特别是高速公路的在建与工后绿化工作中具有良好的发展前景。

③ 有利于组织机械化、标准化、规模化、集约化施工。

④ 植生孔的结构设计符合植物生长条件，不仅植播成活率达98%，而且植物生长速度比传统种植方法快50%以上。

⑤ 由于在植生孔内创造了有利于植物生长的条件，从而较大程度地减少了植物生长期与缺陷责任期的浇水和维护频次，节约了用水和管养成本。

⑥ 施工成本单价与国外抗侵蚀纤维（ECM）绿化技术98元/m^2比较，钻孔植播施工成本单价为45元/m^2，只占46%。

⑦ 在缓于1∶1风化破碎坡面上实施"喷射水泥土钻孔植播植被修复浅层加固"创新技术综合造价少于140元/m^2，而且工艺简单、工期短、景观效果较好；传统锚杆（锚索）框格梁与植被修复综合造价约450元/m^2，而且工艺复杂、工期长、景观效果差。

2．推广应用的范围和前景

（1）新建与复绿高速公路复杂地形、地质条件下的高路堑边坡、陡峭地形坡面。

（2）大面积矿山与荒漠化国土坡面。

（3）季节性干旱、炎热、冰凌区域各种坡面。

（4）整体稳定，但坡面风化破碎，剥落严重导致雨季水土流失严重的坡面。

（5）高寒区域存在季节性冰积层冰凌的整体稳定坡面。

（6）如果把钻孔植播技术推广到种植经济林、名贵中草药材方面，则推广潜力更大。

（7）如果把风化破碎坡面实施"喷射水泥土钻孔植播植被修复浅层加固"创新技术推广到像金沙江及小江流域这样的水土流水区域，则在根治流域内山坡水土流失、快速提升坡面植被修复与良好自然景观生态效果方面一定能打造出世界级品牌。

（8）抗侵蚀纤维（ECM）防护为生物技术，其生产过程为蛋白质的培养过程，在节约能源方面其效果是不言而喻的，对环境的污染极其有限。而该项技术产生的蛋白质是植物体内的一种重要代谢产物，同时也参与了植物对外界环境的适应及抵御逆境的能力，可以帮助植物抵御干旱、低温、高温以及盐碱等逆境的影响。在后期生长过程中，形成稳定的绿色植被。该技术可以实现零排放和起到碳中和的作用。易绿生产品经国际权威机构检测评估确认其无害，产品能生物降解，不会对生态环境造成污染。该产品使用过程中无须添加任何化肥，避免对周围环境造成二次污染，做到了真正生态环保。

13.8.5　结　语

本技术通过材料创新、工艺革新与生态协同，实现了降本增效、绿色低碳、长效稳定的工程目标。未来需加强产学研合作，完善技术标准体系，推动其在国土绿化、矿山修复等领域的广泛应用，为我国生态文明建设与交通强国战略提供坚实支撑。

14 交能结合实施技术

14.1 综 述

14.1.1 项目建设意义

开发利用新能源是我国能源发展战略的重要组成部分，我国政府对此十分重视，并制定出"开发与节约并存，重视保护环境，合理配置资源，开发新能源，实现可持续发展的能源战略"的方针。并且，我国是世界上最大的煤炭生产国和消费国之一，也是少数几个以煤炭为主要能源的国家之一，能源将近46%由煤炭供给，这种过度依赖化石燃料的能源结构已经造成了很大的环境、经济和社会负面影响。因此，大力开发太阳能、风能、生物质能等可再生能源利用技术是保证我国能源供应安全和可持续发展的必然选择。以太阳能发电、风力发电、太阳能热水器、大型沼气工程为重点，以"设备国产化、产品标准化、产业规模化、市场规范化"为目标，加快可再生能源的开发。

项目所在的云南省楚雄州，要实现地区经济的可持续发展，可充分利用太阳能、地热、水力、旅游等潜在优势，加快产业结构调整，逐步提高科技含量，增进经济效益。太阳能是一种洁净可再生的一次能源。太阳能光伏发电是一种不消耗矿物质能源、不污染环境、建设周期短、建设规模灵活，具有良好的社会效益和经济效益的新能源项目。随着人们对环境保护意识的增强，以及国家有关部门对太阳能发电工程项目在政策方面的补贴政策，太阳能发电在我国得到了迅猛发展。云南省是我国太阳能资源丰富的地区，在我国太阳能分布中划为三类地区，光照充足、无日照时间短，适合大规模开发、安装太阳能光伏发电组件。太阳能发电在该地区具有较好的发展前景。因此，太阳能光伏发电可以与火电互补，起到改善电网能源结构的作用，而且能够带动地区的经济发展。

本工程最大化利用空余闲置空间安装光伏，光伏所发电能自发自用、余电上网，本工程的建设可以积累宝贵经验及统计数据，为后期需要在高速公路沿线建设光伏等项目提供一定的借鉴和指导作用。

14.1.2 工程任务及规模

本工程位于云南省楚雄州永大高速沿线。主要建设内容包含分布式光伏、小型风力发电机、储能设施、充电桩、综合能源能碳管理平台。

1. 分布式光伏

光伏主要分布于 K4+233 至 K44+701 高速沿线边坡、三潭服务区、宜就及赵家店养护工区、永仁监控分中心、永仁大桥观景台、格红停车场、地什苴加水站、宜就收费站、三潭匝道收费站、大姚东收费站、莲池收费站建筑屋面及光伏车棚棚顶，经计算，本项目光伏直流侧总计安装容量为 6.944 434 MW_p，交流侧容量为 4.73 MW。

2. 储　能

三潭服务区（左幅）、三潭服务区（右幅）、永仁大桥观景台（左幅）、永仁大桥观景台（右幅）新建储能，综合考虑各区域用电需求特效及新能源出力特性，分别布置 100 kW/214 kW·h、100 kW/214 kW·h、100 kW/214 kW·h、100 kW/214 kW·h（各光储项目储能小时数均为 2 h）的电化学储能项目。

3. 充电桩

三潭服务区（左幅）、三潭服务区（右幅）、永仁大桥观景台（左幅）、永仁大桥观景台（右幅）共设置 12 台 70 kW 双枪充电桩。

4. 小型风力发电机

三潭服务区（左幅）、三潭服务区（右幅）、永仁大桥观景台（左幅）、永仁大桥观景台（右幅）共设置 14 台 10 kW 小型风力发电机。

5. 综合能源能碳管理平台

建设智慧能源碳中和管理平台一体化系统，通过能源优化调度和智能运维等技术实现园区不同类型的能源高质量供应，以信息流驱动能量流，实现能源生产与使用的动态匹配，同时通过源-网-荷-储平台提供运维管控、协同控制、需求响应、能效分析、配售电服务、碳管理等多元化的能源综合服务业务。

14.1.3　效益分析

太阳能是可再生的清洁能源，其节能效益、环境效益和社会效益均十分显著。

太阳能是清洁的、可再生的能源，开发太阳能符合国家环保、节能政策。分布式光伏的开发建设可有效减少常规能源尤其是煤炭资源的消耗，保护生态环境，营造出山川秀美的旅游胜地。储能通过自身临时存储、释放光伏电能的特性，可以快速精准地储存电量，平缓短期的波动，消除最大负荷电量，使太阳能随时可用，是一项重要的、灵活的工具。因此，本综合能源项目可以减少化石资源的消耗，有利于缓解环境保护压力，实现经济与环境的协调发展，项目节能和环保效益显著。

永大高速综合能源项目的建设，将会对当地就业起到一定促进作用，分布式光伏的建设和维护需要各种技能和工种，包括安装人员、电气工程师、运维人员等。这为当地提供了更多就业机会，促进了经济增长，提升了人员技能水平。

综上所述，该工程项目的开发，不仅是该地区能源供应的有效补充，而且作为绿色电能，有利于缓解该地区电力工业的环境保护压力，促进地区经济的持续发展，对于带动地方经济快速发展将起到积极作用，项目社会效益显著。

14.2 项目重难点分析

14.2.1 高速边坡光伏施工重、难点及措施

（1）需要考虑光伏发电板块受风压等自然因素的影响，护坡光伏板支架安装工程的施工难度大。针对现场地形条件进行精细化光伏阵列布置，因地制宜，合理布置各类型的支架，保证设备安装。

（2）施工安全风险。高速公路是交通干线，行车安全至关重要。在施工过程中，施工人员会面临着很多施工风险，如高空作业风险、电气安全风险等，需要在施工中采用先进的安全防护设备，加强施工安全管理，提高施工安全意识，降低施工风险。通过采取防护措施，监督施工过程，减少安全事故的发生。同时做好安全交底与管理，坡地作业时机械要根据性能参数保证运行稳定，作业人员按要求佩戴安全防护用品，设置生命线，避免滑落摔伤。

14.2.2 光伏电池组件施工的重点难点及措施

（1）支架的安装：确保支架的牢固稳定，采用合适的固定方式，如打桩或钻孔固定，并进行严密的检查和调整。

（2）光伏电池组件的安装：注意光伏电池组件的平整度和牢固度，避免损坏和位移，采取适当的固定方式。

（3）电缆的敷设：保持电缆的整齐、平直，避免损坏和交叉干扰，采取适当的保护措施，如使用保护管或套管。

（4）连接器的接线：确保连接器的接线正确、牢固可靠，采用合适的接线方式，如扭接或焊接，并进行必要的防水处理。

14.2.3 屋面光伏支架施工的重点难点及措施

（1）屋面结构承载能力：确保屋面结构能够承受光伏支架和组件的重量，如果需要，可以进行结构强化或增加支撑措施。

（2）防水处理：在支架的安装过程中，要注意防水处理，使用橡胶垫片等材料进行防水，确保屋面的密封性和防水性能。

（3）支架的稳定性：在安装支架时，要注意调整和固定支架的位置和角度，确保其稳定性和可靠性，防止在风雨等恶劣天气条件下发生倾斜或脱落。

14.2.4 组串式逆变器安装的重点难点及措施

（1）重点难点：支架的焊接工艺是重点难点，需要确保焊接质量和连接的牢固性。

措施：合理选择焊接方法和焊接材料，进行焊接前的表面处理，严格控制焊接参数，确保焊接质量。

（2）重点难点：支架的安装位置选择和固定是重点难点，需要确保支架的稳固性和承载能力。

措施：根据设计要求和场地条件，选择适合的安装位置，使用合适的螺丝和固定方法，确保支架的稳固性和承载能力。

14.2.5 低压交流电缆施工重点难点及措施

（1）重点难点：电缆剥皮和连接是重点难点，需要确保剥皮和连接的质量和可靠性。

措施：使用合适的工具进行剥皮，确保剥皮的长度和质量符合要求。使用合格的电缆连接器进行连接，确保连接的牢固性和导电性能。

（2）重点难点：电缆的固定和保护是重点难点，需要确保电缆的稳固性和安全性。

措施：选择合适的固定装置，根据电缆的敷设位置和环境条件进行固定。使用绝缘胶带或电缆夹具对电缆进行保护，防止外力损坏和绝缘层破损。

14.2.6 防火隔板施工重点难点及措施

重点难点：隔板的安装和固定，以及封胶处理是施工中的重点难点，需要确保固定牢固和密封效果好。

措施：在安装过程中，使用专用的工具和螺栓进行固定，确保板与结构之间的间隙小并且密封良好。使用高质量的封胶材料，按照要求进行封胶处理。

14.2.7 接地热镀锌扁钢施工重难点及措施

重点难点：热镀锌扁钢的固定和焊接是施工中的重点难点，需要确保固定牢固和焊接质量良好。

措施：在固定过程中，使用适当的螺栓和固定件，确保热镀锌扁钢与接地位置的连接牢固可靠。在焊接过程中，使用合适的焊接设备和焊接材料，确保焊接接头的质量。

14.2.8 接地电缆施工重难点及措施

重点难点：接地电缆的敷设和固定，以及接地夹的安装和连接是施工中的重点难点，需要确保牢固可靠和良好接触。

措施：在敷设过程中，使用专用的工具和设备进行固定，确保接地电缆与地面或沟槽之间的接触良好。使用高质量的接地夹和接地装置，确保连接可靠。

14.2.9 垂直接地极施工重难点及措施

重点难点：钻孔和垂直接地极的安装是施工中的重点难点，需要确保钻孔准确无误，垂直接地极安装牢固。

措施：在钻孔过程中，使用合适的钻孔设备和工具，确保钻孔的深度和位置符合要求。在垂直接地极的安装过程中，使用适当的固定材料和工艺，确保垂直接地极的稳固和可靠。

14.2.10 发电子方阵系统调试重难点及措施

重点难点：发电子方阵系统调试中的重点难点包括系统参数的设置和校准、功能的测试和性能的评估。

措施：在调试过程中，严格按照设备的要求进行参数的设置和校准；使用专业的测试仪器和工具进行功能和性能的测试，确保测试结果准确可靠。

14.2.11 升压站变配电设备及安装工程施工重难点及措施

设备安装的重点难点可能包括设备的吊装、基础的施工和设备的接线等。针对这些难点，需要制定详细的施工计划和措施，确保安全和质量。

设备调试和测试的重点难点可能包括电气参数的测量和保护装置的调试。针对这些难点，需要使用合适的测试仪器和方法，并遵循相关的技术规范和标准。

14.2.12 10 kV 柱上变成套设备及并网项目 T 接处杆上设备施工重难点及措施

重点难点：10 kV 柱上变成套设备施工中的重点难点可能包括设备的安装位置确定、接线的正确连接、设备的调试和测试等。

措施：确保施工前进行详细的设计和方案制订，严格按照设计要求施工。在安装过程中，注意设备的安装位置和固定，进行仔细的接线和连接，确保接线端子的可靠性。在设备的调试和测试过程中，使用专业的测试仪器和设备，按照标准和规范进行测试，确保设备的正常运行和性能符合要求。

重点难点：设备的安装和接线是施工的重点难点，需要确保设备安装正确、接线可靠，以保证系统的安全运行。

措施：在施工过程中，严格按照设计要求和施工规范进行安装和接线，进行必要的检查和测试，确保设备安装和接线质量符合要求。

14.2.13 控制保护设备及安装工程施工重难点及措施

难点：设备的接线和连接是施工中的重点难点，需要确保接线的准确性和可靠性。

措施：在施工前，制订详细的接线图和接线方案，并进行严格的检查和测试，确保接线正确无误。

14.2.14 数据采集装置及上传施工重难点及措施

难点：数据上传的稳定性和准确性是施工中的重点难点，需要确保通信设备的稳定运行和数据上传的准确性。

措施：在施工前，制订详细的通信设备配置和数据上传方案，并进行严格的调试和测试，确保通信设备稳定运行和数据上传准确无误。

14.2.15 分布式户用光伏管理系统施工重难点及措施

重点难点：设备的选择和配置、数据的准确采集和传输、系统的稳定性和可靠性。

措施：在施工前进行充分的调研和技术评估，选择合适的设备和软件。在施工过程中，严格按照技术规范和操作要求进行安装和调试。针对难点问题，及时与供应商和技术人员进行沟通和解决。

14.2.16 环境检测仪施工重难点及措施

安装位置选择：选择合适的位置对于环境检测仪的准确性至关重要。需要考虑到风速传感器、风向传感器、日照辐射表和测温探头的安装位置，避免遮挡物和干扰因素。

连接稳固：确保传感器与数据采集设备的连接稳固可靠，避免信号丢失或干扰，影响数据采集的准确性。

14.3 主要分部分项施工方案

本工程土建工程及光伏阵列支架安装施工范围包括：支架设备基础、太阳能电池组件及箱变基础平台、太阳能电池组件设备安装、逆变器安装、电力电缆和光缆敷设、设备安装等。

土建工程施工方案应考虑有利于先后作业之间、土建与设备安装之间的协调均衡。在施工顺序上，前期以土建为主，安装配合预留、预埋，施工中后期应以安装为主，土建配合并为安装创造条件。

主要设备安装施工范围包括：光伏组件安装、逆变升压变配电设备安装及调试、集电线路安装及调试、开关站电气设备安装及调试等。

安装程序：施工准备—基础检查验收—设备检合—光伏支架安装—光伏组件安装—汇流箱安装—逆变器安装—电气设备安装—调试—验收。

本工程施工关键线路为：基础施工→光伏阵列支架安装→光伏阵列设备安装及调试、电缆敷设。

施工原则性方案：

（1）针对项目实际情况，合理组织交通运输，并指派专人组织协调，使施工各个阶段能做到交通方便，运输畅通；设备材料的堆放场地，应考虑运输途径合理，避免反向运输和二次搬运。

（2）充分利用现有道路，在道路两旁根据分区修建吊车停靠点，即吊车卸车不占用现有道路。吊车覆盖区域为设备堆场，设备随卸随运随安装。

（3）起重机械等在作业时所需的路径铺设，应充分尊重现场总体部署，并按相应等级要求铺设或超等级铺设。

（4）施工现场在进行支架施焊及其他点焊作业施工时，需设专人看护。

14.3.1 光伏电池组件施工

1. 施工准备

（1）确定施工场地：选择合适的场地进行光伏电池组件的安装，确保场地平整、无阻碍物，并具备良好的日照条件。

（2）准备施工材料和设备：准备光伏电池组件、支架、电缆、连接器等必要的施工材料和设备，确保其质量符合相关标准要求。

（3）安全措施：制订安全施工方案，确保施工过程中的安全，包括施工人员的安全防护、电气安全措施等。

2. 施工流程顺序

（1）场地勘测与准备：对施工场地进行勘测，确定光伏电池组件的布置方案，并清理场地，确保施工的顺利进行。

（2）安装支架：根据设计要求，安装支架，确保支架的牢固稳定。

（3）安装电缆：将电缆敷设在支架上，并连接好电缆的正负极。

（4）安装光伏电池组件：将光伏电池组件按照设计要求逐个安装在支架上，并连接好电缆。

（5）连接器接线：根据设计要求，通过连接器将光伏电池组件的电缆与逆变器或电网连接起来。

（6）系统调试与验收：对光伏电池组件进行系统调试，确保其正常运行，并进行验收。

3．具体施工步骤工艺

（1）场地勘测与准备：

① 对场地进行勘测，确定场地的大小、地势等情况。

② 根据勘测结果，制订光伏电池组件的布置方案。

③ 清理场地，确保场地平整、无阻碍物。

（2）安装支架：

① 根据设计要求，确定支架的位置和布置方式。

② 在支架的预定位置上进行地基的打桩或钻孔固定。

③ 安装支架的立柱和横梁，并确保其水平、垂直度符合要求。

④ 对支架进行牢固稳定的固定，确保其能够承受光伏电池组件的重量和风压。

（3）安装电缆：

① 在支架上预留好电缆敷设的通道。

② 将电缆从逆变器或电网的位置引至光伏电池组件的位置。

③ 进行电缆的敷设，保持电缆的整齐、平直，并注意防止电缆的损坏。

（4）安装光伏电池组件：

① 根据设计要求，确定光伏电池组件的布置方式和间距。

② 逐个安装光伏电池组件在支架上，确保其平整、牢固。

③ 连接好光伏电池组件的电缆，注意电缆的连接正确性和牢固性。

（5）连接器接线：

① 根据设计要求，选择合适的连接器进行接线。

② 将光伏电池组件的电缆与逆变器或电网的连接器进行连接，确保接线牢固可靠。

（6）系统调试与验收：

① 对光伏电池组件进行系统调试，确保其正常发电和运行。

② 进行验收，检查光伏电池组件的安装质量和性能是否符合要求。

14.3.2　屋面光伏支架施工

1．施工准备

（1）确定施工场地：选择合适的屋面进行光伏支架的安装，确保屋面结构能够承受光伏组件的重量，并且具备良好的日照条件。

（2）准备施工材料和设备：准备光伏支架、螺栓、角钢、橡胶垫片等必要的施工材料和设备，确保其质量符合相关标准要求。

（3）安全措施：制订安全施工方案，确保施工过程中的安全，包括施工人员的安全防护、防滑措施等。

2．施工流程顺序

（1）屋面清理：清理屋面，确保屋面表面干净平整，去除杂物和污垢，以便于支架的安装。

（2）定位和标线：根据光伏组件的布局和安装要求，在屋面上进行定位和标线，确定支架的位置和布置方式。

（3）安装支架：根据标线，在屋面上安装钢支架，确保支架的水平度和稳定性。使用螺栓和角铁固定支架，并使用橡胶垫片进行防水处理。

（4）安装支架连接件：根据支架的设计要求，安装支架连接件，确保支架的稳固连接和承载能力。

（5）调整和固定支架：调整支架的位置和角度，使其与光伏组件的布局和倾角相匹配。使用螺栓和角铁固定支架，确保其稳定性和可靠性。

（6）质量检查：对安装完成的支架进行质量检查，检查支架的水平度、垂直度和稳定性，确保其符合相关标准要求。

14.3.3　组串式逆变器安装

1．施工准备

（1）设备准备：准备所需的组串式逆变器、电缆、连接器、安装架等，并确保其质量符合相关标准要求。

（2）施工场地准备：选择适合安装逆变器的场地，确保场地平整、通风良好，并具备良好的散热条件。

（3）安全措施：制订安全施工方案，确保施工过程中的安全，包括施工人员的安全防护、电气设备的安全操作等。

2．施工流程顺序

（1）安装支架：根据设计要求，安装逆变器的支架，确保支架的牢固稳定。
（2）连接电缆：将逆变器与光伏组件之间的电缆连接起来，确保连接牢固可靠。
（3）安装逆变器：根据设计要求，将逆变器安装在支架上，并固定好。
（4）接线连接：根据逆变器的接线要求，将电缆与逆变器的接线端子连接起来。
（5）系统调试与验收：对逆变器进行系统调试，确保其正常运行，并进行验收。

3．具体施工步骤工艺

（1）安装支架：
① 根据设计要求安装逆变器的支架，确保支架的高度和倾角符合要求。
② 使用螺丝将支架固定在逆变器所在的位置，确保支架的稳定性。
（2）连接电缆：
① 将组串光伏电缆引入逆变器的安装位置，并确保电缆长度和连接端子的匹配。

② 根据设计要求，连接组串光伏电缆与逆变器的直流输入端子，确保连接牢固可靠。
（3）安装逆变器：
① 将逆变器安装在支架上，确保逆变器的位置和方向正确。
② 使用螺丝将逆变器固定在支架上，确保逆变器的稳定性。
（4）接线连接：
① 根据逆变器的接线要求，将直流输入端子和交流输出端子与电缆连接起来。
② 确保接线端子的紧固度和接触良好，避免接线松动或接触不良导致电流过载或故障。
（5）系统调试与验收：
① 对逆变器进行系统调试，包括输入电压、输出电压、输出功率等参数的检查和调整。
② 确保逆变器能够正常运行，并符合设计要求。
③ 进行逆变器的验收，包括性能测试、安全检查等。

14.3.4　逆变器钢支架安装

1. 施工准备

（1）设备准备：准备所需的逆变器钢支架材料，包括Q235B钢材和镀锌涂层，确保其质量符合相关标准要求。
（2）工具准备：准备所需的工具，包括切割工具、焊接设备、螺丝刀等，以便进行支架的切割、焊接和固定。
（3）施工场地准备：选择适合安装逆变器钢支架的场地，确保场地平整、通风良好，并具备良好的承重能力。

2. 施工流程顺序

（1）钢支架制作：根据设计要求，对Q235B钢材进行切割和加工，制作出逆变器钢支架的各个部件。
（2）钢支架组装：将制作好的钢支架部件进行组装，包括焊接和螺栓连接，确保支架的稳固性和承载能力。
（3）钢支架安装：根据设计要求和场地条件，按照放线位置预制和固定支座，将组装好的钢支架安装在逆变器的安装位置上，并固定好。

3. 具体施工步骤工艺

（1）钢支架制作：
① 根据设计图纸和要求，将Q235B钢材进行切割，制作出支架的各个部件，包括立柱、横梁、连接板等。
② 对切割好的钢材进行打磨和清洁处理，确保表面光滑和无杂质。
③ 对支架的各个部件进行定位和标记，以便后续的组装工作。
（2）钢支架组装：
① 根据设计要求，将支架的各个部件进行组装，包括焊接和螺栓连接。
② 使用焊接设备对支架的焊接部位进行焊接，确保焊接牢固可靠。
③ 对于螺栓连接的部分，使用螺丝刀将螺栓紧固，确保连接牢固。

（3）钢支架安装：

① 根据设计要求和场地条件，选择适合的位置安装钢支架。

② 使用螺丝将钢支架固定在安装位置上，确保支架的稳固性和承载能力。

14.3.5 光伏电缆集电线路施工

1．施工准备

（1）设备准备：准备所需的光伏电缆，根据需求选择规格为 $1\times 4\ mm^2$ 的直流光伏电缆，并确保其质量符合相关标准要求。

（2）工具准备：准备所需的工具，包括电缆剥线器、电缆夹具、电缆连接器、绝缘胶带等，以便进行电缆的剥皮、连接和固定。

（3）施工场地准备：选择适合布置光伏电缆的场地，确保场地平整、通风良好，并具备良好的敷设条件。

2．施工流程顺序

（1）线路布置规划：根据设计要求和现场条件，规划好光伏电缆的线路布置方案，包括线路走向、连接点和支架位置等。

（2）电缆敷设：根据布置方案，在支架或管道内敷设光伏电缆，确保电缆的整齐、紧凑和安全。

（3）电缆连接：对光伏电缆进行剥皮处理，使用电缆连接器将电缆连接到逆变器或其他电气设备上。

（4）电缆固定：使用绝缘胶带或电缆夹具将电缆固定在支架上，确保电缆的稳固和安全。

3．具体施工步骤工艺

（1）线路布置规划：

① 根据设计要求和现场条件，确定光伏电缆的线路走向和连接点。

② 在布置线路时，考虑电缆的长度和电流负载，合理安排支架或管道的位置，确保电缆的安全敷设。

（2）电缆敷设：

① 在支架或管道上，根据线路布置规划，逐段敷设光伏电缆。

② 在敷设电缆时，注意保持电缆的整齐和紧凑，避免电缆的过度弯曲或拉伸。

（3）电缆连接：

① 使用电缆剥线器，将光伏电缆的绝缘层剥离，露出足够的导体长度。

② 根据连接要求，使用电缆连接器将电缆连接到逆变器或其他电气设备上。

③ 确保连接牢固可靠，并使用绝缘胶带进行绝缘保护。

（4）电缆固定：

① 使用绝缘胶带或电缆夹具将电缆固定在支架上，确保电缆的稳固和安全。

② 在固定电缆时，注意避免损坏电缆绝缘层，确保固定点与电缆之间的接触良好。

14.3.6 低压交流电缆施工

1. 施工准备

（1）设备准备：准备所需的低压交流电缆，选择规格为 ZRC-YJV22-0.6/1.0 kV-3×10 mm² 的电缆，并确保其质量符合相关标准要求。

（2）工具准备：准备所需的工具，包括电缆剥皮工具、电缆夹具、电缆连接器、绝缘胶带等，以便进行电缆的剥皮、连接和固定。

（3）施工场地准备：选择适合敷设电缆的场地，确保场地平整、通风良好，并具备良好的敷设条件。

2. 施工流程顺序

（1）测量和标记：根据设计要求，测量电缆敷设的路径和长度，并在敷设路径上进行标记，以便后续的电缆敷设工作。

（2）剥皮和连接：使用电缆剥皮工具剥去电缆两端的绝缘层，然后根据需要进行电缆的连接，使用电缆连接器进行连接。

（3）固定和保护：将连接好的电缆固定到支架或墙壁上，使用绝缘胶带或电缆夹具进行固定，并确保电缆的保护措施到位。

3. 具体施工步骤工艺

（1）测量和标记：
① 根据设计要求，使用测量工具测量电缆敷设的路径和长度。
② 在敷设路径上进行标记，使用标记工具标记出电缆的敷设位置和方向。

（2）剥皮和连接：
① 使用电缆剥皮工具，按照标记的位置剥去电缆两端的绝缘层。
② 根据需要进行电缆的连接，使用电缆连接器将电缆连接好。

（3）固定和保护：
① 将连接好的电缆固定到支架或墙壁上，使用合适的固定装置，确保电缆的稳固性。
② 使用绝缘胶带或电缆夹具对电缆进行保护，确保电缆不受外力损坏。

14.3.7 防火堵料施工

1. 施工准备

在进行防火堵料施工前，需进行以下准备工作：

（1）确定施工区域和需要进行防火堵塞的位置。

（2）准备所需的施工材料和工具，包括有机防火堵料、无机防火堵料、刷子、刮刀、清洁工具等。

（3）检查防火堵料的质量和规格是否符合要求。

（4）清理施工区域，确保施工场地整洁、安全。

2. 施工流程顺序

按照以下顺序进行防火堵料的施工：

（1）确定需要进行防火堵塞的位置和尺寸。
（2）进行现场清洁，将施工区域清理干净。
（3）进行有机防火堵料或无机防火堵料的施工。
（4）进行防火堵料的固化和检查。

3. 具体施工步骤工艺

以下是防火堵料施工的具体步骤工艺：
（1）根据设计要求，在需要进行防火堵塞的位置进行标记。
（2）清理施工区域，确保无灰尘、油污等杂物。
（3）根据需要选择有机防火堵料或无机防火堵料。
（4）使用刷子或刮刀将防火堵料均匀涂覆到需要堵塞的位置上。
（5）确保防火堵料的厚度和均匀性，确保堵塞效果。
（6）根据防火堵料的要求，进行固化和干燥。
（7）进行堵塞部位的检查，确保防火堵料的质量和效果。

4. 施工工艺的重点难点及措施

防火堵料的选择：根据实际情况选择合适的有机防火堵料或无机防火堵料，确保其性能和效果符合要求。

防火堵料的施工均匀性：使用刷子或刮刀施工，确保防火堵料的厚度和均匀性，避免出现漏堵或堵塞不均匀的情况。

防火堵料的固化和干燥：根据防火堵料的要求，进行固化和干燥，确保堵塞部位的稳固性和耐火性。

14.3.8 防火隔板施工

1. 施工准备

在进行防火隔板施工前，需进行以下准备工作：
（1）确定施工区域和需要安装防火隔板的位置。
（2）准备所需的施工材料和工具，包括防火隔板、螺栓、封胶、刷子、刮刀、清洁工具等。
（3）检查防火隔板的质量和规格是否符合要求。
（4）清理施工区域，确保安装位置干净、无灰尘和杂物。

2. 施工流程顺序

按照以下顺序进行防火隔板的施工：
（1）确定需要安装防火隔板的位置和尺寸。
（2）进行现场清洁，将施工区域清理干净。
（3）进行防火隔板的安装和固定。
（4）进行防火隔板的封胶处理。
（5）进行隔板的涂装。

3. 具体施工步骤工艺

以下是防火隔板施工的具体步骤工艺：
（1）根据设计要求，在需要安装防火隔板的位置进行标记。
（2）清理施工区域，确保无灰尘、油污等杂物。
（3）将防火隔板放置在安装位置上，使用螺栓进行固定。
（4）使用封胶将隔板与周围结构进行密封，确保隔板的防火性能。
（5）对隔板进行涂装处理，增加其耐火性能和美观度。

14.3.9　接地热镀锌扁钢施工

1. 施工准备

在进行接地热镀锌扁钢的施工前，需进行以下准备工作：
（1）确定接地位置和需要使用的热镀锌扁钢规格。
（2）准备所需的施工材料和工具，包括热镀锌扁钢、接地夹、螺栓、焊接设备、刷子、刮刀、清洁工具等。
（3）检查热镀锌扁钢的质量和规格是否符合要求。
（4）清理施工区域，确保接地位置干净、无灰尘和杂物。

2. 施工流程顺序

按照以下顺序进行接地热镀锌扁钢的施工：
（1）确定接地位置和长度，进行标记。
（2）清理接地位置，确保无灰尘、油污等杂物。
（3）进行热镀锌扁钢的切割和加工。
（4）进行热镀锌扁钢的固定和焊接。
（5）进行接地夹的安装和连接。
（6）进行接地系统的测试和调试。

3. 具体施工步骤工艺

以下是接地热镀锌扁钢施工的具体步骤工艺：
（1）根据设计要求，在接地位置进行标记。
（2）清理接地位置，去除灰尘、油污等杂物。
（3）根据需要的长度，将热镀锌扁钢进行切割和加工。
（4）将热镀锌扁钢固定在接地位置，使用螺栓进行固定，并进行焊接处理。
（5）安装接地夹，确保与热镀锌扁钢的连接牢固可靠。
（6）进行接地系统的测试和调试，确保接地效果符合要求。

14.3.10　接地电缆施工

1. 施工准备

在进行接地电缆的施工前，需进行以下准备工作：

（1）确定接地位置和需要使用的接地电缆规格。
（2）准备所需的施工材料和工具，包括接地电缆、接地夹、接地极、接地装置、接地测试仪等。
（3）检查接地电缆的质量和规格是否符合要求。
（4）清理施工区域，确保安装位置干净、无灰尘和杂物。

2．施工流程顺序

按照以下顺序进行接地电缆的施工：
（1）确定需要进行接地的位置和尺寸。
（2）进行现场清洁，将施工区域清理干净。
（3）进行接地电缆的敷设和固定。
（4）进行接地夹的安装和连接。
（5）进行接地装置的安装和调试。

3．具体施工步骤工艺

以下是接地电缆施工的具体步骤工艺：
（1）根据设计要求，在需要进行接地的位置进行标记。
（2）清理施工区域，确保无灰尘、油污等杂物。
（3）将接地电缆敷设在地下或沟槽中，按照要求进行固定。
（4）安装接地夹，确保夹紧接地电缆并与接地极良好接触。
（5）安装接地装置，包括接地极和接地测试仪等，进行调试和测试。

14.3.11 垂直接地极施工

1．施工准备

在进行垂直接地极的施工前，需进行以下准备工作：
（1）确定接地位置和需要使用的垂直接地极规格。
（2）准备所需的施工材料和工具，包括垂直接地极、接地电缆、接地夹、钻孔设备、水泥、砂浆等。
（3）检查垂直接地极的质量和规格是否符合要求。
（4）清理施工区域，确保安装位置干净、无灰尘和杂物。

2．施工流程顺序

按照以下顺序进行垂直接地极的施工：
（1）确定需要进行接地的位置和尺寸。
（2）进行现场清洁，将施工区域清理干净。
（3）进行钻孔，将垂直接地极安装到地下。
（4）进行接地电缆的连接和固定。
（5）进行接地夹的安装和连接。
（6）进行接地系统的测试和调试。

3. 具体施工步骤工艺

以下是垂直接地极施工的具体步骤工艺：
（1）根据设计要求，在需要进行接地的位置进行标记。
（2）清理施工区域，确保无灰尘、油污等杂物。
（3）使用钻孔设备进行钻孔，将垂直接地极安装到地下，确保深度和位置符合要求。
（4）进行接地电缆的连接和固定，确保与垂直接地极良好接触。
（5）安装接地夹，确保夹紧接地电缆并与其他接地设施良好接触。
（6）进行接地系统的测试和调试，确保接地效果符合要求。

14.3.12　发电子方阵系统调试

1. 施工准备

在进行发电子方阵系统调试前，需进行以下准备工作：
（1）确定系统调试的范围和目标。
（2）准备所需的调试设备和工具，包括测试仪器、计算机、数据记录仪等。
（3）确保系统的安全性，包括检查电源和接地情况。
（4）熟悉系统的工作原理和调试流程。

2. 施工流程顺序

按照以下顺序进行发电子方阵系统的调试：
（1）确定调试的起点和终点，制订调试计划。
（2）进行系统的初步检查，包括检查电源、接线和设备的连接情况。
（3）进行系统的功能测试，确保各个部件和模块正常工作。
（4）进行系统的参数设置和校准，包括电压、电流、频率等参数的调整。
（5）进行系统的性能测试，包括负载能力、稳定性、效率等方面的测试。
（6）进行系统的安全测试，确保系统在各种异常情况下能够正常工作。

3. 具体施工步骤工艺

以下是发电子方阵系统调试的具体步骤工艺：
（1）进行设备的连接和接线，确保各个部件和模块之间的连接正确可靠。
（2）对系统进行初步的开机测试，检查设备是否正常启动和运行。
（3）使用测试仪器对系统的各项参数进行测量和记录。
（4）根据设备的要求进行参数设置和校准，确保系统工作在正常的工作范围内。
（5）对系统的各项功能进行测试，包括并网、并离网、电池充放电等功能。
（6）进行系统的安全测试，包括故障保护、过载保护等方面的测试。

14.3.13　发电场电气整套启动调试

1. 施工准备

在进行发电场电气整套启动调试前，需进行以下准备工作：

（1）确定调试的范围和目标，包括启动发电机、开关设备、保护装置等。
（2）准备所需的调试设备和工具，包括测试仪器、计算机、通信设备等。
（3）检查发电机和电气设备的安装情况，确保符合要求。
（4）准备调试所需的文档和资料，包括电气图纸、接线图、设备参数等。
（5）确保调试人员具备相关的技术知识和经验。

2．施工流程顺序

按照以下顺序进行发电场电气整套启动调试：
（1）检查发电机和电气设备的接线情况，确保正确连接。
（2）进行设备的初次启动，包括发电机的冷态试运行和预热。
（3）逐步启动各个电气设备，包括开关设备、保护装置等。
（4）进行设备的功能测试和参数调整，确保各项功能正常运行。
（5）进行系统的联动测试，包括发电机与开关设备、保护装置的联动。
（6）进行系统的负荷试验，逐步增加负荷，测试系统的稳定性和可靠性。
（7）进行系统的故障恢复测试，模拟故障情况，测试保护装置的响应和恢复能力。

3．具体施工步骤工艺

以下是发电场电气整套启动调试的具体步骤工艺：
（1）检查发电机和电气设备的接线情况，确保符合电气图纸和接线图的要求。
（2）对发电机进行冷态试运行和预热，确保发电机的运行条件和参数符合要求。
（3）逐步启动开关设备和保护装置，按照指定的顺序进行启动，确保设备的正常运行。
（4）对各个设备进行功能测试，包括开关设备的分合闸、保护装置的动作等。
（5）对设备的参数进行调整，根据实际情况进行调整，确保设备的性能符合要求。
（6）进行系统的联动测试，包括发电机与开关设备、保护装置的联动操作和响应。
（7）逐步增加负荷，进行系统的负荷试验，测试系统的稳定性和可靠性。
（8）模拟故障情况，测试保护装置的响应和恢复能力，确保系统的安全性和可靠性。

14.3.14 升压站变配电设备及安装工程施工

1．施工准备

（1）确定升压站的设计要求和负荷需求。
（2）进行场地勘察和测量，评估土地条件和环境要求。
（3）确定变配电设备的选型和规格，包括变压器、开关设备、保护装置等。
（4）准备所需的施工材料和工具，包括电缆、接线端子、螺栓等。
（5）制定施工计划和安全措施，确保施工过程安全可靠。

2．施工流程顺序

（1）进行场地平整和基础施工，包括土方工程、基础浇筑等。
（2）安装变压器和开关设备，确保设备的正确安装和固定。
（3）进行设备的接线和连接，包括电缆敷设、接线端子的安装等。

（4）进行设备的调试和测试，确保设备的正常运行和性能符合要求。

（5）安装和调试保护装置，包括差动保护、过流保护等。

（6）进行系统的试运行和调整，确保系统的稳定性和可靠性。

3. 具体施工步骤工艺

具体的施工步骤工艺将根据项目的具体要求和设备的特点而有所不同。以下是一个基本的施工步骤工艺：

（1）进行设备的验收和检查，确保设备符合质量要求和技术规范。

（2）进行设备的安装和固定，包括变压器的吊装和基础的浇筑。

（3）进行设备的接线和连接，包括电缆的敷设和接线端子的安装。

（4）进行设备的调试和测试，包括电气参数的测量和功能测试。

（5）安装和调试保护装置，确保保护装置的正常运行。

（6）进行系统的试运行和调整，包括负荷切换和系统的稳定性测试。

14.3.15　10 kV柱上变成套设备施工方案

1. 施工准备

（1）确定10 kV柱上变成套设备的设计要求和负荷需求。

（2）进行现场勘察和测量，评估场地条件和环境要求。

（3）确定变压器、熔断器、避雷器、低压综合配电箱、无功补偿单元等设备的选型和规格。

（4）准备所需的施工材料和工具，包括电缆、接线端子、螺栓等。

（5）制定施工计划和安全措施，确保施工过程安全可靠。

2. 施工流程顺序

（1）进行现场准备工作，包括场地平整、基础施工等。

（2）安装10 kV柱上变成套设备，包括变压器、熔断器、避雷器等。

（3）进行设备的接线和连接，包括电缆敷设、接线端子的安装等。

（4）安装低压综合配电箱和无功补偿单元，确保设备的正确安装和固定。

（5）进行设备的调试和测试，确保设备的正常运行和性能符合要求。

（6）进行系统的试运行和调整，确保系统的稳定性和可靠性。

3. 具体施工步骤工艺

以下是10 kV柱上变成套设备施工的具体步骤工艺：

（1）进行场地准备工作，包括清理场地、平整土地等。

（2）安装变压器，确保变压器的正确安装和固定。

（3）安装熔断器和避雷器，确保设备的正确安装和接地。

（4）进行设备的接线和连接，包括电缆敷设、接线端子的安装等。

（5）安装低压综合配电箱，包括配电箱的安装和接线。

（6）安装无功补偿单元，包括无功补偿装置的安装和接线。

（7）进行设备的调试和测试，包括变压器的耐压试验、保护装置的功能测试等。
（8）进行系统的试运行和调整，包括变压器的负载试验、无功补偿的调节等。

14.3.16　10 kV 并网项目 T 接处杆上设备施工方案

1. 施工准备

在开始施工之前，需要进行以下准备工作：
（1）确定 10 kV 并网项目 T 接处杆上设备的设计要求和负荷需求。
（2）进行现场勘察和测量，评估场地条件和环境要求。
（3）根据设计要求选择合适的设备，包括断路器、避雷器等。
（4）准备所需的施工材料和工具，包括电缆、接线端子、螺栓等。
（5）制定施工计划和安全措施，确保施工过程安全可靠。

2. 施工流程顺序

按照以下流程施工：
（1）进行现场准备工作，包括场地平整、基础施工等。
（2）安装 T 接处杆上设备，包括断路器、避雷器等。
（3）确保设备的正确安装和固定。
（4）进行设备的接线和连接，包括电缆敷设、接线端子的安装等。
（5）进行设备的调试和测试，确保设备的正常运行和性能符合要求。
（6）进行系统的试运行和调整，确保系统的稳定性和可靠性。

3. 具体施工步骤工艺

以下是 10 kV 并网项目 T 接处杆上设备施工的具体步骤工艺：
（1）进行场地准备工作，包括清理场地、平整土地等。
（2）安装断路器，确保断路器的正确安装和固定。
（3）安装避雷器，确保设备的正确安装和接地。
（4）进行设备的接线和连接，包括电缆敷设、接线端子的安装等。
（5）进行设备的调试和测试，包括断路器的耐压试验、保护装置的功能测试等。
（6）进行系统的试运行和调整，包括与其他设备的协调运行测试等。

14.3.17　控制保护设备及监控系统设备安装施工方案

1. 施工准备

在开始施工之前，需要进行以下准备工作：
（1）确定 10 kV 分布式光伏并网装置的设计要求和功能需求。
（2）根据设计要求选择合适的监控系统设备，包括 10 kV 过流保护装置、安全自动装置、测控装置、电能质量在线监测装置、防孤岛保护装置、纵向加密等。
（3）进行现场勘察和测量，评估场地条件和安装空间。
（4）准备所需的施工材料和工具，包括电缆、接线端子、螺栓等。
（5）制定施工计划和安全措施，确保施工过程安全可靠。

2. 施工流程顺序

按照以下流程施工：

（1）进行现场准备工作，包括场地清理、基础施工等。

（2）安装监控系统设备，包括 10 kV 过流保护装置、安全自动装置、测控装置、电能质量在线监测装置、防孤岛保护装置、纵向加密等。

（3）确保设备的正确安装和固定。

（4）进行设备的接线和连接，包括电缆敷设、接线端子的安装等。

（5）进行设备的调试和测试，确保设备的正常运行和性能符合要求。

（6）进行系统的试运行和调整，确保系统的稳定性和可靠性。

3. 具体施工步骤工艺

以下是具体的施工步骤工艺：

（1）进行设备的验收和检查，确保设备符合质量要求和技术规范。

（2）安装 10 kV 过流保护装置，包括安装在主电路上的过流保护装置和分支电路上的过流保护装置。

（3）安装安全自动装置，包括安装在主控制柜上的自动装置和分支控制柜上的自动装置。

（4）安装测控装置，包括安装在逆变器和集中式监控系统上的测控装置。

（5）安装电能质量在线监测装置，用于监测电能质量参数，如电压、电流、功率因数等。

（6）安装防孤岛保护装置，确保并网装置与电网的正常连接和运行。

（7）进行纵向加密，保护监控系统的数据传输安全。

14.3.18　数据采集装置及上传

1. 施工准备

在开始施工之前，需要进行以下准备工作：

（1）确定数据采集装置及上传的设计要求和功能需求。

（2）根据设计要求选择合适的数据采集装置和通信设备，包括 4G 无线全网通终端和 GPRS（通用分组无线业务）无线红外抄表器。

（3）进行现场勘察和测量，评估场地条件和安装空间。

（4）准备所需的施工材料和工具，包括电缆、接线端子、螺栓等。

（5）制定施工计划和安全措施，确保施工过程安全可靠。

2. 施工流程顺序

按照以下流程施工：

（1）进行现场准备工作，包括场地清理、基础施工等。

（2）安装数据采集装置和通信设备，包括 4G 无线全网通终端和 GPRS 无线红外抄表器。

（3）确保设备的正确安装和固定。

（4）进行设备的接线和连接，包括电缆敷设、接线端子的安装等。

（5）进行设备的调试和测试，确保设备的正常运行和通信功能正常。

（6）进行数据上传配置和测试，确保数据能够准确上传至省集控中心。

3. 具体施工步骤工艺

以下是具体的施工步骤工艺：
（1）进行设备的验收和检查，确保设备符合质量要求和技术规范。
（2）进行设备的安装和固定，包括设备的支架安装和固定螺栓的紧固。
（3）进行设备的接线和连接，包括电缆的敷设和接线端子的安装。
（4）进行设备的调试和测试，包括通信设备的参数设置和通信功能的测试。
（5）进行数据上传配置和测试，包括配置数据上传的参数和测试数据上传的准确性。

14.3.19　分布式户用光伏管理系统施工方案

1. 施工准备

在开始施工之前，需要进行以下准备工作：
（1）确定分布式户用光伏管理系统的设计要求和功能需求。
（2）根据设计要求选择合适的管理系统设备和软件，包括数据采集装置、数据传输设备、监控软件等。
（3）进行现场勘察和测量，评估安装空间和接入条件。
（4）准备所需的施工材料和工具，包括电缆、接线端子、螺栓、计量设备等。
（5）制定施工计划和安全措施，确保施工过程安全可靠。

2. 施工流程顺序

按照以下流程施工：
（1）进行现场准备工作，包括场地清理、基础施工等。
（2）安装数据采集装置，包括选择合适的采集设备和传感器，并进行正确的安装和接线。
（3）安装数据传输设备，包括选择合适的通信设备和网络设备，并进行正确的装和配置。
（4）安装监控软件，包括选择合适的管理软件和数据库，并进行正确的安装和设置。
（5）进行系统的调试和测试，确保设备的正常运行和数据的准确采集传输。
（6）进行系统的试运行和调整，确保系统的稳定性和可靠性。

3. 具体施工步骤工艺

以下是具体的施工步骤工艺：
（1）进行设备的验收和检查，确保设备符合质量要求和技术规范。
（2）安装数据采集装置，包括选择合适的采集设备和传感器，并进行正确的安装和接线。
（3）安装数据传输设备，包括选择合适的通信设备和网络设备，并进行正确的安装和配置。
（4）安装监控软件，包括选择合适的管理软件和数据库，并进行正确的安装和设置。
（5）进行系统的调试和测试，确保设备的正常运行和数据的准确采集传输。
（6）进行系统的试运行和调整，确保系统的稳定性和可靠性。

14.3.20　充电桩及储能设备安装

设备安装与接线：主要包括电缆的连接、接地网安装等。施工过程中，遵循电气设备安装规范，确保电气连接的准确性和安全性。

质量检查与安全验收：施工完成后，将进行全面检查与测试，确保充电桩的性能和质量达标。进行安全验收，确保施工现场的安全。

在施工过程中，采取先进的施工技术和管理方法，确保施工进度和质量。我们特别注意以下几点：一是加强施工现场的安全管理，防止发生安全事故；二是严格按照施工图纸和技术标准施工，确保工程质量；三是合理安排施工进度，确保工程按时完成；四是加强与其他部门的沟通协调，确保施工的顺利进行。

14.3.21　环境检测仪施工方案

1. 施工准备

在开始施工之前，需要进行以下准备工作：
（1）确定环境检测仪的设计要求和功能需求。
（2）根据设计要求选择合适的风速传感器、风向传感器、日照辐射表和测温探头。
（3）准备施工所需的工具和设备，包括螺丝刀、扳手、电缆等。
（4）确定环境检测仪的安装位置，考虑到环境因素和数据采集的准确性。

2. 施工流程顺序

根据施工准备的工作，按照以下流程进行环境检测仪的安装：
（1）确定风速传感器的安装位置，通常选择在高处，远离遮挡物，以保证测量的准确性。使用螺丝将风速传感器固定在适当的位置。
（2）安装风向传感器，通常选择在高处，远离遮挡物，并确保传感器的方向正确。使用螺丝将风向传感器固定在适当的位置。
（3）安装日照辐射表，选择一个能够接收充分日照的位置，并确保传感器的朝向正确。使用螺丝将日照辐射表固定在适当的位置。
（4）安装测温探头，选择一个能够准确反映环境温度的位置，避免阳光直射和其他干扰因素。使用螺丝将测温探头固定在适当的位置。

3. 具体施工步骤工艺

风速传感器安装：根据风速传感器的安装要求，选择合适的位置，使用螺丝将传感器固定在适当的位置，并确保与数据采集设备的连接稳固。

风向传感器安装：根据风向传感器的安装要求，选择合适的位置，使用螺丝将传感器固定在适当的位置，并确保与数据采集设备的连接稳固。

日照辐射表安装：根据日照辐射表的安装要求，选择合适的位置，使用螺丝将辐射表固定在适当的位置，并确保与数据采集设备的连接稳固。

测温探头安装：根据测温探头的安装要求，选择合适的位置，使用螺丝将探头固定在适当的位置，并确保与数据采集设备的连接稳固。

14.3.22 光伏车棚

主结构（框架梁、柱）均采用现行国家标准《低合金高强度结构钢》（GB/T 1591—2018）中规定的 Q355B 钢；钢材应具有抗拉强度，伸长率，屈服强度和硫、磷含量的合格保证，对焊接结构尚应具有碳含量的合格保证，焊接承重结构以及重要的非焊接承重结构采用的钢材还应具有冷弯试验的合格保证。抗震结构的钢材还应符合以下条件：

（1）钢材的屈服强度实测值与抗拉强度实测值的比值不应大于 0.84。
（2）钢材应有明显的屈服台阶，且伸长率不应小于 20%。
（3）钢材应有良好的焊接性和合格的冲击韧性。

组合箱形柱构造及制造见补充设计总说明。

1. 钢结构的焊接要求

组合 H 型钢腹板与翼缘的角焊缝采用埋弧自动焊或气体保护焊，双边沿长度方向满焊，不得单边焊接。

未注明的焊缝为角焊缝，沿长度方向一律满焊，焊缝高度：当板厚 $t<6$ mm 时 $h_f = t$ 且 $h_f > 4$ mm，当板厚 $t > 6$ mm 时，$h_f = t - 2$，所有角焊缝高度 h_f 均应满足 $1.4t_2h_f \leqslant 1.2t_1$（$t_1$ 为较薄板件厚度，t_2 为较厚板件厚度）。

2. 二级焊缝（外观质量和无损检验均为二级）

（1）梁与柱刚接时，柱在梁翼缘上下各 400 mm 的节点范围内，柱翼缘与腹板间或箱型柱壁板间的连接焊缝，应采用坡口全熔透焊缝。
（2）上下柱的对接接头和柱拼接接头上下各 100 mm 范围内，工字型截面柱翼缘与腹板间及箱型截面柱角部壁板间的焊缝应采用全熔透焊缝；梁、柱刚接的梁翼缘连接及梁翼缘与柱隔板间的连接采用全熔透对接焊缝。
（3）梁、柱翼缘、腹板板件的对接和梁、柱翼缘板和端板的连接应采用坡口全熔透焊缝；
（4）上下柱拼接时应采用坡口全熔透焊缝，管柱柱内应设厚度不应小于 4 mm 衬管或衬板。
（5）矩形钢柱贯通式隔板间连接焊缝应采用坡口全熔透焊缝。
（6）构件的续长拼接也应采用全熔透对接焊缝。
（7）吊车梁所连柱牛腿的翼缘板与柱的连接。
（8）腹板和端板采用的等强角焊缝也按外观二级焊缝检验；其余为三级焊缝。

3. 高强度螺栓连接

在节点连接处构件接触面采用喷砂（丸）的方法处理，抗滑移系数：Q355 钢板间不小于 0.40；Q235 钢板间不小于 0.40。

安装前，应检验摩擦面抗滑移系数是否达到设计要求。当试验值低于设计值时，摩擦面需重新处理，直到达到设计要求。

高强度螺栓使用的扭矩扳手在使用前必须校正标定，使用后应校验。高强度螺栓拧紧后应进行检验。

高强螺栓连接范围内，连接板接合面须将浮锈除去，绝对不能涂漆，该处须在高强螺栓终拧后补涂漆。

4. 防腐涂装及措施

钢结构涂装前应对构件表面进行处理，采用的涂料、钢材表面的除锈等级以及防腐蚀对钢结构的构造要求等，应符合现行国家标准《涂覆涂料前钢材表面处理表面清洁度的目视评定》（GB 8923）系列标准的规定。

钢构件基层处理方法：喷砂或抛丸，除锈等级不低于 Sa2 级。

（1）涂装技术要求：

钢结构防腐蚀保护层设计使用年限为 4~10 年，钢结构的防锈涂装应在出厂前制作质量检验后执行，钢材除锈处理后，涂环氧富锌底漆两道［满足《富锌底漆》（HG/T 3668），Ⅱ型 2 类，体积固含量≥64%］，干膜厚度≥80 μm，再涂环氧连接漆一道，干膜厚度≥60 μm，再涂丙烯酸聚氨酯面漆两道，干膜厚度≥60 μm。

（2）下列部位禁止涂漆：

① 高强度螺栓连接的摩擦接触面。

② 工地焊接部位及两侧 100 mm，但此部位需进行不影响焊接的除锈处理。

③ 插入式固接柱脚（其埋入混凝土的钢构件表面）。

檩条、墙梁均应采用热浸镀锌处理，其镀锌量不小于 274 g/m^2（双面镀锌量）。

钢构安装完毕后，应对工地焊接部位、紧固件以及涂装受损的部位进行补刷，高强螺栓连接部位的涂装，须在终拧后进行。

柱脚在地面以下的部分以及楼层卫生间等潮湿环境处的钢柱应采用 C15 混凝土包裹保护层厚度不小于 40 mm，包裹混凝土高出楼、地面不小于 140 mm。

当柱脚底面在地面以上时柱脚底面应高出地面以上不小于 100 mm。

5. 防火涂装及措施

钢结构的防火应按建筑规定的耐火等级涂刷防火涂料。防火涂料的性能、涂层厚度及质量要求应符合现行国家标准《钢结构防火涂料》（GB 14907—2018）和《钢结构防火涂料应用技术规范》（T/CECS 24—2020）的规定。

钢构件的耐火极限要求按现行《建筑设计防火规范》（GB 50016—2014）的规定采用。

防火涂料厚度应满足上述时限要求，防火涂料必须与防锈涂料相兼容。防火涂料的生产厂家资质，应经公安部消防管理部门确认，其产品才能被选用。

防火涂装前应完成与钢构件相连的幕墙连接件、墙体拉结筋、设备支（吊）架等焊接工序，防火涂装完毕后一般不允许再行施焊。

6. 制作、运输、安装

钢结构构件加工制作、运输堆放、施工、安装必须符合施工图及《钢结构工程施工质量验收标准》（GB 50205—2020）和《门式刚架轻型房屋钢结构技术规范》（GB 51022—2015）的规定。

构件加工制作的技术要求和允许偏差应满足现行国家有关的产品标准要求。

构件在制作完毕后应进行校正并去除毛刺，以保证构件平直度。

钢梁的翼缘、腹板与端头板接触面（采用贴角焊缝时）必须刨平，组装时与端头板顶紧，合格后方可施焊。

钢板的工厂拼接采用对接直焊缝连接，焊缝等级为一级，且需满足以下条件：主材拼接应避免在同一截面发生，相距≥200 mm，同时应避免在内力大的地方拼接。

高强螺栓孔径比螺栓直径大 1.4 mm；普通螺栓孔直径比螺栓直径大 2 mm；锚栓孔径比锚栓直径大 6 mm。

任何螺栓孔不得随意割扩，不得更改螺栓直径。高强螺栓的安装应保证准确的预拉力，不得欠拉，更不得超拉。

严禁在吊车梁的下翼缘和腹板上焊接悬挂物和卡具；严禁吊车梁下翼缘与柱牛腿焊接。

与吊车梁相连的螺栓及悬挂吊车梁与吊架的连接采用双螺母高强螺栓。

现场制孔和扩孔：

① 若现场需扩孔，应采用扩孔器或大号钻头进行扩孔，孔壁需打磨光滑。

② 若现场需制孔，应优先采用钻孔，钻孔有困难时，可用火焰割小孔，再扩孔至设计要求，孔径壁需磨光。

钢构件的运输和安装过程应采取措施，防止构件发生变形和损伤。

钢结构安装前，应检查构件出厂合格证、材料实验报告、焊缝无损检测报告和外观检查是否符合设计要求；并对所有锚栓预埋的精度进行校核，确保锚栓位置的准确性。地脚锚栓验收应符合《钢结构工程施工质量验收标准》（GB 50205—2020）的要求。

安装高强螺栓时，构件的摩擦面应保持干燥，严禁雨中作业。

高强螺栓的紧固应根据现行施工规程的要求，用扭矩法或转角法施工。

安装张紧的圆钢支撑时，应保证其挠度不大于其长度的 1/700。

钢结构安装前应进行施工组织设计，确定吊装顺序和吊点位置，并对构件进行必要的吊装验算，对于侧向刚度小、腹板宽厚比大的构件，应采取防止构件扭曲和损坏以及在构件和悬吊部位应采取防止局部变形的措施。

刚架吊装时，应采取合理的吊装方案和措施，安装临时支撑或增加缆风绳临时固定，以防失稳；吊装就位后，应及时安装支撑及檩条，以保证结构的稳定。

采用栓焊混接时应遵循"先螺栓初拧、再焊接、最后螺栓终拧"的施工次序。

钢结构安装完毕后，主要受力构件不允许再进行焊接，以免由于焊接变形引起残余应力。

檩条、墙梁、屋面板及墙板的安装应符合现行相关规程的规定。

构件在运输和安装过程中，被破坏的涂层部分及安装连接处，应在结构安装完成并固定后，按有关规定补涂。

光伏车棚如图 14-1 所示。

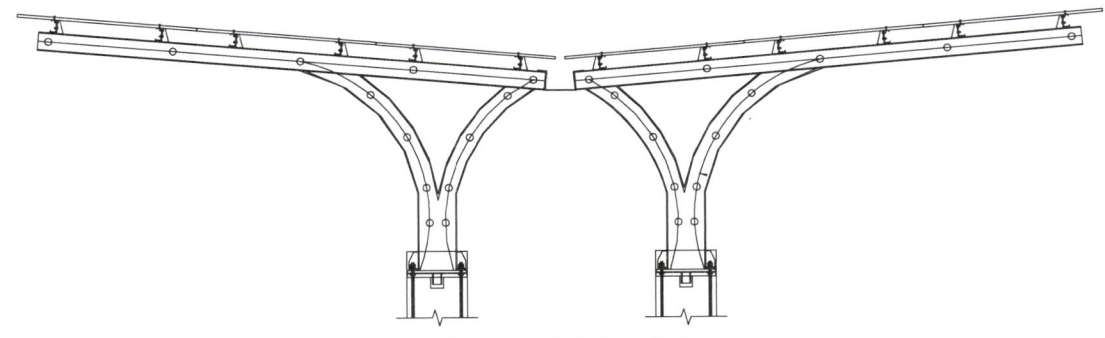

图 14-1　光伏车棚示意

14.3.23 防雷和接地工程

（1）对需要接地的光伏发电系统设备，应保持接地的连续性和可靠性。接地装置的接地电阻值必须符合设计要求。当以防雷为目的进行接地时，其接地电阻应小于 10 Ω。光伏发电系统保护接地、工作接地、过压保护接地使用一个接地装置时，其接地电阻小于 4 Ω。

（2）避雷带（网）及其支持件安装位置正确。焊接固定的焊缝应饱满无遗漏，防腐良好；采用螺栓固定的应采取双螺帽等防松措施；避雷带（网）应平整顺直，固定点支持件间距均匀，固定可靠。

14.3.24 其他设备及安装工程（标识标牌）施工方案

1. 施工准备

在开始施工之前，需要进行以下准备工作：
（1）确定标识标牌的设计要求和功能需求，包括标识的内容、尺寸、材质等。
（2）根据设计要求选择合适的材料和工具，如标识标牌板材、颜料、刷子、螺丝等。
（3）准备施工所需的安全设备，如手套、护目镜等。
（4）确定标识标牌的安装位置和数量，考虑到安全性和可视性。

2. 施工流程顺序

根据施工准备的工作，按照以下流程进行标识标牌的安装：
（1）确定标识标牌的位置和数量，将其标记在需要安装的位置。
（2）准备标识标牌板材，根据设计要求进行切割和修整。
（3）在标识标牌板材上绘制或印刷所需的标识内容，使用合适的颜料和工具进行操作。
（4）根据标识标牌的安装要求，选择合适的固定方式，如螺丝、胶水等。
（5）将标识标牌固定在预定的位置上，确保安装牢固可靠。

3. 具体施工步骤工艺

标识标牌板材准备：根据设计要求，选择合适的标识标牌板材，如金属板、塑料板等；根据需要进行切割和修整，确保尺寸和形状符合要求。

标识内容绘制或印刷：根据设计要求，在标识标牌板材上绘制或印刷所需的标识内容；可以使用手绘、喷涂、贴纸等方式进行操作，确保标识内容清晰可见。

标识标牌固定：根据标识标牌的安装要求，选择合适的固定方式；可以使用螺丝、胶水、挂钩等方式将标识标牌固定在预定的位置上，确保安装牢固可靠。

15 桥旅融合及绿美交通实施技术

15.1 桥旅融合综述

永仁大桥位于永大高速公路 K29+406 处,为跨越江底河峡谷而设,结合受控因素以及地形、地貌、地质、水文等情况,桥位处设计路线处峡谷宽度约 1 090 m。桥跨布置:主桥为(255+920+255)m 双塔单跨地锚式钢箱梁悬索桥。

永仁大桥是目前楚雄州境内已建成的一座最大跨度的高速公路悬索桥,也是云南省第三大同类型桥梁,通车后江底河两岸群众往来将由之前的绕路行驶 2 h 缩短至 2 min,真正实现天堑变通途。永仁大桥,位于云南省楚雄彝族自治州,建成后已成为一座造福沿线人民的"超级交通工程"。它将伴随着"快速致富路"——永(仁)大(姚)高速公路,寄托着各级党委、政府的关怀,助力民族地区乡村振兴,迈入共同富裕的现代化新征程,将发挥积极的纽带桥梁作用。永仁大桥建成后已成为一座展现民族文化的地标性建筑,也成为桥旅融合的"网红"打卡地。

15.2 区域环境

15.2.1 景观条件

永仁大桥位于楚雄州永仁县与大姚县交界处,跨越江底河谷,地处云贵高原,山脉自西北向东南走向。总体地形呈塔状,中部高、四周低,地形高低悬殊。左岸永仁端岸坡坡度在 0°~40°,局部地形受冲沟切割而发育陡坡或陡坎,高度 3~50 m 不等;江底河右岸大姚端岸坡的地形坡度一般在 30°~55°,局部大于 70°,植被较发育。按照"安全、和谐、节约"的建设理念,为避免对外普拉景区自然环境造成破坏,因地制宜地采用了 920 m 跨径的双塔单跨地锚式悬索桥。永仁大桥主跨 920 m,为已建成同类桥型跨度云南省第三。

15.2.2 地形特点

永仁大桥穿越江底河谷,属构造侵蚀、剥蚀中低山地貌及河间地块地貌区。桥址内中低山高度起伏,高差近 400 m,山高谷深,沟壑纵横,山川相间排列,山区、河谷条块分布。桥址区内江底河水流较平缓,河面宽约 23 m,无通航条件。永仁大桥跨越的江底河河谷呈 V 形,两岸地形不对称,永仁岸地层顺倾,地表自然边坡较缓,坡面存在陡缓交接的阶梯形特征,并发育大小不一的 4 级平台阶地,有村庄,有简易公路通达,交通方便。

河流和山脉的伸展方向与构造线方向(近 SN 方向)基本一致,河谷深切,切面呈 Y 字形，阶地一般不发育，自然横坡 30°～60°，局部陡峭。坡面植被较发育，植被以灌木杂草为主，沟槽平缓地段开垦为旱地。桥位区最高点为宜就镇大雪山主峰，海拔 2 884.6 m，在桥轴线上最低标高（河床）海拔约 1 360 m，最大高差 350 m。江底河左岸永仁端发育多条切割较浅的冲沟，沟长 0.5～2.5 km 不等，沟底宽 0.3～3 m，沟心基岩裸露，均为季节性流水冲沟；岸坡坡度在 0°～40°。江底河右岸大姚端岸坡陡峭，为岩层反倾的逆向坡，坡面阶梯状不明显，受地层岩性、产状、构造等多种因素影响，大姚岸岸坡地形相较永仁岸明显陡峻，发育两级陡崖及两级陡坡；岸坡的地形坡度一般在 30°～55°，局部大于 70°；大姚岸岸坡岩体受控于反倾角发育的泥岩夹层及竖直、平行、垂直于江底河的两组节理，坡面上卸荷带发育，局部陡崖面上发育危岩落石，陡崖下发育较缓的岩堆。

永仁大桥（图 15-1）于 2023 年 6 月 9 日建成通车，自通车运营以来，未发生安全责任事故，公路技术状况优良，交通通行状况良好，未发生拥堵排队现象。

图 15-1　永仁大桥

15.2.3　资源品质

1. 永仁大桥观景平台

永大高速观景平台位于永大高速公路永仁岸，左右两幅占地 6.4 hm²，设有观景台和停车区，游客在永仁大桥的观景台上可以欣赏到大桥的壮观和周边的自然风光。夜晚，永仁大桥呈现出流光溢彩的景观，整座大桥如一道绚丽多姿的"彩虹"横跨永仁和大姚，如图 15-2 所示。

观景平台以永仁大桥为依托，以周边民居为支撑，使桥梁、峡谷、山水、风力多种元素交叉互融，集观景、餐饮、售卖、接待、研学为一体，满足出行服务、体验观光、文化展示需求，具有特产销售的地域性、民族性特色。

为增强观景平台吸引力，提高场地利用率，提升观景平台环境品质，打造桥旅特色，满足旅游服务需求，项目部进行了文化升级打造，以凸显当地文化特色，推广当地文化，打造桥旅融合示范项目，使之成为"滇川风景道"上楚雄州彝族文化形象展示窗口。

图 15-2 永仁大桥夜景

2. 永仁大桥周边旅游景观

永仁大桥毗邻外普拉景区（人文景观）和三潭瀑布景区（自然景观），距离江底河上游永仁县外普拉景区仅 3 km，距离江底河下游大姚县三潭瀑布景区 18 km。

永仁县外普拉传统村落形成于元代，布局于"三山夹两河"之间，建于一整块大石头上，是历史风貌鲜明、山水田园景观秀丽、传统格局完整的国家级传统村落。外普拉村因集中保存着较为完整的民居、街巷和彝绣等非物质文化遗产，山水田园格局优美，具有独特的历史文化价值和景观环境。2014年，外普拉村被列入第三批全国传统村落名录；2017年，外普拉村被确定为联合国可持续发展目标（SDGs）在中国的首个示范村；2021年，外普拉村被评为云南省旅游名村、第三批云南省少数民族特色村寨、国家3A级旅游景区；2023年，外普拉村入选云南省级传统村落集中连片保护利用示范县公示名单。经过十余年的开发，外普拉景区在楚雄州、永仁县已具有一定的知名度。

三潭瀑布景区，位于云南省楚雄州大姚县，又名双沟瀑布。三潭瀑布为古代大姚八景之一，瀑布总落差为 220.28 m，是闻名遐迩的西南第一高瀑布。三潭瀑布是一个瀑布群，在不足 4 km 长的河道内共有 3 级瀑布，以上游至下游为次序：第一级高 19 m，一潭水雾迷漫，形态优美；第二级高 121 m；第三级高 82 m。二潭、三潭终日水球飞舞，薄雾笼罩，丝雨绵绵、洋洋洒洒、瀑声盈耳。3 级瀑布浑然一体，河水沿断面飞流而下，势若千钧，形成 3 个深潭，"三潭"由此而得名。

景区经升级改造后，于 2024 年 7 月 27 日开园。大姚县三潭瀑布景区旅游基础设施专项债券建设项目于 2020 年 7 月 30 日通过省发改委、省财政厅、省文旅厅三方会审，申报为云南省第三批专项债券项目，总投资 52 577.73 万元，根据景区远景规划，将打造为日合理承载量 6 815 人的特色旅游景区。三潭瀑布景区在楚雄州、大姚县已具有一定的知名度。

永仁大桥位于江底河流域外普拉景区、三潭瀑布景区之间，融"民族特色、地标建筑"为一体，已成为"外普拉-永仁大桥-三潭"区域旅游圈不可缺少的"打卡点"。

3. 永大高速区域旅游景观

永大高速公路线路经过永仁县、大姚县境内，两县人文、名胜古迹旅游资源丰富：

（1）永仁县：地处云南北部，金沙江北绕东环，西南丝绸古道穿境而过，自古就是出滇入川要塞。1924 年设县，取原境内永定、仁和两大集镇名称首字定名"永仁"。境内有汉、彝、傣、回、傈僳等 23 个民族，总人口 9.8 万，少数民族人口占总人口的 61.94%，其中彝族人口占总人口的 53.28%，是楚雄州内人口最少、面积较小、少数民族占全县总人口比例较大的县。境内有诸葛方山、龙虎峡、永仁古镇、犀牛塘等旅游景区，有永仁核桃、黑山羊等名优特产。主要景点有：

① 永仁方山景区：位于永仁县东北 16 km 处，因形似方桌书案而得名。景区内有望江岭、珍珠滴水岩、七星桥、仙女潭、老鹰岩、孔明洞、寒泉瀑布、犀牛塘等景点。方山年平均气温 11.9 ℃，有"清凉世界"的美称，是攀枝花市民休闲避暑的好去处。

② 菜园子遗址：位于永仁县菜园子村南，金沙江支流永定河南岸台地上。该遗址包含丰富的历史文物，如石器、陶器等，是研究当地历史文化的重要遗址。

③ 中和传统民居建筑群：位于永仁县中和镇中和村委会中和老街，包括中和老街、夏氏故居、夏家大院等，建于清光绪十九年（1893 年），是盐运驿道的中转站，具有丰富的历史和文化价值，如图 15-3 所示。

图 15-3　中和传统民居建筑群

④ 外普拉古村落（详见上述）。

⑤ 大雪山：位于宜就镇阿朵所村民委员会，距永仁县城 38 km，海拔 2 884.5 m。大雪山因其山高林密、空气清新，是一个理想的休闲游玩胜地。

⑥ 烽火台：位于永仁县的明代历史遗迹。烽火台不仅是历史的见证，也是壮阔的自然景观，站在烽火台上可以俯瞰山下美景，是拍照的好地方。

（2）大姚县：位于楚雄州西北部，距州府楚雄 96 km、省会昆明 258 km，东邻元谋，南连姚安，西接大理州祥云、宾川两县，北与丽江市永胜、华坪两县沿金沙江相望，辖金沙江南岸线 62 km。少数民族人口占 35.6%，其中"直过民族（傈僳族）"行政村 1 个 1 478 人。大姚县获评全国首家"国家核桃生物产业基地县""国家重点生态功能区县""国家卫生县城""国家园林县城"等荣誉称号，并荣登"2020 中国最美县域"榜单。主要景点有：

① 昙华山景区：位于大姚县中部，距县城 45 km，主峰海拔 3 117 m，森林覆盖率达 97.3%。景区内有苍松翠柏、飞泉叠瀑、奇花异卉，年平均气温 13 ℃，有"四季无酷暑，遇雨变成冬"之说。早晨的浓雾和傍晚的炊烟为景区增添了仙境般的韵味。

② 百草岭：位于大姚县城西北部的桂花、三台和湾碧三乡交界处，距县城 80 km，主峰

帽台山海拔 3 657 m。百草岭山脉有"一山分四季,隔里不同天"的立体气候特征,山上原始森林、杜鹃、青松、怪石、流瀑等自然景观丰富。

③ 三台核桃森林公园:位于大姚县城西北部,距县城 77 km。公园面积 455 km²,以彝、汉、傈僳、傣等多种民族居住。公园内有古树核桃、板栗园林和石斛兰花等原生态景观,被誉为"中国核桃之乡"。

④ 三潭瀑布(详见上述)。

⑤ 石羊古镇:位于大姚县城西北部 35 km 处,是云南省第一批公布的历史文化名镇。石羊古镇以产盐闻名,历史上是云南井盐的重要产地,具有丰富的历史文化和多元文化。

4. 楚雄州区域旅游景观

楚雄州旅游资源丰富,具有气候舒适度高、旅游资源特色较突出、旅游资源组合较好、旅游资源分布较广等特点,见表 15-1。

表 15-1　楚雄州 A 级旅游景区

序号	景区名称	所在州市	等级
1	禄丰世界恐龙谷景区	楚雄州	4 A
2	楚雄彝人古镇景区	楚雄州	4 A
3	元谋土林景区	楚雄州	4 A
4	武定县狮子山风景名胜区	楚雄州	4 A
5	楚雄彝族自治州博物馆景区	楚雄州	4 A
6	楚雄紫溪山景区	楚雄州	4 A
7	楚雄姚安县光禄古镇景区	楚雄州	4 A
8	楚雄大姚石羊古镇景区	楚雄州	4 A

(1)禄丰世界恐龙谷:集科普科考、主题游乐、温泉度假于一体,适合家庭和科普爱好者,如图 15-4 所示。

图 15-4　禄丰世界恐龙谷

（2）楚雄彝人古镇：位于楚雄市经济技术开发区，是一个集商业、居住和文化旅游为一体的特色小镇，展示了丰富的彝族文化，如图15-5所示。

图15-5　楚雄彝人古镇

（3）元谋土林：别名虎跳滩土林，是云南省首批风景名胜区，位于云南元谋县物茂乡罗兴村委会，距县城36 km，总面积8 km²，所在地海拔为1 050～1 200 m，发育于一套河流相间砾石层、沙层夹黏土层的地层中。千奇百怪的土柱造型、深远宁静的幽谷地缝、高悬半空的洞穴天门、原始粗犷的沙沟荒漠、怪模怪样的五彩奇石和种类繁多的远古植物化石，组成了景区内丰富的景观。景区主要由一条主沙箐和34条幽谷组成，分为4个片区，有主景点9个，小景点127个，如图15-6所示。

图15-6　元谋土林

（4）武定狮子山：位于云南省楚雄州武定县城西 3 km，主峰海拔 2 452 m，以形似伏卧的雄狮而得名。这里自然风光秀甲滇中，佛教文化底蕴深厚，牡丹花园为云南独有。狮子山古树凌霄，林海蔽日，巉崖峥嵘，怪石嶙峋，山花浪漫，鸟语蝉鸣，是返璞归真、回归自然的佳境，系云南省重点风景名胜区。狮子山风景区的入口处为古刹景区，以正续禅为中心，周围元、明、清各时期的古迹甚多，森林茂密，古木参天。

（5）楚雄彝族自治州博物馆：位于楚雄市南门外，展示了楚雄的历史文化和民族特色，是了解楚雄历史文化的好去处。

（6）楚雄紫溪山：位于楚雄市城西 25 km 处，以"天然大氧吧"著称，拥有丰富的动植物资源和茶花文化，是徒步和生态旅游的好去处，如图 15-7 所示。

图 15-7　楚雄紫溪山

（7）姚安光禄古镇：位于楚雄州姚安县县城北部 12 km 处，历史悠久，山川秀美，名胜古迹众多，现保存有众多高品质的旅游景点。光禄古镇素有"迤西文化名邦""花灯之乡"的美称。

15.3　工程特点

永仁大桥位于楚雄州永仁县与大姚县交界处，跨越江底河谷，地处云贵高原，山脉自西北向东南走向，属构造侵蚀、剥蚀中低山地貌及河间地块地貌区，河谷深切，是永大高速公路技术要求最高、施工难度最大的重点控制性工程，大桥全长 1 668 m，桥面距江面 350 m，主桥因地制宜地采用了 920 m 双塔单跨地锚式钢箱梁悬索桥。整座大桥采用了对称结构，顺应了山区峡谷强震条件下的地形地质环境，在云南已建成同类桥梁中该桥跨度为第三。

我国在山区修建悬索桥众多，但是恶劣环境下的山区悬索桥建设依然存在更多更大的挑战,例如在复杂风场及大风速(最大11级)、大温差、大雨量等复杂环境下将极大影响悬索桥建设速度,并在一定程度上影响桥梁建设的安全、质量。对国内外相关专利进行检索,发现山区复杂环境下悬索桥快速施工这方面的专利较少、施工工艺技术较少,可借鉴的同类施工宝贵经验不多。因此,在山区进行悬索桥快速施工是一个更大的挑战,存在更多的施工难题等待研究解决。

以永仁大桥(主跨为920 m悬索桥)为依托,研究、实践一套适用于山区大跨径悬索桥快速、精细施工的工艺,用2.5年工期(较传统施工节约近1年)完成建造任务,具有一定的前瞻性和实用性,可推广运用到云南省其他悬索桥的快速施工建设,乃至全国其他悬索桥的快速建造工作中,助力绿色低碳发展,应用前景广阔。

15.4 项目典型性论证

1. 山区大跨度悬索桥快速建造技术

永仁大桥桥址位于永仁至大姚高速公路K29+406处,为跨越江底河峡谷而设,为永大高速公路控制性工程之一。该桥为云南已建成的第三大悬索桥。结合受控因素以及地形、地貌、地质、水文等情况,主桥采用(255+920+255)m双塔单跨钢箱梁悬索桥,引桥采用左、右幅分离式设计,孔跨布置相同:永仁岸引桥为2×(50+65+50)m钢混组合梁桥,大姚岸引桥为(60+70+60)m钢混组合梁桥,永仁岸引桥为重力式桥台,大姚岸引桥均广为桩柱式桥台,单幅1 670 m(含主引桥及桥台、填方路基)。永仁岸索塔高197 m,大姚岸索塔高108 m,桥面距离谷底最深处350 m。永仁大桥的建设为山区大跨度悬索桥快速建造提供了理论依据和实践应用示范,有利于山区悬索桥的快速施工管理工作。项目充分研究利用现有资源,结合环境条件优化施工技术,研发更适合本项目的工艺技术,从而达到快速施工的目的。本项目结合应用BIM技术、桩基快速施工技术、锚碇多通道法出渣技术、大体积混凝土施工温控技术、索塔快速施工技术、锚碇预应力锚固系统高强刚拉杆定位施工技术、钢箱梁快速加工技术、主缆架设施工技术、钢箱梁吊装技术、高空焊接施工技术、桥面UHPC施工技术等多项技术。

该技术的研究和使用为项目建设节约成本1 000余万元,同时项目多次获得新闻联播、焦点访谈、云南交通之声、楚雄州电视台、大姚电视台、永仁电视台等多家媒体的报道表扬。中央、省部级领导现场调研10余次,得到了上级领导的高度认可,取得良好的社会效益。该项目入选交通运输部办公厅绿色低碳交通强国建设专项试点,未来将以更加绿色、低碳、高效的交通体系,服务人民对美好生活的需要。

2. 全寿命周期智慧建造技术

永仁大桥山区大跨径悬索桥全寿命周期智慧建造技术在交通运输工程领域具有重要的科技进步作用。通过精确的设计和施工工艺、智能制造技术的应用、信息技术的管理和分析、监测与评估技术的实时监测和评估以及全寿命周期控制的管理,该技术提高了悬索桥的结构安全性、制造效率和工程管理水平。这不仅提高了悬索桥的建造质量,减少了事故风险,还降低了工程投资和运营成本,形成了一套适用于该区域的桥址岸坡设计、安全预警与安全控制体系,为大跨径悬索桥建设与运行安全、防灾减灾提供科学依据。

3. 区域内拥有丰富的旅游资源

永大高速沿线区域内拥有丰富的旅游资源。永仁县作为楚雄至攀枝花的省垣门户,自古以来都是南方丝绸古道以及滇川两省交界要塞。永仁大桥,位于永仁县南端,连接永仁县与大姚县,成为滇中、滇西出省的重要通道。打造"滇中走廊"桥旅融合项目,成为"滇川风景道"上一笔亮丽的七彩云南彝族风采。沿线浓郁古朴的民族风情、独具内涵的名胜古迹,吸引着八方来客。

4. 索塔景观

永仁大桥是楚雄州具有彝族特色的地标性建筑,索塔景观委托楚雄州民族文化研究院肖慧华大师设计,融合楚雄州彝族红、黄、黑色调,体现了"虎"文化特征(图 15-8)。永仁大桥作为全线控制性工程,是连接楚雄州和攀枝花市的重要通道,建设期间充分结合彝族的民族文化,打造桥梁景观。

图 15-8　永仁大桥索塔效果图

5. 桥梁照明

永仁大桥作为主要工程,设计期间,增设了景观亮化工程,打破桥梁仅作为简单的交通联系功能的观念,强调突显了它的雄壮气势和精炼的曲线美,使它成为项目的新着眼点之一,如图 15-9 所示。夜幕降临后,永仁大桥利用光线照射的强弱变幻、色彩搭配,把沉没在黑暗中的桥梁勾勒出来,突出桥梁的特有形体风格,形成一个不同于白天的整体效果,给观赏者留下美好深刻的印象,成为永大高速景观中的一个标志性景观。

图 15-9 永仁大桥"灯光秀"

6. 涂装色彩

永仁大桥主缆和索塔塔顶采用交通红,通过彝族建筑主题色彩的提取,以简洁、流畅的线条形式与壮观、伟岸的桥梁融合,如图 15-10 所示。钢箱梁和引桥采用青灰色,展现传统色彩与现代建筑相融合的和谐美。

图 15-10 永仁大桥桥梁涂装颜色

7. 特色体验

基于永仁大桥观景平台、隧道锚检修便道和外普拉景区的位置优势,可增设观景和休闲设施,如民俗文化展示、休闲度假、极限运动体验、研学等,如图 15-11 所示。

图 15-11　永仁大桥特色体验观景平台视角效果图

15.5　项目实践效果

15.5.1　研究效应

永仁大桥主跨 920 m 是云南省已建成的同类结构形式的第三大跨径悬索桥。以永仁大桥为依托，开展山区大跨度悬索桥快速建造技术应用研究。

15.5.2　经济效益

永仁大桥的通车，伴随观景"虹吸"效应，使永大高速 2024 年车流量达 93.82 万余辆，直接改善了沿线 20 余万群众出行条件，提升了物流运输效率，加快了推动人才、资金、技术等各类生产要素流动聚集，带动了沿线资源、产业发展，促进了区域协调、拓展交流合作，为推进乡村全面振兴注入了强劲动力，带动了周边景区、农家乐、民宿、房车营地等旅游经济发展，增加了当地村民收入。沿线收费站、服务区员工聘用以本地为主、就近招聘，提供了 100 余个就业岗位。

15.5.3　社会效益

2024 年 6 月 1 日，永大高速受邀参加中国公路学会秘书处、云南省公路学会腾冲"桥梁隧道建造技术与安全运维研讨会"主题汇报"山岭地区大跨径悬索桥精益建造创新与实践"。

2024 年 8 月，永大高速"山区高速公路边坡钻孔植播及抗侵蚀生态修复综合技术"获得云南省公路学会"云南公路交通科学技术奖（三等奖）"。

2024年12月15日，永大高速受邀参加中国交通运输协会昆明"第五届中国交通绿色发展论坛暨2024年公路低碳养护技术创新大会"主题汇报"滇中红层干旱区域工程创面生态修复创新实践"。

2024年12月19日，永仁大桥"山区大跨度悬索桥关键技术"获得云南省市政工程协会"科学技术奖（一等奖）"。

永大高速作为云南建投在楚雄州投资建设的第一条高速公路，也是楚雄州首个建成通车的"互联互通"地方高速公路，结束了永仁、大姚两县之间不通高速公路的历史，两县通行时间从原来的1.5 h缩短至40 min左右，打通了楚雄州域北部发展"大动脉"，拉近了川滇两地的时空距离，畅通了云南省北进四川等西部省级行政区及南下东南亚的国际大通道，楚雄州交通枢纽地位进一步提升，助力滇中旅游资源联动开发和构筑滇川"旅游圈"，助推云南实现高质量跨越式发展贡献力量。

15.5.4 生态效益

（1）开展山区大跨度悬索桥快速建造技术研究、应用，创建"建筑业绿色施工示范工程"，推广"绿色建造"，节约投资约1 000万元。

（2）永大高速结合项目地域条件（滇中红层干旱区域），推广新技术，打造"一面边坡一片花园"景观（图15-12），助力绿美交通建设，提高了驾乘舒适体验，得到驾乘人员、社会各界一致好评。

图15-12 永大高速"一面边坡一片花园"景观

15.5.5 网络效应

永仁大桥已成为众多游客进入永大高速的网红拍摄点，多次在新闻媒体及抖音等社交软件上宣传，如图15-13所示。

图 15-13　永仁大桥在新闻媒体及抖音软件上宣传

第 3 篇

项目管理成果与总结

16 永大高速技术管理成果

16.1 专 利

16.1.1 一种简易的钢筋笼滚焊装置

钢筋笼在桥涵或者高层建筑工程施工中应用较为广泛,其桩基工程常运用到钢筋笼构件。永大高速施工期间钢筋笼常采用提前预制的方法,成熟的滚焊机价格昂贵,使用成本较高,投资大,且对场地要求较高;而普通的钢筋笼加工,难于旋转,加工不方便,需要人爬上钢筋笼进行焊接,存在安全隐患,且钢筋笼主筋的间距控制精度不高,造成生产出的钢筋笼质量不高。为解决上述问题,施工单位研发了一种简易的钢筋笼滚焊装置,其实用新型在于提供一种保证钢筋笼轴线不会偏移,确保钢筋笼主筋间距相等,以保证钢筋笼的质量,钢筋笼能够实现滚焊,结构易于加工、操作简单、节约成本、适用性强的简易钢筋笼滚焊装置。

16.1.2 一种改进的滚筒式冲击钻孔循环泥浆砂子分离器

钻孔灌注桩二次清孔含砂率控制是影响成桩质量的关键,清孔泥浆需保持较好性能。永大高速施工期间现有的除砂器存在除砂效率低的问题。在山区桥梁工程施工中,由于地层复杂,桩基工程常运用到冲击钻成孔,在成孔过程中,泥浆进行循环形成泥浆护壁,泥浆循环把孔中的砂砾带入泥浆沉淀池进行沉淀,但依然有部分细砂难于清除,影响泥浆质量,影响护壁效果。传统的施工方法进行二次清孔因清孔时间较长,造成泥浆性能损失现象普遍,过程中需要经常进行调浆或补充新浆,费时费力的同时还降低了工作效率。针对存在的诸多缺陷与不足,施工单位研发了一种改进的滚筒式冲击钻孔循环泥浆砂子分离器,进行了改进和创新,目的在于提供一种不需要额外动力,采用特殊结构的设计,实现对泥沙分离滚筒内的泥浆砂石进行有效的分离,得到满足下道工序要求的泥浆,减轻下道工序的处理强度,同时利用水流流速,结合从高到低的水流流向,使泥浆自动从高落至低处,并通过过滤装置过滤后落入下方的滚筒分离存储装置内,在经过沉淀后砂石留置于滚筒分离存储装置的低处,合格并满足要求的泥浆从低处到高处存储的装置;另一个发明目的是通过采用该结构的滚筒式冲击钻孔循环泥沙分离滚筒,可对砂水混合物进行多次分离,砂水混合物在泥沙分离滚筒中可得到初次分离,通过分流滚筒分流至两侧的沉淀过滤装置对泥沙分离滚筒中的砂水混合物进行初次过滤,大颗粒的砂石留置于泥沙分离滚筒中的沉淀过滤装置上,细小的砂石颗粒以及泥浆经沉淀过滤装置落至分离滚筒下部的滚筒分离存储装置中,分离并经过沉淀后的泥浆部分上升至滚筒分离存储装置的高端部,且泥浆部分通过连接在滚筒分离存储装置高端底部的排浆管排出分离出的泥浆水,细小部分的砂石则位于滚筒分离存储装置的底端部存储待后期清理，通过二次滚筒分离存储装置再次实现对泥浆砂石的再次分离，砂水混合物的分离效率高、分离彻底。

16.1.3　一种用于支撑冲击钻孔循环泥浆砂子分离器的支架

泥浆砂子分离器是钻孔灌注桩二次清孔含砂率控制的专用设备，其在钻孔灌注桩施工中使用频繁，因此需要在不同的施工场地进行频繁搬运作业；但是，由于各施工现场条件不同，所以泥浆气体分离器需要满足不同的使用高度的要求。永大高速施工期间为了提高泥浆分离器或泥沙分离器的工作可靠性与便利性，在泥浆分离器上安装支架，通过支架调节其使用高度。其中，支架主要包括三种结构：升降支架、翻转支架及固定支架。升降支架用于调节泥浆气体分离器的高度，翻转支架用于翻转调节泥浆气体分离器的位置，固定支架对上述两者起固定支撑作用。升降支架，可以按照现场安装要求调整使用高度，但是运输不方便；翻转支架，运输方便，但只能在特定的高度下使用；固定支架只能在特定的高度下使用，运输也不方便，而且支架在运输时不能稳固支撑，不具备调节高度的作用，需另外定做底座，增加成本。因此，它们不满足现有的需求。针对存在的诸多缺陷与不足，一种用于支撑冲击钻孔循环泥浆砂子分离器的支架对此进行了改进和创新，目的在于提供一种构造简易、设计新颖合理，可实现对冲击钻孔循环泥浆砂子分离器的高度调节的装置，使其适应不同的高度需求，以达到不同环境下的需求；同时，在支架运输时，可将冲击钻孔循环泥浆砂子分离器横放，转卧倒运输，运输安全可靠，无须再进行分体运输，省时省力，工作效率更高；而且该支架结构简单，节省成本。另一个发明目的是由于在支架的顶部四角处设置有环状结构的吊耳，因此在使用中可方便进行吊运，方便吊机或是相应的起吊装置实现捆绑操作。还有一个发明目的是通过护栏和限位件将冲击钻孔循环泥浆砂子分离器全方位地保护起来，避免延伸出来的管道产生磕碰，在运输的同时能够稳定地固定在本实用新型设计结构的支架内，支架初始状态时底部的移动轮通过可调安装件与地面接触实现可调，也是在平躺时增加受力点。

16.1.4　一种简易实用的T梁负弯矩张拉移动支架

在山区桥梁工程上部T梁施工中，T梁连续端的负弯矩张拉施工时，现常用的张拉设备实用推广性较弱，操作时风险性较大，在整个施工过程中存在较大的安全风险且效率低下。

一种简易实用的T梁负弯矩张拉移动支架设计轻巧，且一般配备有移动轮或其他移动装置，能够在施工现场方便地移动，可根据T梁的分布位置和施工进度灵活调整作业地点，适应不同的施工环境，减少了施工过程中的转运时间和成本，如图16-1所示。

16.1.5　一种简易实用的锚碇拉杆底端固定支架

在山区特大桥锚碇工程施工中，锚碇拉杆的上下端口在固定时，往往存在两端端口难固定的问题。若在施工的过程中，两端端口处的大支架有一定的偏差，便会导致锚碇拉杆难于固定到设计的角度和方向上。因此，推出适合于锚碇拉杆底端局部可微调且稳定的固定支架，如图16-2所示。

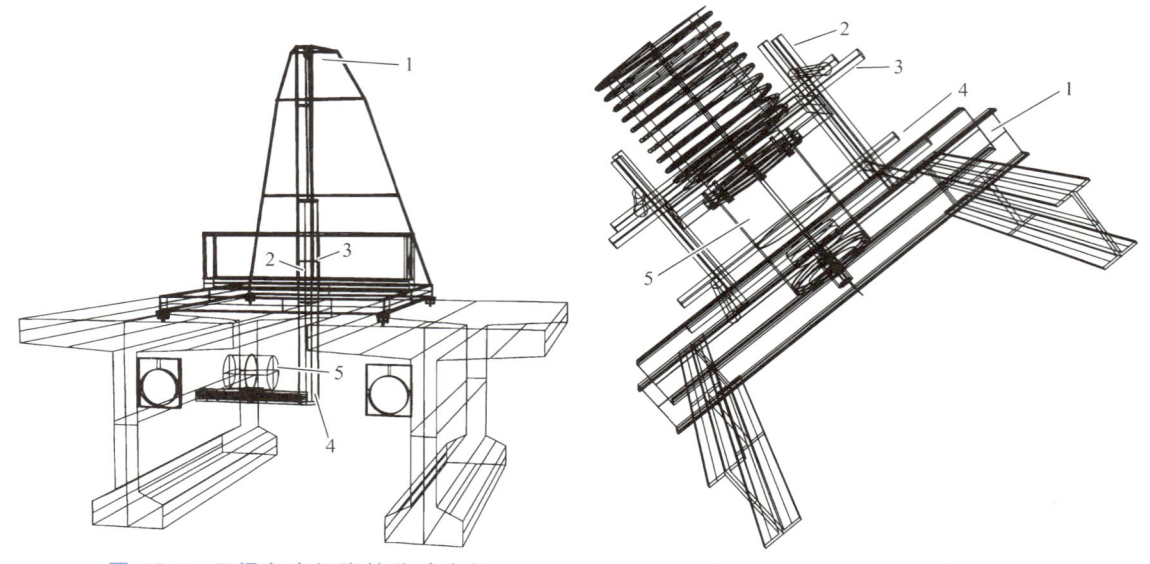

图 16-1 T梁负弯矩张拉移动支架　　　图 16-2 锚碇拉杆底端固定支架

16.1.6 一种简易后张法预应力施工用千斤顶安装就位装置

高墩大跨预应力桥梁工程中普遍采用后张法预应力技术，这些后张法预应力构件往往位于几十甚至数百米的高空；预应力构件一般采用多束，单束含多根钢绞线，每束（孔）需采用大吨位千斤顶同步施加预应力，而大吨位千斤顶本身质量一般达 200 kg，在高处采用人工安装千斤顶就位时难度大，危险性高，以往一般采用吊装设备辅以人工安装，安拆过程中需要吊机持续配合，对节约机械使用成本不利。永大高速施工期间根据多年的现场施工实践，特发明一种简易后张法预应力施工用千斤顶安装就位装置，仅需两名工人即可顺利将千斤顶准确地安装就位且安装过程中不需吊机持续配合，对于施工安全和节约成本具有重要的现实意义。

16.1.7 一种移动式T梁湿接缝钢筋焊接接火装置

为了减少土地的浪费，高速公路桥隧比在不断增大，桥梁设计中T形梁桥占有很大一部分。但是，桥梁工程处于林区，焊接作业易发生焊渣掉落，发生火灾隐患；以往的接火盆不易安装，实用性不高，工人抵触，不便于移动，且多数工人会以携带麻烦、使用时不方便防止等各种理由不使用接火盆，经常造成安全事故。永大高速针对存在的诸多缺陷与不足，对此进行了改进和创新，发明了一种移动式T梁湿接缝钢筋焊接接火装置，目的在于提供一种移动便捷、实用性强、经济安全的接火装置，使其在项目中推广应用，大大降低了火灾风险。该装置对焊渣、火花的收集范围广，有利于保证现场作业人员的安全，起到防护作用，防止火花或者焊渣掉出该接火盆，可多次重复使用，避免出现安全事故，减小安全隐患，实为一种理想的接火接渣装置。

16.1.8 一种预制 T 梁台座梁靴调节组件

预制 T 梁结构是公路桥梁工程常用的结构体系,已广泛应用于桥梁工程建设中。因地形高差限制,桥梁线形设计常常带有纵坡,为解决纵坡情况下支座顶部与 T 梁底面水平接触,T 梁相应位置设计了梁靴。传统施工工艺中,T 梁梁靴位置通常采用简易地增加垫板或钢筋来作为梁靴高度的调节方法,但由于每片 T 梁梁靴尺寸不尽相同,传统施工方法在梁靴位置的施工质量往往存在问题,对支座受力产生隐患。为了解决此质量通病,提高 T 梁梁靴施工精度,使其符合设计要求,永大高速对预制 T 梁台座梁靴调节装置进行改进创新,发明了一种预制 T 梁台座梁靴调节组件(图 16-3),目的在于提供一种能够实现梁靴尺寸精细控制的预制 T 梁台座梁靴调节组件,保证梁靴施工尺寸符合设计要求,避免因梁靴尺寸不过关而造成支座偏压损坏,从而提高施工质量。

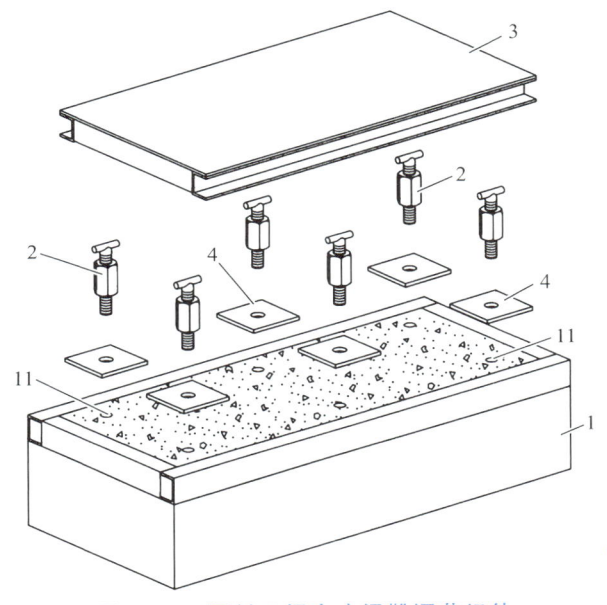

图 16-3 预制 T 梁台座梁靴调节组件

16.1.9 一种 T 梁负弯矩张拉装置

永大高速施工期间的 T 梁负弯矩张拉装置只能针对特定的尺寸进行张拉,兼容性较低,安装存在的局限性。一种改进创新后的 T 梁负弯矩张拉装置涉及建筑施工技术领域,包括定位板一和定位板二,所述定位板一和定位板二上均滑动安装有调节块,调节块上铰接有连杆,连杆的一端固定有活动板,活动板远离所述连杆的一侧固定有活动杆,两个活动板之间设有与所述活动杆滑动连接的调节盒,调节盒内滑动安装有两个调节板,调节盒内转动安装有与调节板螺纹连接的反向丝杆。该装置可调节张拉距离,适配不同距离的张拉,提高安装兼容性,同时可以调节张拉的角度,使用方便,调节稳定牢靠,易于推广。

16.1.10 一种门式起重机滑轨限位装置

永大高速施工期间的滑轨限位装置只能使用同一类型的起重机进行固定,不能根据起重机的滑轨大小进行调节，使用非常不方便，滑轨限位装置在使用时容易被起重机砸坏，缓冲结构有待提高。

一种门式起重机滑轨限位装置，涉及滑坡领域，包括限位装置本体与防护壳，限位装置本体的内侧设置有限位弹簧，限位弹簧的右侧固定有滑轨板，滑轨板的上方设置有滑块，滑块的上方连接有安装板，安装板的中部开设有滑槽，滑槽的上方连接有限位杆，限位杆的外侧连接有固定螺栓；限位装置本体的右侧安装有固定板，固定板的内侧连接有卡杆，卡杆的中部设置有固定弹簧，卡杆的右侧设置有固定杆，固定杆的外侧安装有抵板。该滑轨限位装置在使用时方便根据门式起重机滑轨的大小进行调节固定，提高了装置的实用性，便于人们操作使用，方便提高装置的缓冲结构，增加了装置的使用寿命。

16.1.11　一种高强钢拉杆定位支撑装置

高强钢拉杆具有结构复杂、安装精度高、成品保护难度大、构件长等特点，传统的高强钢拉杆锚固系统组拼采用人工进行对穿，即将高强钢拉杆预埋管放在支架上固定，汽车吊机将高强钢拉杆起吊后穿入高强钢拉杆预埋管内，然后再安装锚垫板、密封罩等组件。该工艺能满足现场生产需求，但其缺陷较明显，主要体现在：单个高强钢拉杆组拼时间长，工艺功效低；采用该法组拼高强钢拉杆需长时间配备一台吊机辅助作业，设备利用率低；人为因素对安装精度影响较大；安全管控难度大，作业人员长期在吊机吊钩下组拼，存在较大安全风险；成品保护难度大，人工对穿时高强钢拉杆和高强钢拉杆预埋管之间摩擦，对高强钢拉杆表面防腐涂装损伤较大。由此，施工单位发明了一种高强钢拉杆定位支撑装置，以解决相关技术中人为因素对钢拉杆安装精度的影响的问题。装置与高强钢拉杆预埋管内部连接，高强钢拉杆穿过该装置时，对高强钢拉杆起到了固定支撑的作用，并使高强钢拉杆与高强钢拉杆预埋管轴线重合，保证了钢拉杆的安装精度。

16.1.12　一种可调节劲性骨架组拼胎架

劲性骨架是索塔施工时对钢筋定位和内、外模调整的支承架，对于保证索塔的线形及斜拉桥索导管的固定与精确定位起到关键作用，而以往劲性骨架安装方法为逐片起吊安装，该方法耗时长，高空作业危险，且劲性骨架安装精度较低。因此，施工单位发明了一种可调节劲性骨架组拼胎架，在索塔旁设置劲性骨架整体组拼胎架，调节件可以根据刻度标记在基座上调整，可以确保劲性骨架的组拼尺寸精确，在陆地上进行该装置与劲性骨架的组拼，将高空作业变为陆地作业，利用塔吊进行整体吊装，大大减少了劲性骨架的安装风险并提高了索塔劲性骨架安装效率。

16.1.13　一种拉杆套管组拼装置

施工过程中高强钢拉杆采用工厂加工、现场组装的工艺进行安装，高强钢拉杆具有结构复杂、安装精度高、成品保护难度大、构件长度大等特点。传统的钢拉杆锚固系统组拼采用人工进行对穿，即将钢套管放在支架上固定，汽车吊机将钢拉杆起吊后穿入钢套管内，然后再安装锚垫板、密封罩等组件。一种改进创新后的拉杆套管组拼装置，能够解决现有技术中采用汽车吊机将钢拉杆起吊后穿入钢套管内，然后再安装锚垫板、密封罩等组件，会导致对安装精度有影响、存在安全风险、钢拉杆与钢套管之间会产生摩擦、对钢拉杆表面防腐涂装损伤较大以及效率低下等问题。

16.2 工　法

16.2.1　塔柱模板快速施工工法

1. 工艺流程

塔柱模板快速施工工法工艺流程如图16-4所示。

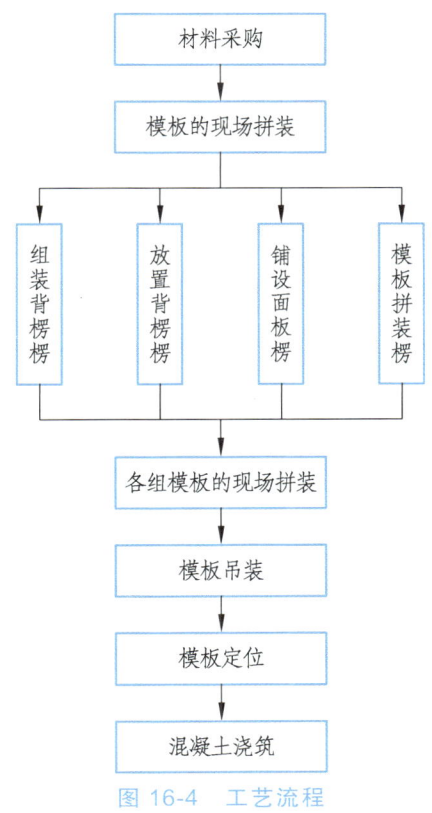

图 16-4　工艺流程

2. 操作要点

（1）模板的现场拼装。

① 组装背楞。用套管支撑在两片槽钢中间，螺栓穿过槽钢上的孔和套管把它们连接成整体背楞，背楞在工厂组装完成后发往施工现场，如图16-5所示。

② 放置背楞。按照设计图纸所示间距把背楞排放在搭设平台上，在背楞上画上定位线，拉准对角线，让任意两条背楞构成的长方形对角线相等，如图16-6所示。

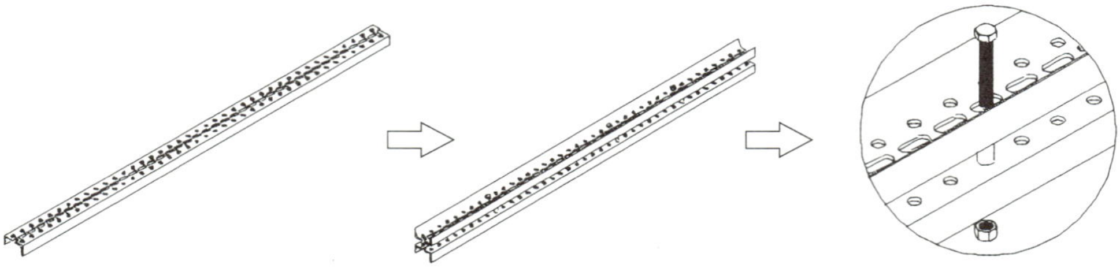

图 16-5 槽钢背楞组装过程

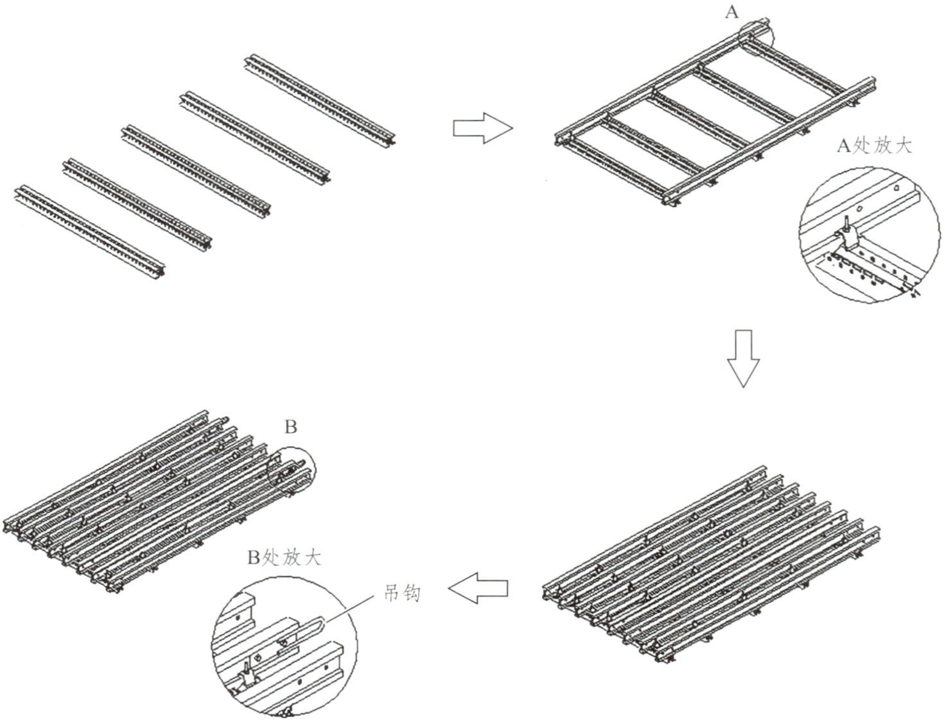

图 16-6 木工字梁、槽钢背楞组装过程

③ 铺设面板。将面板铺在木梁上，用自攻螺丝将其固定在木梁上，模板拼装结束，开对拉螺杆孔及爬锥孔，如图 16-7 所示。

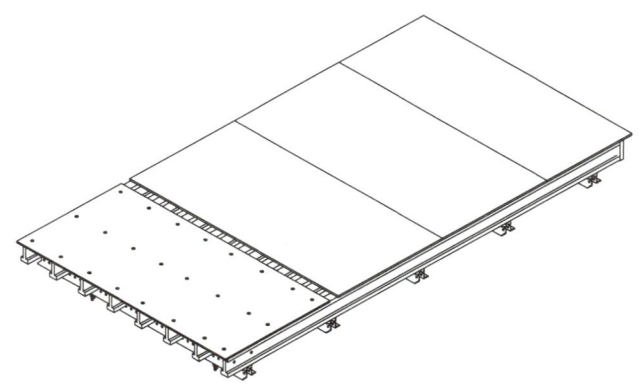

图 16-7 面板铺设及固定

④ 模板拼装细节处理。在模板拼装过程中，为确保拼装整体牢靠、用模板浇筑后的混凝土内实外美，吊钩安装、面板紧固、背楞连接、拼缝处理等细节如图 16-8、图 16-9、图 16-10 所示。

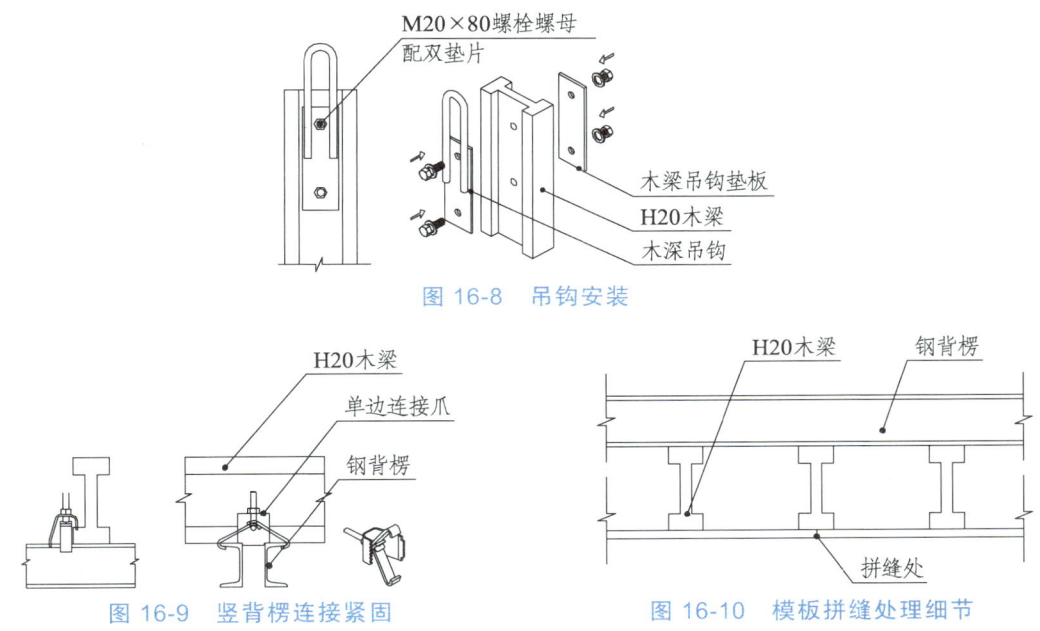

（2）模板的拼接连接细节。

为做到塔柱混凝土外表面的平顺、光滑、棱角分明，模板之间的连接非常重要，主要确保以下两个方面的连接质量：面板之间的连接细节、横向背楞之间的连接。面板之间的连接细节是保证各组模板拼缝平顺、错台小的重要措施，横向背楞之间的连接质量是提高模板整体刚度、保证塔柱外围尺寸总体平顺的重要措施。因此，对于模板的拼接连接细节应高度重视。

① 同一面的模板连接。为确保模板拼缝平顺，单组模板在拼装时，拼缝边缘的面板采用硬接口的连接形式，如图 16-11 所示，各组模板组拼时，两块面板接在一起，在横向背楞上装入芯带，通过在芯带上开孔内插入芯带销收紧的连接方式将同一面的各组模板紧密连接，如图 16-12 所示。本方案模板采用 6 道背楞，保证了整体的模板连接刚度。

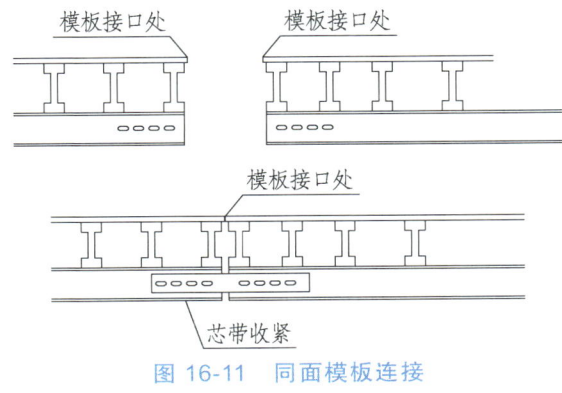

图 16-11 同面模板连接

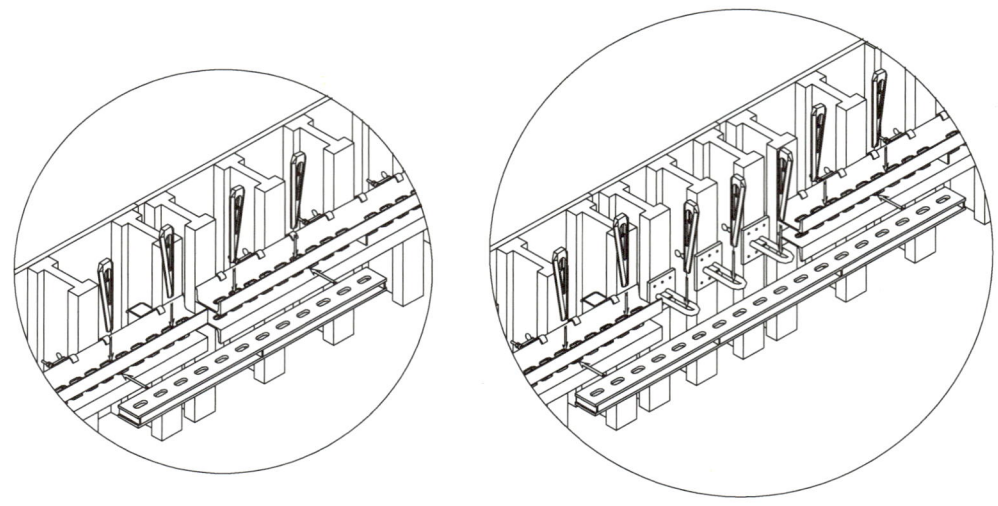

图 16-12 芯带、插销及背楞连接

② 不同面的模板连接。不同面模板间通过钢模钩和斜拉座连接在背楞上,同时为避免胀模情况的发生,倒角处的背楞还采取了斜拉座配合高强螺杆收紧的加强措施,垂直倒角的斜拉座直接利用定型产品即可,但对于非垂直面倒角需现场自行根据情况在背楞上焊接拉座。

(3) 大面模板的对拉及对拉螺杆设置。

本塔柱模板对拉长度不大于 3.5 m 时,对拉螺杆采用标准段通长的对拉方法,用 $\phi 45 \times 2$ 规格的 PVC(聚氯乙烯)套管对穿于两侧模板间,套管内穿对拉螺杆,拉杆可周转使用,如图 16-13 所示。

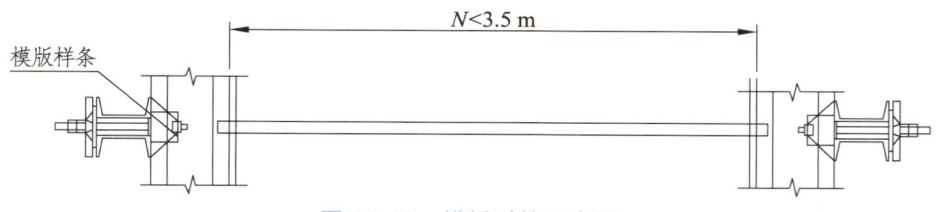

图 16-13 模板对拉示意图

内外模板安装到位,劲性骨架和加强钢筋焊接安装完成之后,便可以浇筑塔柱混凝土。

16.2.2 鹰嘴式凿岩机施工工法

1. 工艺流程

鹰嘴式凿岩机施工工法工艺流程图图 16-14 所示。

2. 操作要点

鹰嘴式凿岩机如图 16-15 所示,新型动力臂作为支撑,凿岩臂液压油缸提供液压动力把鹰嘴压入层状岩石中,并勾出破碎节理状岩石,再运用挖掘机开挖,自卸汽车运输。其适用挖掘破碎的岩石如图 16-16 所示。

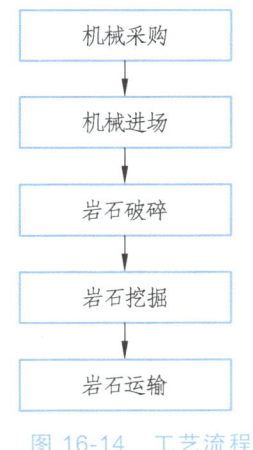

图 16-14 工艺流程

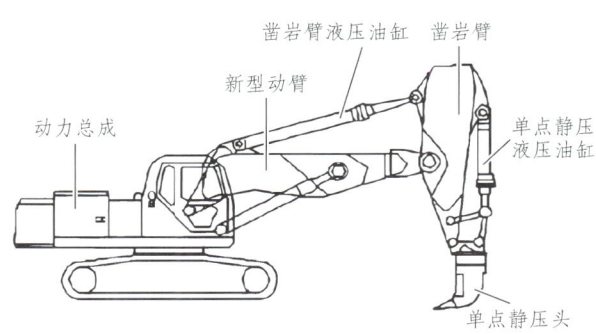

图 16-15 鹰嘴式凿岩机

图 16-16 中风化节理状岩石

现在施工图片如图 16-17 所示。

图 16-17 鹰嘴凿岩机现场施工图

16.2.3 干旱地区岩质边坡钻孔植播施工工法

1. 工艺流程

干旱地区岩质边坡钻孔植播施工工法施工工艺流程如图 16-18 所示。

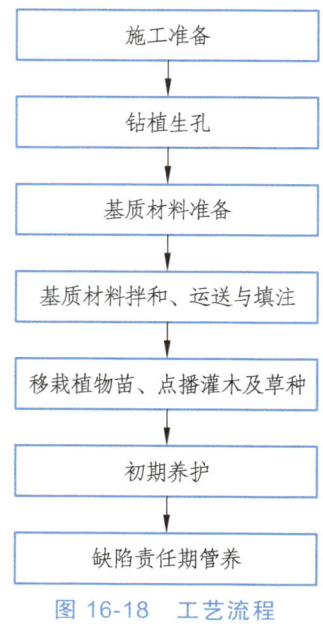

图 16-18 工艺流程

2. 操作要点

（1）大植生孔结构设计、尺寸、布设方案。

① 结构设计。

将植生孔内部分为上下部分别进行设计。各部主要功能为：

a. 上部主要功能：在寒、热季节起保温作用；在雨季起通过坡面径流收集水肥作用，从而保证植生孔内植物具有持续生长性能。

b. 下部主要功能：通过吸收地下水气、热量以调节、平衡植生孔内水温状态，充分保证孔内植物正常生长。

② 尺寸。

2020 年 4 月—2022 年 4 月期间本项目实施团队在干热河谷地带元蔓高速红河段绿化 1、2、3 工区约 20 万平方米高路堑边坡，2021 年 3 月—2022 年 4 月期间在永大高速项目土建 3 分部高路堑边坡钻孔植播的成功经验说明，植生孔采用如下尺寸，不仅节省基质土用量与浇水次数，而且在成活期约 50 d 内移栽灌木、藤本幼苗成活率达 95%：

a. 上部植生孔：底部直径约 20 cm，顶部直径约 30 cm，深度约 40 cm。

b. 下部植生孔：直径 5~8 cm，深度约 30 cm，接近坡面常态湿润层内即可。

③ 布设方案。

选择有利于植物永久性生长位置布设植生孔。植生孔布设方案应根据所种植植物 2 年内能够达到植生袋绿化规定的遮蔽率确定。

a. 小于 85% 含石量坡面，要求以种植每孔遮蔽率大于 2 m^2 的灌木为主。植生孔按约平均 1.4~2 m^2 布设 1 个。

b. 大于 85% 含石量坡面。以种植 2 年内每孔遮蔽率大于 5 m^2 的蔓藤为主。按平均 2~3.5 m^2 布设 1 个植生孔；孔位主要布设于坡面、平台岩土破碎、裂缝发育位置，并适当点播灌木种子。

c. 加大型植生孔。当某框格梁为整体性岩块时，可以将若干个植生孔合并成 1~3 个加大型植生孔，并移栽遮蔽率更高的藤本植物。

（2）小植生孔作用、尺寸、布设方案等。

① 作用。其主要作用是在缺陷责任期内弥补上述大植生孔局部坡面遮蔽率不足的缺陷。

② 植生孔尺寸。平均直径 8~10 cm，深度大于 20 cm。

③ 植生孔布设方案。选择有利于弥补大植生孔植物遮蔽率不足位置布设植生孔，预计每平方米布设 1 个植生孔。

④ 种植植物类型：点播低矮灌木、花卉、草本种子。

（3）初期适当浇水及追肥养护。

① 适当浇水。将配有水龙头开关的软质水袋置于边坡顶部或边坡平台适当位置，再用高扬程小型水泵将水泵入软质水袋以后，使用软质水管即可完成浇水工作。

② 追肥养护。将复合肥溶解于水以后，按上述适当浇水方法即可完成此项工序。

该工艺施工过程及施工效果如图 16-19~图 16-23 所示。

图 16-19 植生孔加入植生基质

图 16-20　边坡修整完成（K15+100～K15+460）

图 16-21　钻孔直播绿化植物栽种完成

图 16-22　180 d 后边坡绿化效果

图 16-23　180 d 后边坡绿化效果

16.2.4 高速公路矩形抗滑桩机械成孔施工工法

1. 工艺流程

高速公路矩形抗滑桩机械成孔施工工法工艺流程如图 16-24 所示。

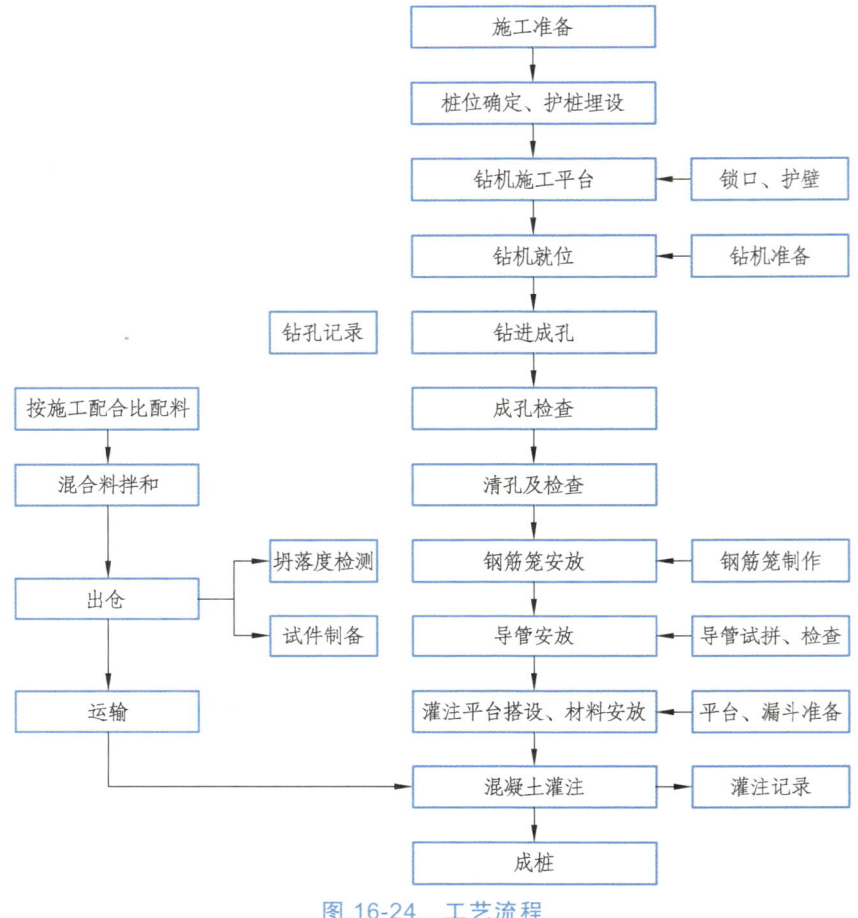

图 16-24 工艺流程

2. 工艺流程

（1）场地准备。

现场已按照施工路基压实标准进行反压回填，进而为旋挖机预留足够的施工平台，平台顶宽度 15 m，坡比 1∶1。

（2）放线测量。

钻孔前使用全站仪采用逐桩坐标法定桩位，放样后四周设护桩并复测，误差控制在 5 mm 以内，待甲方或监理验收合格后方可施工。

（3）锁口及护壁制作。

锁口及护壁采用钢筋混凝土制作，锁口深度 500 mm、厚度 500 mm，护壁深度 3 000 mm、厚度 300 mm。1.5 m×2.0 m 抗滑桩锁口内尺寸：短边尺寸 1.863 m，长边尺寸 2.425 m。锁口、护壁立面图如图 16-25 所示。

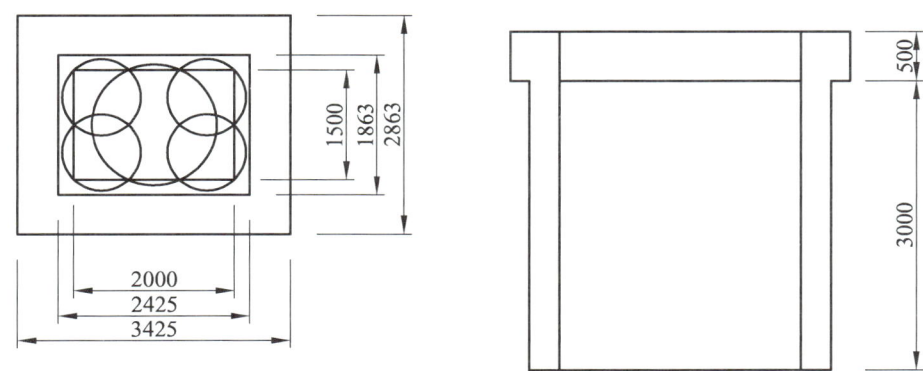

图 16-25　锁口、护壁立面图（单位：mm）

（4）钻机就位。

钻机安放前，先将桩孔周边垫平，使地面平整，确保钻机安放到位、机身平稳，钻机就位时应确保钻杆中心和桩位中心在同一铅垂线上，其对中误差不得大于 10 mm；经监理工程师对钻机的对中、平台水平、钻杆垂直度检查验收同意后，方可开始钻孔。正式钻孔前，钻机要先进行运转试验，检查钻机的稳定性和运行状况，确保成孔施工能连续进行。钻机就位后，测量钻杆长度或护筒标高来控制钻孔深度，避免超钻或少钻。

（5）钻孔及检孔。

旋挖钻成孔首先是通过底部带有活门的桶式钻头回旋破碎岩土，并直接将其装入钻头内，然后再由卷扬机和伸缩式钻杆将钻头提出孔外卸土，这样循环往复，不断取土、卸土，直至钻到设计孔深。旋挖成孔具有低噪声、低震动、扭矩大、成孔速度快、桩侧摩阻力发挥好等优点，该施工法适用于填土、硬土、砾石层、软～中硬基岩等地层。本工程的地层情况，非常适合采用旋挖钻机干成孔的施工方法。

采用旋挖钻机干成孔作业，钻渣可以作为原土回填。钻渣由钻头取出后直接卸于孔口不远处，现场安排了一台装载机或挖机配合，及时将钻渣转移到场地边。当钻机显示深度接近设计深度时，采用经过校核的测绳进行精确测量，避免出现超钻深度过大。

根据旋挖钻的施工特点，在终孔时采用减压扫孔 2～3 圈，将孔底钻渣尽可能取出，并保证孔底大致平整。在下钢筋笼前应再次测量孔深，确定孔底虚土厚度。

（6）清孔。

钻孔深度达到设计高程后，应对孔尺寸、孔深和孔的倾斜度进行检验，并经监理工程师批准后立即进行清孔。清孔的目的是清除钻渣和桩底沉淀层，尽量减少孔底沉淀厚度。清孔分两次进行。第一次清孔在钻孔深度达到设计深度后进行，第一次清孔就应满足规范要求，否则不应下放钢筋笼。第二次清孔在下放安装钢筋笼后，检测孔深等各项指标满足规范后，方可进行下一道工序施工。

（7）钢筋笼的制作与安装。

钢筋笼制作：设计桩长分别为 16 m 和 20 m，由于 36 mm 的钢筋直径较大，且间距较密，钢筋笼计划按整节加工制作与吊装。同一截面处接头数量不应超过主筋根数的 50%。钢筋下料时尽量使接头避开抗震箍筋加密区。钢筋笼制作时必须保证顺直，加劲箍筋焊接牢固，保护层钢筋不能漏焊，声测管要保证长度及确保不漏水，吊装前在骨架顶端焊好定位筋和定位吊环。为避免钢筋笼在加工、运输及吊装过程中变形而影响质量，钢筋笼内每两米设置一根加劲箍，加劲箍采用直径 25 mm 钢筋沿钢筋笼四周布设。

声测管安装：为确保灌注桩质量，沿钢筋笼四周布设 $\phi 57 \times 3$ 钢管供超声波检测。声测管外径 57 mm，壁厚 3.0 mm，且一般应高出桩顶 30 cm；埋设钢管时应保证钢管竖直接触孔底，顶底段需绑扎紧密，使浇筑混凝土时不堵孔、不漏浆。钢管需焊接接长时，采用大直径钢管套接，防止在钢管内形成焊瘤。

考虑到钢筋笼运输较为困难，钢筋笼应在钢筋加工场地加工成半成品，运至施工现场后整体拼装，然后利用吊车整体吊装到孔内。钢筋笼上口到达护筒口上方时，用型钢扁担将钢筋笼搁置在护筒上。由于钢筋笼较长，且要求整体一次吊装，所以必须考虑到起吊和移位时的钢筋笼变形控制，必要时钢筋笼可增设支架防止起吊变形。需要埋设声测管的桩，提前准备镀锌声测管，下好料，并焊接密实，均匀绑扎在钢筋笼纵筋上。钢筋笼最大质量在 20 t 左右，整体吊装采用两台吊车吊装，一台主吊车（70 t 履带吊）、一台辅助吊车（25 t），每一台吊车均采用四点起吊，如图 16-26 所示。

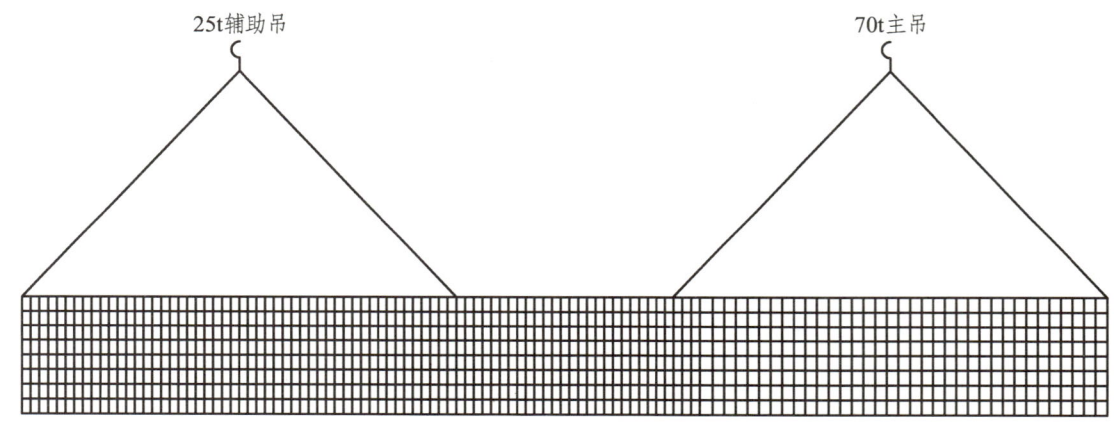

图 16-26　钢筋笼吊装

为了保证钢筋笼起吊时不变形，每一台吊车均采用三点吊。第一台吊车（25 t 辅助吊车）：第一、二吊点设在骨架的下部，第三、四吊点设在距离骨架底部 2/5 位置处。第二台吊车（70 t 履带吊）：第一、二吊点设在骨架的顶部，第三、四吊点设在距离骨架顶部 2/5 位置处。两台吊车同时起吊将钢筋笼吊离地面，达到竖立高度时，辅助吊停止起吊，主吊继续提升，使钢筋达到竖立状态。

吊放钢筋笼入孔时应对准孔位轻放、慢放入孔，入孔后应徐徐下放。若遇阻力应停止下放，查明原因进行处理。严禁高起猛落、碰撞和强行下放。

为保证钢筋笼竖向轴线垂直度及混凝土保护层厚度，应在钢筋笼外周采用焊接钢筋耳环或绑扎与桩基混凝土同强度预制块形式进行控制。

钢筋笼入孔后，按设计要求检查安放位置并作好记录。符合要求后，钢筋笼上端可采取钢筋连接加长 2 根主筋的措施，延至孔口定位，防止钢筋笼因自重下落或灌注混凝土时往上窜动造成错位。

钢筋笼的安装：制作时应采取必要措施，保证骨架的刚度，主筋的接头应错开布置。大直径长桩的钢筋笼宜在胎架上分段制作，且宜编号，安装时应按编号顺序连接。钢筋笼在运输过程中，应采取适当的措施防止其变形。骨架的顶端应设置吊环。绑扎或焊接的钢筋网和钢筋骨架不得有变形、松脱和开焊。

骨架下放时注意防止碰撞孔壁，放至孔内设计标高后将骨架吊环挂在孔口，并临时与护筒口焊接牢固。吊放钢筋笼采用吊车进行，吊放时注意不能碰撞孔壁，防止坍孔，并防止泥土等杂物带入孔内。在钢筋笼外侧绑扎混凝土垫块或焊接钢筋耳环，以保证钢筋的保护层厚度。钢筋笼吊入后校正轴线位置，并牢固定位，以免在灌注混凝土时发生浮笼现象。

（8）导管安装。

① 采用专用的法兰盘连接，导管采用 300 mm 内径导管，中间节长 2.7 m，最下节长 4 m，配备 0.5 m、1 m 非标准节。导管制作要坚固、内壁光滑、顺直、无局部凹凸，对于旧导管在试压前应通过称重的方式判定导管壁厚是否满足使用要求。

② 导管在使用前，除应对其规格、质量和拼接构造进行认真检查外，应进行试拼和试压，试压导管的长度应满足最长桩浇筑需要，导管自下而上顺序编号和控制节段长度，且严格保持导管的组合顺序，每组导管不能混用。导管组拼后轴线差，不宜超过钻孔深的 0.5%且不大于 10 cm。试压压力为孔底静水压力的 1.5 倍。检查合格后方可使用。

③ 导管长度应按孔深和工作平台高度决定。漏斗底至钻孔上口段，宜使用非标准节导管。

④ 导管下放应竖直、轻放，以免碰撞钢筋笼。下放时要记录下放的节数，下放到孔底后，理论长度与实际长度进行比较，是否吻合。

⑤ 完全下放导管到孔底，经检查无误后，轻轻提起导管，控制底口距离孔底 0.25~0.4 m，并位于钻孔中央。

（9）灌注混凝土。

为确保混凝土质量，按照水下灌注桩工艺进行水下混凝土的灌注，连续灌注，边灌边提升导管，同时用一台吊车配合钻架吊放、拆卸导管。开始时，应检查混凝土的均匀性和坍落度。混凝土坍落度宜为 160~220 mm，且应充分考虑气温、运距及施工时间的影响导致的坍落度损失。混凝土坍落度符合规范要求后，再开始灌注。

首批灌注混凝土的数量要能满足导管首次埋置深度不得小于 1 m 和填充导管底部高度的要求，封底时导管埋入混凝土中的深度不得小于 1 m，首批混凝土方量根据桩径和导管埋深及导管内混凝土的方量而定，拌制好的混凝土用混凝土运输车运至桩基口处，注入钻机提升的料斗内。在整个灌注过程中，要经常探测孔内混凝土面的位置，及时调整导管埋深，导管埋深一般不小于 2.0 m 且不大于 6.0 m。由专人测量导管埋深并填写水下混凝土灌注记录。施工时应边灌注、边排水，并应保持护筒内的水头稳定，防止塌孔。

旋挖干成孔混凝土顶 3~5 m 内必须振捣密实。多余部分桩头必须凿除，确保桩头无松散层、无浮浆。

（10）混凝土灌注桩施工过程中遇到施工难点时的注意事项。

① 采用测深锤检测混凝土的灌注高度，测锤应有适当的质量、容重和形状，一般采用圆锥体，锤外壳可用钢板焊接或锌铁皮制成，锤内装砂或铅来调整其容重（25 kN/m³）。容重过大，测锤进入混凝土太深；容重过小，测锤与完整混凝土面接触不好，因此容重以稍大于混

凝土容重为宜。测绳选用质轻、抗拉强度高及遇水不伸缩的材料，要经常对测绳进行校正，保证测试结果的准确性。这种检测方法主要依靠手感和经验来判定测锤在混凝土内的位置，要使测锤位置在扰动混凝土和表面混凝土接触面附近时读数，并校验读数的准确性，以防止误测。检测时宜靠近导管放锤，防止测锤刮碰钢筋笼，致使检测失败。检测次数视灌注情况而定，在接近装桩顶时，必须增加检测的次数。

② 导管提升时应保持轴线竖直和位置居中，逐步提升，如导管法兰卡钢筋骨架，可移动导管，使其脱开钢筋骨架后，移到钻孔中心。当导管提升到法兰接头露出孔口以上有一定高度时，可拆除1节和2节导管（视每节导管和工作平台距孔口高度而定）。此时，暂停灌注，先取走漏斗，重新卡牢井口的导管，然后松开导管的接头螺栓，同时将起吊导管用的吊钩挂上待拆的导管上端的吊环，待螺栓全部拆除后，吊起待拆的导管，徐徐放在地上，然后将漏斗重新插入井口导管内，校好位置，继续灌注。拆除导管动作要快，时间一般不宜超过15 min，要防止螺栓、橡胶垫和工具等掉入孔中，并注意安全。已拆下的管节要立即冲洗干净，堆放整齐。当孔内混凝土面接近设计标高时，要及时估算运输车内或输送管内搅拌待出的混凝土量，以及导管内超高部分和混凝土量与灌注所需混凝土量的差额，以便搅拌站提前做好供应计划，减少浪费。

③ 现场必须有专职试验人员，在混凝土灌注过程中要随机抽检坍落度，及时按规定制作试块。混凝土只有在检测合格后方可进行混凝土灌注。同时，实验人员必须时时对孔内泥浆浓度进行检测，如有出入及时与现场负责人联系处理以免造成质量事故，并做好相应现场检测记录。

④ 在灌注过程中，当导管内混凝土不满含有空气时，后续混凝土要徐徐灌入，不可整斗灌入漏斗和导管，以免在导管内形成高压气囊，挤出管节间的橡皮垫，而使导管漏水。

⑤ 当混凝土面升到钢筋骨架下端时，为防止钢筋骨架被混凝土顶托上升，采取以下措施：尽量缩短混凝土总的灌注时间，防止顶层混凝土进入钢筋骨架时，混凝土的流动性过小。当混凝土面接近和初进入钢筋骨架时，应保持较深埋管，并徐徐灌入。当孔内混凝土面进入钢筋骨架底口4 m以上时，适当提高导管，减少导管埋置深度（不得小于1 m），以增加骨架在导管底口以下的埋置深度，从而增加混凝土对钢筋骨架的握裹力。导管提升到高于骨架底部2 m以上，即可恢复灌注速度。

⑥ 在灌注将近结束时，由于导管内混凝土柱高度减小，导管处的泥浆及所含渣土稠度增加，比重增大，如出现混凝土顶升困难时，可在孔内加水稀释泥浆，并掏出部分沉淀物，使灌注顺利进行。灌注末期，导管内混凝土压力减小，为保证桩头质量，应将导管和漏斗提升3~4 m增加压力差，确保桩头密度。同时，灌注将近结束时的泥浆较浓，甚至夹带大量的泥块，应充分考虑80 cm以上的超灌高度，以保证桩头质量。

⑦ 有关混凝土灌注情况、灌注时间、混凝土面的深度、导管埋深、导管拆除及发生的异常现象应由专人进行记录并及时处理。

（11）破桩头。

桩基达到设计强度的70%以后进行桩头破除处理。由人工用风镐进行凿除高于设计的桩顶段，要保持钢筋的完整，尽量保证主筋的顺直。桩顶基本平整、干净。破除的桩头运出场外指定弃土场弃置。旋挖机开挖如图 16-27 所示，抗滑桩浇筑完成如图 16-28 所示。

图 16-27　旋挖机开挖

图 16-28　抗滑桩浇筑完成

16.2.5　悬索桥钢箱梁节段环焊施工工法

1. 底板焊接作业操作平台

底板焊接作业时，底板底部需粘贴陶瓷衬垫，使用自制焊接操作平台，平台底部采用 2 mm 厚花纹钢板铺设，两侧壁采用 300 mm 高、1 mm 厚钢板及 920 mm 高 30 mm × 30 mm 钢丝网防护，且底部加铺 30 mm 厚的防火棉，如图 16-29 ~ 图 16-31 所示。

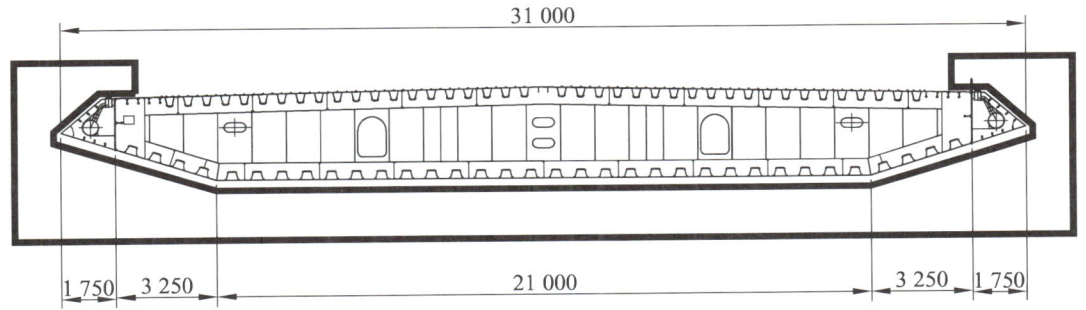

图 16-29　江底河特大桥主桥焊接平台布置图（单位：mm）

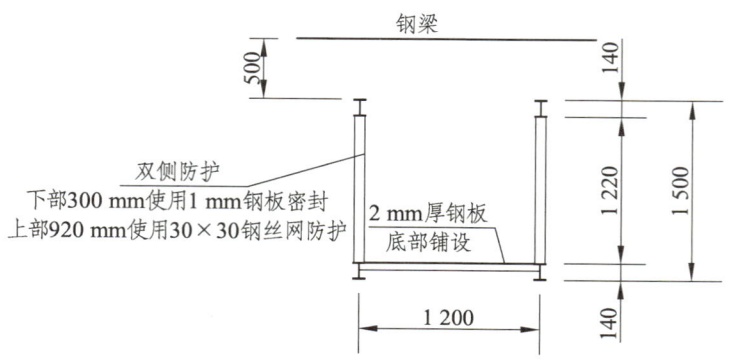

图 16-30 焊接平台内部防火防护及封闭做法（单位：mm）

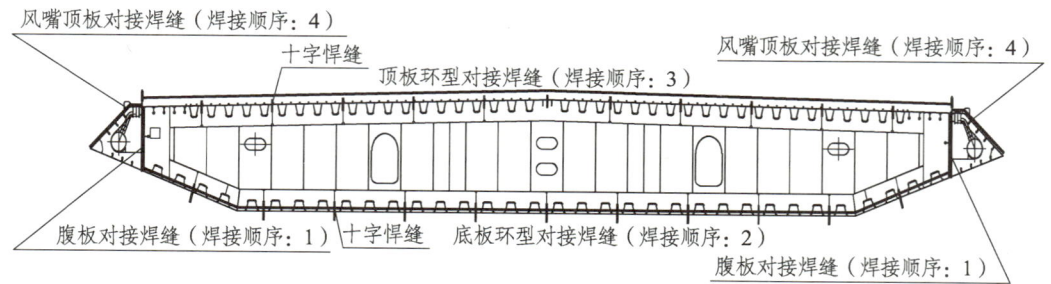

图 16-31 钢箱梁环缝焊接顺序

2. 腹板焊接作业防火施工

腹板焊接作业时，风嘴内需粘贴陶瓷衬垫，人员通过焊接平台进入风嘴内。

腹板焊接工艺：腹板焊接时，人员通过焊接平台进入风嘴内，粘贴腹板立焊陶瓷衬垫，焊机及焊接工人处于箱体内部。在焊缝打底过程中，可能发生高温陶瓷衬垫或铁水掉落，焊接平台仍位于原位不移动，腹板打底焊接结束后，在焊接平台内移除陶瓷衬垫，收集好废弃陶瓷衬垫集中存放，统一转运至起吊区。在腹板焊接过程中，焊接点位需设置一组 CO_2 灭火器。灭火器随焊接点位移动而移动。腹板焊接前，底板间缝隙需使用防火帆布封住。

腹板焊接时，使用 1 mm 槽型钢板接火槽吸附在风嘴内腹板上，在焊接过程中，掉落的焊渣、陶瓷衬垫等落入接火槽内。其中腹板焊接时在接火槽下部焊接封板，防止焊渣、陶瓷衬垫滑落，如图 16-32 所示。

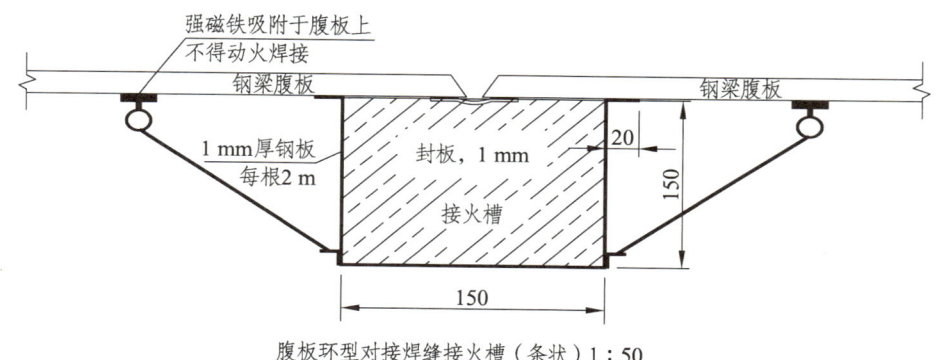

图 16-32 腹板环形对接焊缝接火槽（条状）

3. 底板焊接作业防火施工

底板焊接工艺：底板焊接时，人员在焊接平台内粘贴底板底部陶瓷衬垫，焊机及焊接工人处于箱体内部。在焊缝打底过程中，可能发生高温陶瓷衬垫或铁水掉落，焊接平台仍位于原位不移动，底板打底焊接结束后，在焊接平台内移除陶瓷衬垫，收集好废弃陶瓷衬垫集中存放，统一转运至起吊区。

如图 16-33 所示，在步骤 1~3 中，均使焊接平台处于本焊缝下方处，待移出陶瓷衬垫后，方可移动至下一道底板环口焊缝。打底结束后，可继续焊接，不再有掉落风险的飞溅物产生。底板焊接过程中，焊接点位需设置一组 CO_2 灭火器。灭火器随焊接点位移动而移动。

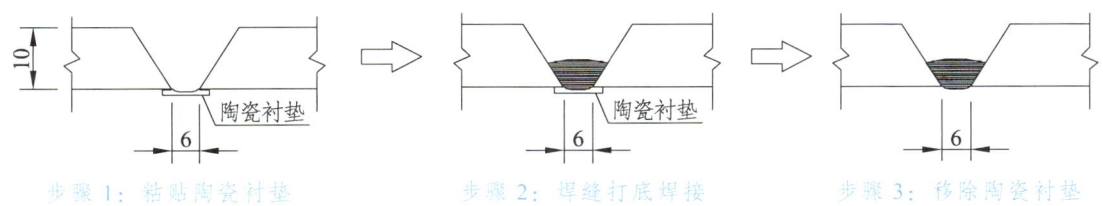

图 16-33 底板焊接作业防火施工（单位：mm）

底板焊接时，使用 1 mm 槽型钢板接火槽反面吸附于钢梁上，在焊接过程中，掉落的焊渣、陶瓷衬垫等落入接火槽内。其中斜底板焊接时在接火槽下游处焊接封板，防止焊渣、陶瓷衬垫滑落。接火槽长度分别为 2 000 mm 及 1 500 mm，如图 16-34 所示。

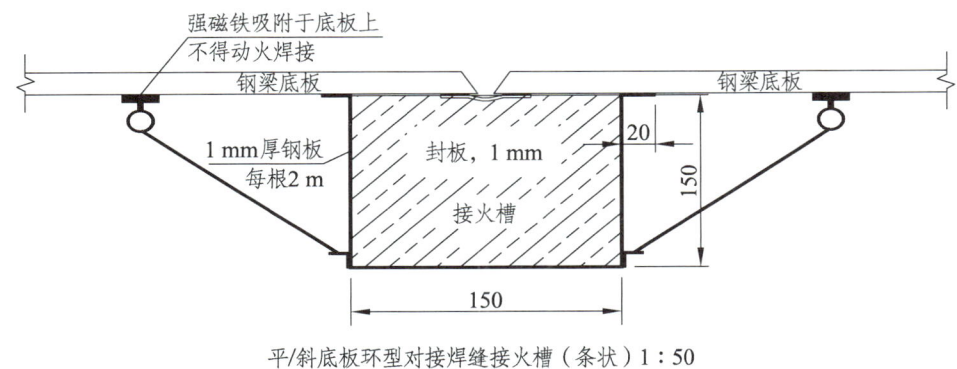

平/斜底板环型对接焊缝接火槽（条状）1：50

图 16-34 平/斜底板环形对接焊缝接火槽

底板十字焊缝焊接时，需使用碳弧气刨刨出十字焊缝，再一次焊接十字焊缝，在钢梁底板下侧设置接火盆，十字焊缝区域内使用槽型接火盆接住掉落的飞溅及熔珠。

4. 顶板焊接作业防火措施

顶板焊接作业时，箱体内粘贴陶瓷衬垫，人员在顶板顶部进行焊接作业。

腹板焊接工艺：腹板焊接时，人员通过人孔（工艺孔）进入箱体内，粘贴顶板平焊底部陶瓷衬垫，焊机及焊接工人处于顶板外部。在焊缝打底过程中，可能发生高温陶瓷衬垫或铁水掉落，但掉落物均掉入密闭的钢箱梁内。顶板焊接时，在风力作用下，产生的飞溅物可能掉落至草（林）地发生火灾。顶板焊接时，在焊接部位设置移动防风棚，一来可阻止焊接时焊缝产生夹渣或气孔，二来可防止飞溅物吹落至草（林）地发生火灾。防风棚做法如图 16-35 所示（具体数量根据实际需求制作）。

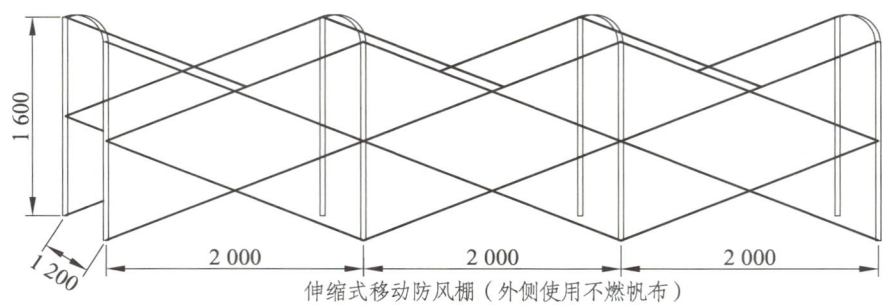

图 16-35　伸缩式移动防风棚（外侧使用不燃帆布）

在顶板焊接过程中，焊接点位需设置一组 CO_2 灭火器。灭火器随焊接点位移动而移动。

顶板焊接时，使用 0.8 mm 厚、1 200 mm 长、200/300 mm 高槽型钢板挡风板正面置于码板外，使得整个焊接点（包括对接焊缝及十字焊缝）处于挡风板内，焊接飞溅物可集中在挡风板内。

5. 风嘴斜顶板焊接作业防火措施

风嘴斜顶板焊接作业时，风嘴内粘贴陶瓷衬垫，人员在顶板外侧进行焊接作业。

风嘴斜顶板焊接工艺：风嘴斜顶板焊接时，人员通过检修孔进入风嘴内，粘贴斜顶板底部陶瓷衬垫，焊机及焊接工人处于斜顶板外部，且人员操作时，在焊接平台上设置临时落脚点。由于斜顶板焊接位于钢箱梁边缘，外部焊接时，飞溅物或熔珠极易掉落，此时必须在风嘴斜顶板外侧设置挡风板，挡风板下游设置封板，挡风板长 600 mm、高 200 mm、宽 300 mm。焊接风嘴斜顶板/顶板时，风嘴斜底板与腹板间缝隙需使用防火帆布封住。

在斜顶板焊接过程中，焊接点位需设置装水的消防桶及灭火器各一组。灭火器随焊接点位移动而移动。接火盆现场实物如图 16-36 所示。

图 16-36　接火盆现场实物

16.2.6 悬索桥钢箱梁分块拼装施工工法

1. 板单元划分

为了方便预制和运输，将一节钢箱梁分成12块顶板单元、24个横隔板接板单元、12块横隔板单元、2个腹板单元、2个风嘴单元、6个底板单元。

按照每一节钢箱梁板单元的组成在加工厂内统一加工完成以后运往现场加工车间进行整体组拼焊接。

钢箱梁立体图如图16-37所示，板单元划分如图16-38所示。

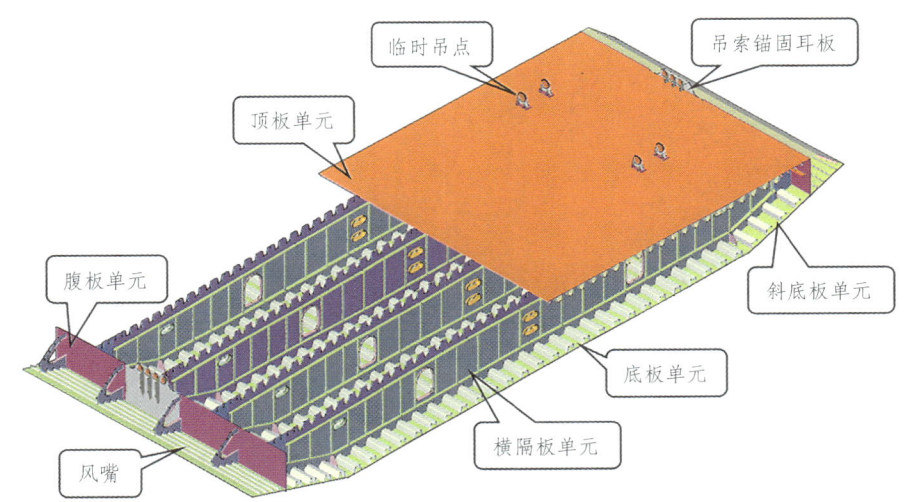

图 16-37　钢箱梁立体图

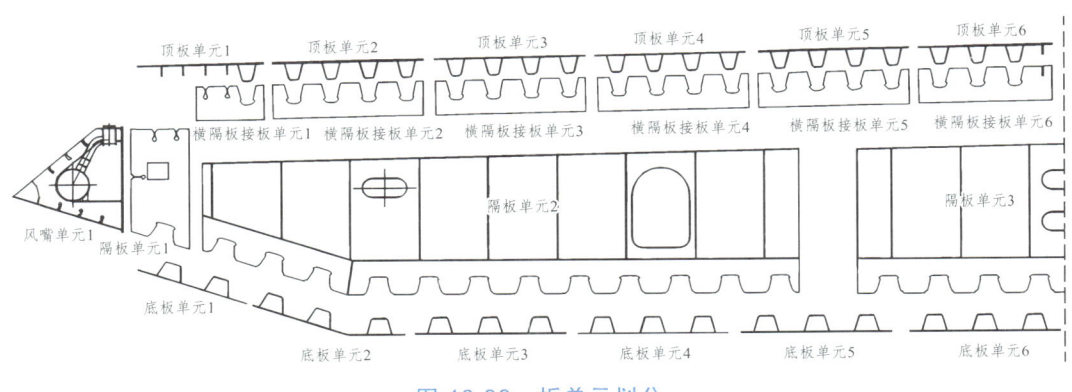

图 16-38　板单元划分

2. 板单元制造

（1）顶板单元。

顶板采用数控火焰精密切割下料，宽度预留焊缝收缩量。用火焰加工坡口后在板面上进行精确画线，画出纵横基准线、U形肋定位线、横隔板位置线，并用样冲标记。以背塔端U形肋第一排螺栓孔中心线为横向基准线。

① U形肋加工。

采用数控火焰精密切割下料，长度、宽度预留机加工量。矫平，严格控制平面度，达到 1.0 mm/m。精确画卡样线，并用样冲标记。按线卡钻孔样板，采用摇臂钻床钻孔。在数控折弯机上一次折弯成形，严格控制折弯角度，如图 16-39 所示。

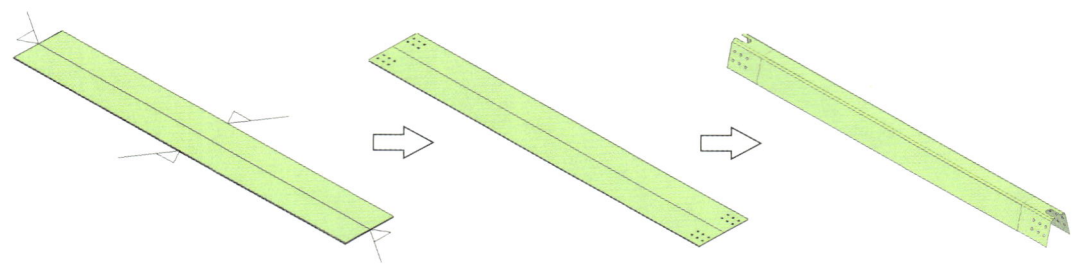

图 16-39　U 形肋加工

② 横隔板接板加工，如图 16-40 所示。

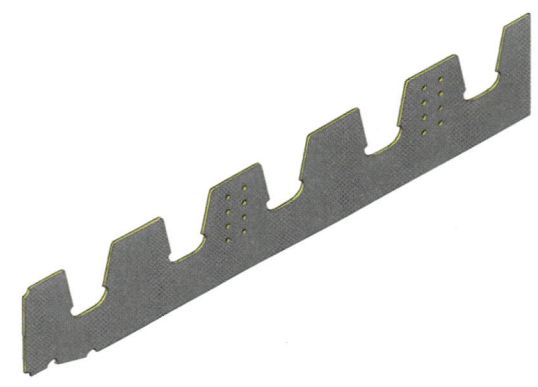

图 16-40　横隔板接板加工

③ 顶板单元组焊。

第一步：顶板组拼。将顶板放置在 U 形肋组装机组装平台上，并采用丝杆夹、定位挡块固定，通过组装机将 U 形肋依据定位线精确定位，与顶板压紧后进行定位焊接，组装间隙 ≤0.5 mm，如图 16-41 所示。

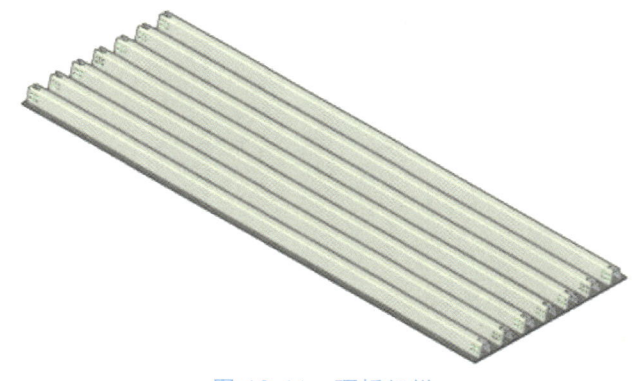

图 16-41　顶板组拼

第二步：顶板 U 肋焊接。采用 U 形肋板单元全熔透焊接系统进行焊接，先内焊再外焊，焊接时防止熄弧、断弧。U 形肋熔透焊缝焊接完毕并探伤合格后组焊 U 形肋端封板。焊接完毕后，对局部平面度达不到要求的焊接变形，进行火焰矫正。（为了防止运输过程中变形以后难以矫正，横隔板接板在现场加工厂进行组焊。）

（2）底板单元拼装。

第一步：采用数控火焰精密切割下料，再进行精确画线，画出纵横基准线、U 形肋定位线、横隔板位置线（图 16-42），并用样冲标记，然后用火焰加工坡扣。

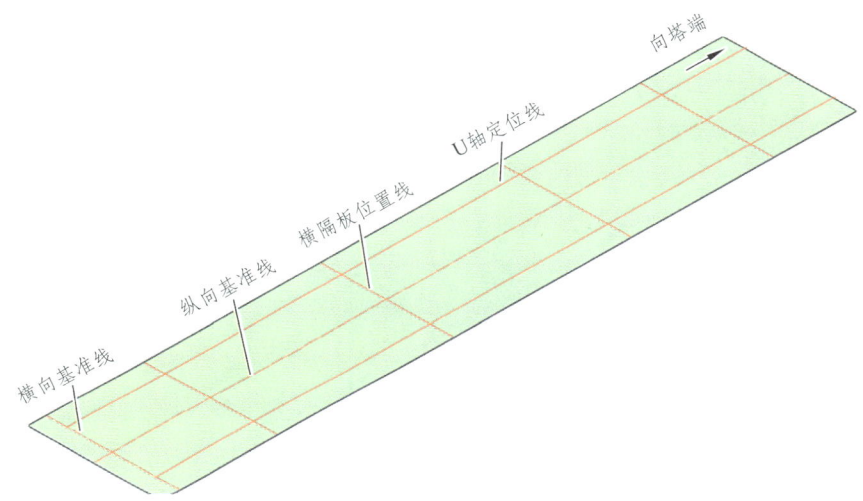

图 16-42　画线

第二步：U 型肋加工。

第三步：底板单元组焊，采用 U 形肋板单元智能机器人焊接系统配合液压反变形胎架进行焊接，如图 16-43 所示。

图 16-43　焊接

（3）腹板单元件制造（图16-44）。

第一步：加工吊耳加强板。

第二步：加工吊索锚固耳板。

第三步：吊索锚固耳板组焊。

第四步：腹板加工。

第五步：腹板单元件组焊。

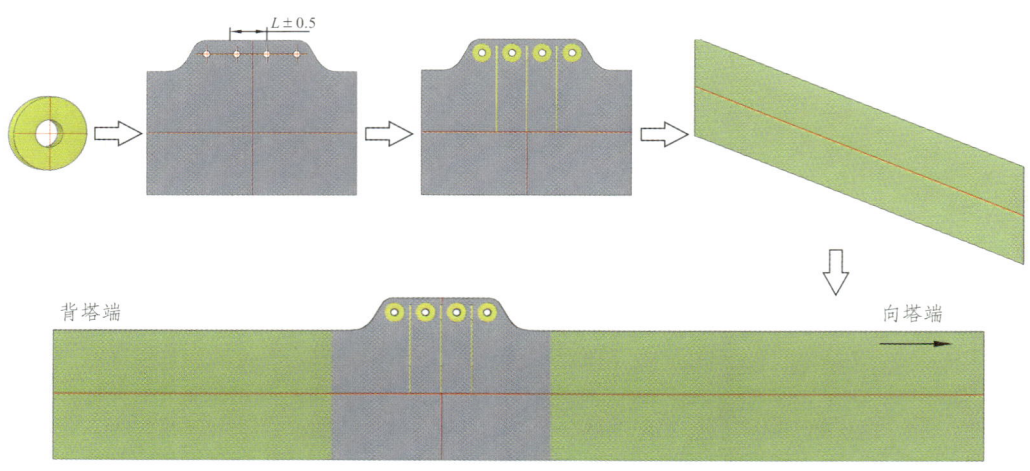

图16-44　腹板单元件制造

（4）横隔板单元件制造（图16-45）。

第一步：采用数控程序精确下料，长度预留焊接及矫正收缩量。

第二步：在专用组拼平台上组装上盖板、纵横加劲板、人孔、管线孔加颈圈。

第三步：采用 CO_2 气体保护焊从中间向两边对称焊接。选用高技能的矫正工进行矫正。

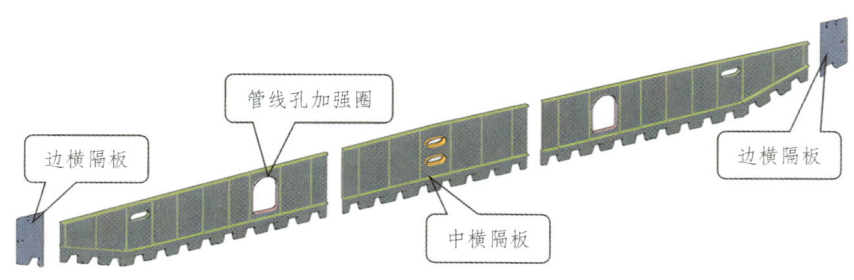

图16-45　横隔板单元件制造

（5）风嘴单元制造（图16-46）。

第一步：风嘴顶板单元制造。采用数控程序精准下料，宽度方向预留焊缝收缩，画纵、横基准线，横隔板定位线，加劲肋定位线，折弯线。依据画出的折弯线在数控折弯机上折弯成形；根据定位线组装条形加筋肋，并采用肋板单元智能机器人焊接系统进行焊接，最后用火焰进行矫正。

第二步：风嘴横隔板单元制造。在厂内采用数控程序精确切割下料，焊接前用临时支撑控制端口尺寸，防止变形。

第三步：风嘴块体组焊。在风嘴专用胎架上组装，以风嘴横隔板单元为内胎，以定位挡块为基准，严格控制外形尺寸，确保各节段匹配精度；然后，由中间向两边对称焊接风嘴横隔板与顶板、底板的角焊缝，同时由一端向另外一端接风嘴顶板与底板的角焊缝；最后，采用火焰矫正焊接变形。

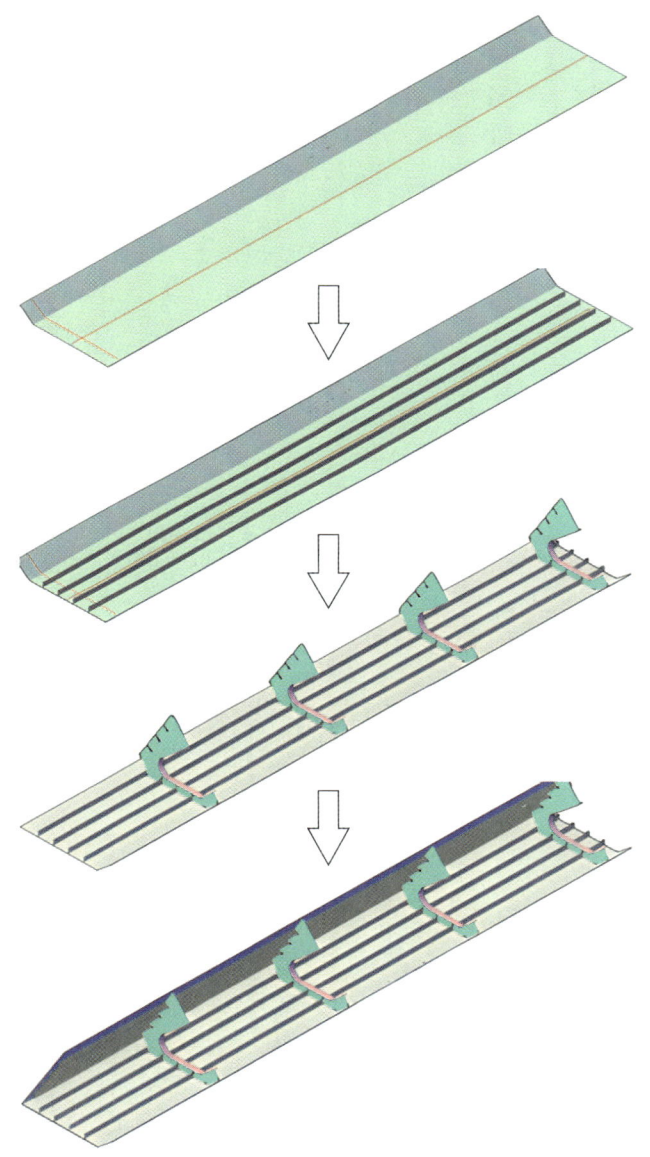

图 16-46　风嘴单元制造

3. 钢箱梁梁段现场组拼

中央底板单元定位：从每轮次的基准节段开始，将中心底板单元置于胎架上，使其横、纵基线与胎架和标志塔上的定位标志精准对齐定位。

其余平底板单元定位：中心底板单元完成定位后，依次向两边组焊其他平底板单元，定位时横向用钢尺控制板单元纵基线与桥中线距离；纵向用经纬仪控制横基线偏差，纵、横基准定位间距加放 2.5 mm 焊缝收缩量。

斜底板单元定位：横向定位以标志塔上的定位标志为基准，纵向以板单元的横基线为基准，同时考虑线形倾斜量影响。定位时要架设两台经纬仪，横向、纵向同时调整定位。底板单元高程控制以底板与牙板密贴为准，底板全部焊接完成后再用水平仪检测进行检测修正。

（1）组装横隔板单元件。

从两侧向中间依次组装，以底板的横基线为基准，从基准节段开始依次组装横隔板。横隔板组装重点是控制板面平面度、纵向间距及与底板的垂直度。组装时与定位线精确对齐，并用吊线锤控制隔板与底板垂直度（横隔板倾斜量由线形放样上可以量取），并用组装拉杆固定。

（2）顶板单元组装。

首先组装桥中线顶板，然后向两侧依次组装其他顶板。先焊接中间纵向对接焊缝，然后对称焊接其余纵向对接焊缝及横隔板接板与横隔板的角焊缝，如图 16-47 所示。（两侧边顶板单元暂先不焊。）

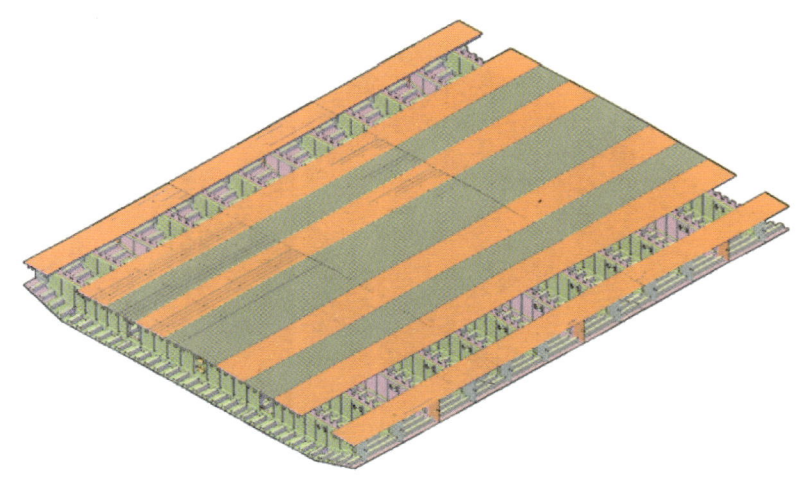

图 16-47　顶板单元组装

（3）腹板单元件组装

腹板单元与吊索耳板为一体，是钢箱梁的重要承力构造，为保证耳板的位置精度和钢箱梁整体宽度，腹板单元的定位分两次进行。第一次定位在横隔板组焊后进行；第二次定位在最后一块顶板单元组装前完成，第二次定位是对第一次定位精度的复核。

（4）风嘴单元间组焊。

组焊剩余两块顶板单元。依据桥梁中心标记塔组装风嘴单元，保证直线度及梁段总宽。

（5）预拼装检测。

每轮次梁段连续匹配组焊完毕后，解除梁段的所有约束，进行预拼装检测，预拼装检测应避免日照的影响，在测量控制网内对梁段上监控点进行三维坐标采集，监控点按照监控指令设置。

分析监控点实测坐标与计算机放样偏差可以确定各节段的空间位置与理论线形偏差，然后通过调整节段间夹角，从而消除制造时的线形偏差，使实际制造线形与理论制造线形相拟合。

（6）环缝配切。

检查梁段接口处的钢板错边量和纵向加劲肋对接精度，对超出验收标准要求的部位做出修正。同时，根据测量结果确定梁段配切端（向塔端）的余量切割数据，确保梁段在桥上的焊接间隙尺寸和一致性，有效保证焊接质量。

（7）组装临时连接件和临时吊耳。

临时吊点通过角形连接板与顶板、横隔板采用高强螺栓连接。零件加工时角形连接板与横隔板连接的孔先钻（与顶板连接的孔不钻），吊耳底板孔先钻。角钢连接板及其加劲组焊成单元件，通过螺栓与横隔板连接；吊耳、吊耳底板、加劲板组焊成单元件，通过顶板纵、横向基准线组装在顶板上；通过吊耳底板上的孔投钻顶板和角形连接板上的孔。组装完成后如图 16-48 所示。

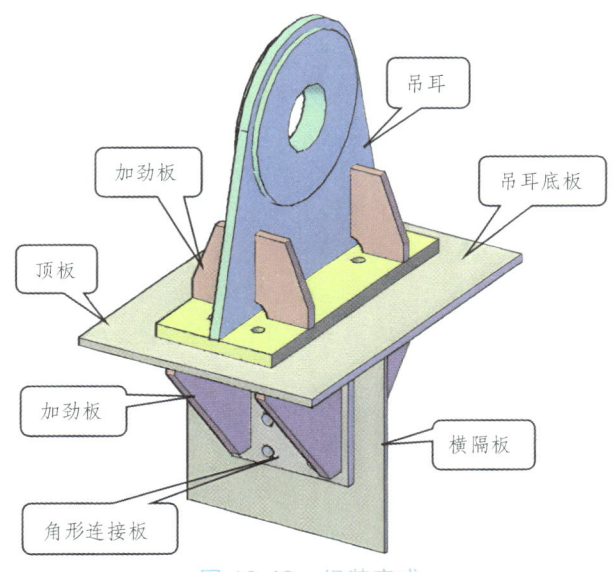

图 16-48　组装完成

（8）根据护栏、检修车等图纸安装附属设施等。

（9）横隔板矫正（图 16-49）。

图 16-49　横隔板矫正

16.2.7　山区大跨度悬索桥钢箱梁吊装施工工法

1. 钢箱梁吊装流程

钢箱梁吊装施工工序：架设准备→钢箱梁制造并运输到位→安装吊具→钢箱梁起吊、缆索吊机携梁运至设计位置平转、下落就位→梁段与吊索连接及调整→梁段间临时连接→继续架设至钢箱梁合龙→箱梁线形调整→钢箱梁焊接。

2. 跨中 A、B 型梁段架设及钢箱梁连接

（1）跨中 A、B 型梁段架设。

跨中标准节段钢箱梁按先中跨、后边跨的顺序对称架设。钢箱梁制造完成后通过运梁台车运输至大里程侧，由缆索吊机按常规垂直起吊，携梁走行至设计位置，再通过旋转吊具水平旋转后下落就位进行焊接。

吊装作业程序为：

① 吊机作业组对设备进行安全检查，在现场技术人员的指挥下将缆索吊机移到索塔处，各作业班组进入作业位置。

② 将制作完成的节段钢箱梁采用运梁台车运输至大姚岸索塔小里程侧。

③ 吊机作业组指挥卷扬机操作人员将吊具下放到钢箱梁上，吊具联结作业人员将吊具与钢箱梁临时吊点进行连接，并指挥微调箱梁位置，配合吊具联结作业。

④ 待吊具与钢箱梁吊耳联结好后，缆索吊机微微提升预紧各吊具，使各吊点受力一致，四吊点同步提升，当钢箱梁将离开而尚未离开台车时，停止提升，再检查钢箱梁是否水平，调节水平后，再同步提升。

⑤ 启动缆索吊牵引索卷扬机，使缆索吊携梁走行至箱梁节段设计里程，通过旋转吊具水平旋转钢箱梁并下放至安装高度，安装吊索、临时连接件及匹配销钉，完成节段安装。

⑥ 先架设跨中 B39 节段钢箱梁，吊重 183.8 t，梁段长度 14 m，为全桥最重梁段。B39 节段钢箱梁架设不使用旋转吊具及下吊架，为保证钢箱梁吊装时的稳定性，用 $\phi 56$ 吊索将上吊架吊耳直接与钢箱梁吊耳连接，竖直起吊。B39 节段钢箱梁临时吊点吊耳采用焊接。

⑦ 再以同样的方法吊装 A38、A40 节段钢箱梁。当 A38、A40 节段钢箱梁移动吊装略高于已安装钢箱梁 B39 节段高度后停机，作业人员顺着提前焊接在 B39 节段的梯笼下至箱梁顶面检查两节钢梁的接缝距离，利用 2 个 5 t 手拉葫芦，将节段向已安装的节段拉拢并临时固定，稍后将吊索锚头与钢箱梁的锚座连接（注意纠正吊索的扭转和吊索编号），待各吊索锚头均与永久吊点联结好，经检查无误后，指挥吊具下降，让吊索受力。

⑧ 将缆索吊机纵移至起吊位置，进行下一节段的吊装作业。

⑨ 小里程侧钢箱梁起吊区域条件较好，架设工序采用对称架设，B39 梁段至索塔的所有梁段不需要跨过已架设梁段，故一般梁段 A40~A74，合龙段 A75 及大姚岸索塔区域梁段 A76、C77 均不进行梁段旋转。

⑩ B39 梁段至小桩号索塔的所有梁段均需要跨过已架设梁段，梁段起吊后需旋转 90°，便于穿过 B39 梁段及大姚岸侧其他已架设梁段。

⑪ 为保证钢箱梁吊装时的稳定性，除 B39 梁段外，其余梁段均需采用下吊架，下吊架上与旋转吊具用吊绳连接，下吊架下方设竖直吊绳与钢箱梁吊耳连接，保证钢箱梁竖直受力。下吊架由高度 800 mm、宽度 800 mm 的箱形截面梁组成。

（2）钢箱梁节段间临时连接。

① 钢箱梁架设过程中因主缆受力不均匀，造成最初架设的几段钢箱梁标高相差较大，无法进行临时连接。在施工过程中，根据监控单位提供的理论数据及现场实际情况确定钢箱梁开始临时连接的时间。

② 在节段梁吊装过程中应对钢箱梁节段接头进行防护，防止相邻两节段钢箱梁在架设过程中发生碰撞造成节段接头损坏。

③ 钢箱梁调试、定位和连接用的电焊设备、空压机、工作棚等应事先放在节段梁上随梁段一起起吊。

④ 钢箱梁节段间临时连接采用临时连接匹配件，方法是吊装一段连一段，先将顶板进行连接，底板先松连，待梁段缝隙闭合后再行连接其底板上的临时连接件。

（3）钢箱梁节段间工地连接。

钢箱梁顶板 U 肋、板肋间采用 M22×80 mm-10.9S 高强螺栓进行连接，底板 U 肋、腹板加劲肋、风嘴顶、腹板及其他加劲肋采用焊接连接。工地梁段间焊接时应采取防风、去湿、去结霜、预热等措施，以改善工地焊接环境，雨雪天、大风天不得进行施焊作业，以确保焊缝质量。

3. 索塔处荡移法施工

（1）C1 节段钢箱梁架设步骤：

① 索塔下横梁处墩旁托架在钢筋车间加工完成，需检查验收合格后方可安装。墩旁托架（图 16-50）分为左右幅两榀，由塔吊整体起吊安装，托架上部与垫石预埋钢管处穿设钢棒并于两端拧紧螺母，托架下部与下横梁处预埋爬锥连接并拧紧螺母，再安装临时垫块 A、B 和纵向限位装置。

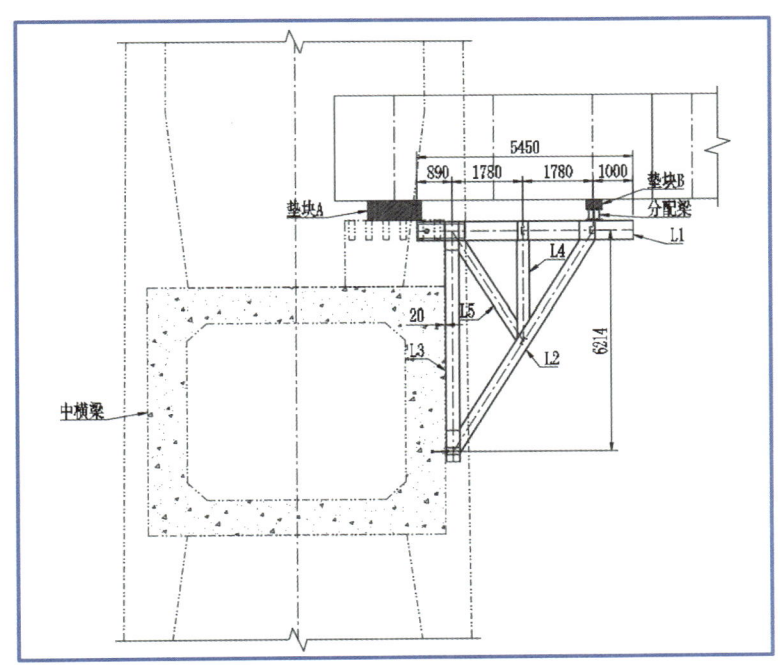

图 16-50　墩旁托架结构示意图（单位：mm）

② 运梁台车运输 C1 钢箱梁至起吊处索塔小里程侧钢箱梁顶面。

③ 调整旋转吊具的角度，并与钢箱梁连接牢固，缆索吊缓慢提升钢箱梁，并运送至索塔大里程侧。

④ 将 $\phi22$ mm 平衡索钢丝绳与吊架吊点连接牢固，平衡索另一端与引桥中线上的 10 t 卷扬机（走 11 布置）相连。该卷扬机需提前在引桥钢混梁顶板混凝土处埋设钢板预埋件。

⑤ 卷扬机收紧，牵引 C1 钢箱梁至墩旁托架位置，斜拉角度控制在 10°以内。

⑥ 利用缆索吊旋转吊具将 C1 钢箱梁旋转 90°并下放至临时垫块 A、B 之上，解除旋转吊具与钢箱梁的连接，如图 16-51 所示。

图 16-51 空中跨越 90°实物图

⑦ 精确调整钢箱梁纵横向位置至存梁状态。

以同样方法架设永仁岸 A2 节段钢箱梁，并安装吊索、临时连接件及匹配销钉，完成 A2 节段安装。

16.3 论　文

16.3.1 山岭区承台大体积混凝土温控技术研究及运用

1. 内容简介

依托云南省永大高速公路某特大桥主塔承台施工项目，对承台大体积混凝土温控技术进行研究，运用 MIDAS 有限元分析软件模拟承台加冷却水管和不加冷却水管后内部能达到的最高温度和所需时长，和测温元件所测的实际温度相吻合，得出了内部温度变化规律，为类似工程的建设提供了参考价值。

随着经济的快速发展，国家加大了西南山区基础设施项目的建设，高速公路的建设步伐迅速。云贵高原上地形地貌复杂，高速公路中桥隧比重大，大跨度桥梁的下部结构中承台体积大，属于大体积混凝土浇筑。山岭区昼夜温差变化大，大体积混凝土施工质量难于得到有效保障，极易产生裂缝，会给建筑工程外形和内部质量带来不利影响。本论文以云南省永大高速公路某特大桥大体积承台混凝土施工为背景，运用 MIDAS 有限元软件对承台大体积混凝土进行模拟分析，得出混凝土加冷却水管和未加冷却水管的最高温度和出现最高温度的时间，与真实的测温元件所测的数据进行比较。对测温元件测得的温度变化数据进行绘图观察，得出大体积混凝土内部温度变化规律，依此来合理地控制冷却水管的水流，对类似工程有很强的推广参考性。

2. 工程概况

云南省永大高速公路某特大桥承台结构尺寸为 23.4 m × 23.4 m × 7 m，左右幅承台通过横系梁进行连接成整体，承台采用 C40 混凝土浇筑，左右两幅共 7 665.84 m³。该区域气候属于亚热带干燥气候，干热河谷气候明显，年平均气温 18.9 ~ 20.8 ℃，极端最高气温 44 ℃，极端最低气温 -4 ℃。而承台基础的开挖和浇筑按照工期计划安排在 7 月至 9 月份，此时正是多雨高温的季节，大体积混凝土浇筑后，应采取内部降低混凝土水化热、外部保温等措施以防止混凝土出现开裂或其他病害。

3. 承台冷却水管安装

大体积混凝土承台在施工过程中由于混凝土产生的水化热导致内部温度急剧变化从而出现温度裂缝。本承台在施工过程中，在混凝土中布置冷却水管，利用水循环流动带走混凝土内部产生的水化热，是防止出现温度裂缝的有效措施。

冷却管的布置按以下原则：各层冷却水管上下间距均匀布置，每层冷却水管按照设计原则布置到准确位置，每根冷却水管能独立进行水循环，拆模时不影响水管通水。

本承台冷却水管路按回形布置，拟采用 $\phi42.3$ mm × 3.25 mm 导热性能良好的输水黑铁管，水管接头采用钢丝管套接，两根冷却水管在钢丝管内应对碰，避免钢丝管弯折阻水。拐角处采用钢丝软管套接到设计位置，运用铁丝绑扎牢靠，每层水管安装绑扎完毕后先进行通水试验，漏水处加强铁丝绑扎，确保所有冷却水管不漏水。水平管间距为 100 cm，承台垂直方向分为 5 层，层间距为 100 cm，平均布置冷却水管。每层采用"四进四出"布置，进水口位于内侧，出水口位于外侧，对各进出水管分别编号。

4. 测温元件安装

在承台内合理布设温度测量元件，能够准确测量混凝土内部的温度，以温度变化的数据作为参考，及时调整冷却水的流量，合理控制混凝土内部温度变化差值，防止因混凝土内部温度急剧变化而出现的一系列病害，确保大体积混凝土的施工质量。本承台的测温元件在钢筋及冷却管安装完毕后安装，在混凝土内部承台正中心垂直分 5 层安装测温元件。测温元件间距为 100 cm，距离上表面 50 cm，距离下表面 50 cm。承台正中心水平面上十字形布置测温元件，测温元件间距为 200 cm，承台内部共布置 27 套测温元件，内部测温元件采用∠35×5 角钢保护。设置引出导线，引出的导线要逐一编号，沿角钢引出至结构物表面。混凝土浇筑时禁止直接冲击测温元件及其引出线。混凝土外表面测温元件设置 5 层，共 10 套测温元件。测温元件安装布置如图 16-52 所示。

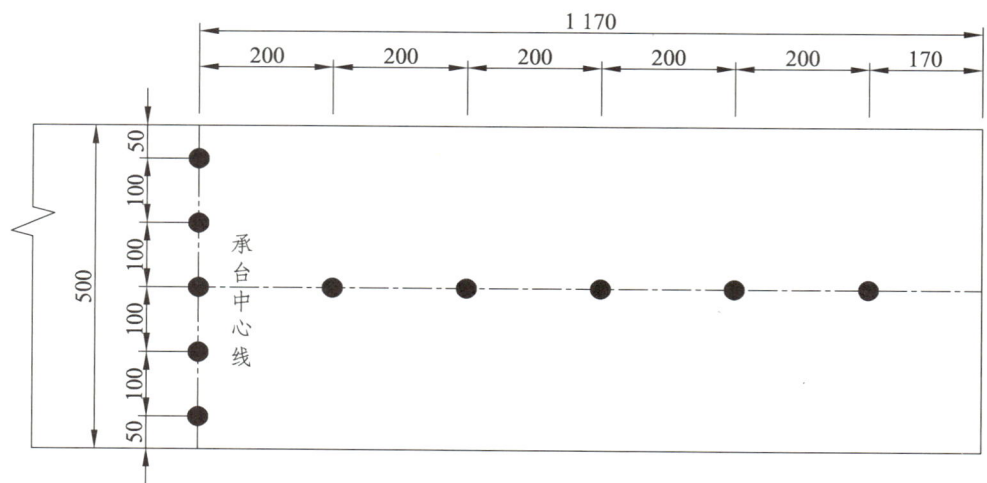

图 16-52 承台测温元件布置立面图（单位：cm）

5. 混凝土浇筑和养护

待钢筋绑扎和模板安装经检查合格后，在天气条件适合且原材料准备好的情况下，立即进行混凝土浇筑。混凝土浇筑时，控制入模温度不低于 5 ℃，且不宜高于 30 ℃。承台混凝土采取斜向分段水平分层，从一边向另一边灌注振捣混凝土，不留施工缝，利于混凝土早期散热。采用插入式振动器振捣，分层厚度为 20～30 cm，混凝土浇筑层禁止出现施工冷缝。

混凝土浇筑完后开始养护。承台混凝土表面应保持湿润，在潮湿状态下包裹一层塑料薄膜，再外包 1 层土工布覆盖蓄热保温，同时控制内部温度下降速度，温度下降速度不应大于 2 ℃/d。

6. 数值模拟

根据建模计算：不加冷却水管情况下，承台混凝土最高温度可达到 82 ℃，出现在混凝土浇筑完成后第 4 天，如图 16-53 所示。

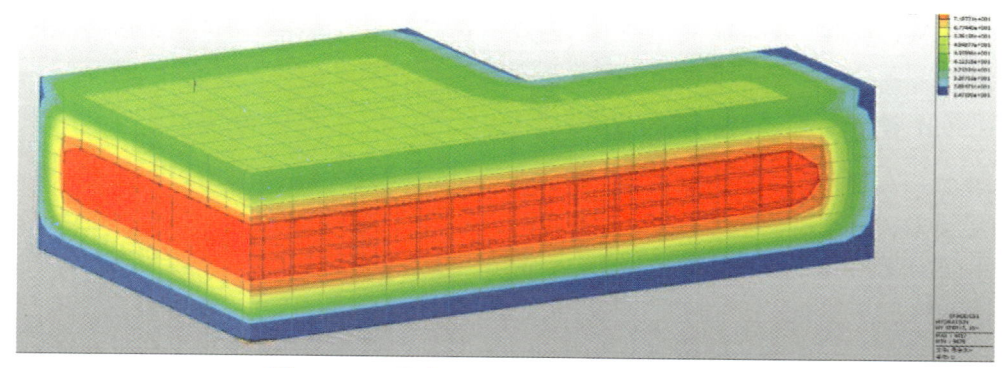

图 16-53 承台 MIDAS 模型（不加冷管）

为确保混凝土内外温差满足规范要求，在混凝土浇筑及养护过程中通水冷却，根据 MIDAS 建模计算结果，冷却水流入温度需控制在 25 ℃ 左右，冷却水管内径 41.1 mm，每小时流入量不得小于 3 m³，流速控制在 1.8 m/s 左右，冷却水流速根据现场温度检测情况进行动态调整。通水时间不得小于 120 h。通水冷却后最高温度为 72.5 ℃，出现在混凝土浇筑后第 3 天，如图 16-54 所示。

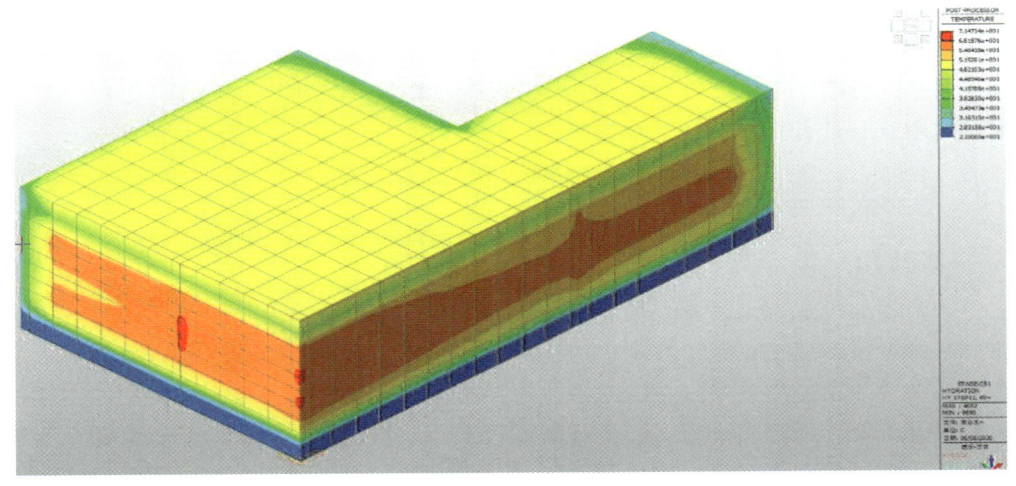

图 16-54　承台 MIDAS 模型（加冷管）

7．温度变化

承台混凝土浇筑完成后，运用测温元件实时检测混凝土内外温度，选择第二、第三、第四层的测温点所测的温度变化曲线，如图 16-55 所示。

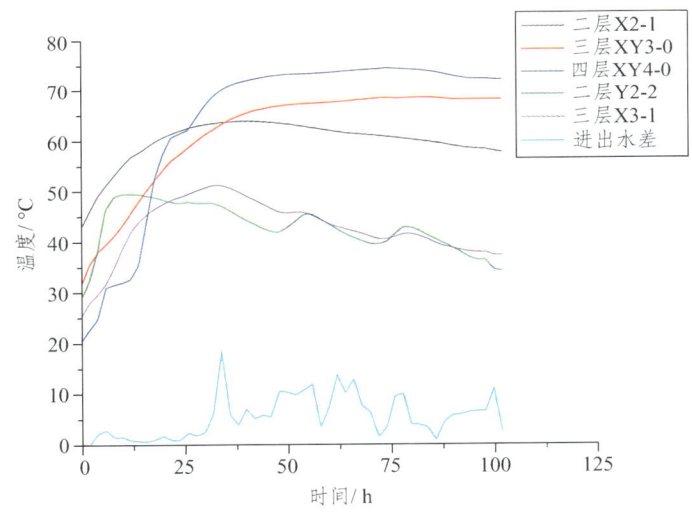

图 16-55　承台混凝土浇筑后温度变化曲线

由图可知，承台混凝土浇筑完成后，内部温度持续上升，连续升温 35 h 之后，混凝土外部温度达到最高值，接近 50 ℃，内部温度接近 73 ℃；连续升温 75 h 后，内部温度达到 75 ℃，达到最高值。这与我们运用 MIDAS 模拟的数据吻合度较高，有利于指导我们控制冷却水管的水流，在浇筑完成时，水流速度控制到 1.8 m/s，在 35 h 之内，持续均匀扩大水流速度至 4.5 m/s，并按照此水流速度持续冷却至 100 h。之后均匀减小水流速度。

8. 结　语

本文对山岭区承台大体积混凝土施工温控技术进行详细阐述，运用 MIDAS 有限元软件对承台大体积混凝土温度变化进行模拟分析，得出混凝土加冷却水管和未加冷却水管的最高温度和出现最高温度的时间，与真实的测温元件所测的数据吻合度较高。对测温元件测得的温度变化数据进行绘图观察，掌握承台大体积混凝土的内部温度变化规律，进而合理地控制冷却水管的水流，具有良好的社会推广效应。对类似工程有很强的推广参考性。

16.3.2　组合支架在现浇箱梁施工中的运用

1. 内容简介

依托云南省 S35 永金高速永仁段至大姚段高速公路项目，详细阐述组合支架在 K2＋120 莲池环线车行天桥现浇箱梁施工技术中的运用，为类似工程提供参考借鉴价值。

在山区高速公路现浇箱梁施工技术中，支架施工是关键性施工步骤，常用的支架包括满堂支架和组合支架。现浇箱梁施工在桥梁高度较低、地势较为平坦、地基较好的情况下多采用满堂支架，在桥梁高度较高、地势不平坦、桥梁跨度较大的情况下多采用组合支架。本文依托云南省 S35 永金高速永仁段至大姚段高速公路中的 K12＋120 莲池环线车行天桥建设项目，详细阐述组合支架在现浇箱梁施工中的运用。

2. 工程概况

K2＋120 莲池环线车行天桥属于云南省 S35 永金高速永仁至大姚段高速公路上的一座跨线桥，为改移莲池环线地方乡道上跨主线路堑 K2＋120 处车行桥梁，桥梁纵坡为 3.8%，中心桩号 K0＋124.445，桥型布置为一联（25＋38＋25）m 的预应力混凝土连续箱梁（单箱单室），现浇箱梁总长 88 m，标准桥面宽度为（1.0＋0.5＋7＋0.5＋0.5）m；墩柱为 1.5 m×6 m 的矩形墩，1 号墩高 21 m，2 号墩高 22.5 m，基础为钻孔灌注桩接承台，桩径为 1.8 m，桩长 15 m；两岸桥台为桩柱式桥台，钻孔灌注桩基础，桩径为 1.5 m，桩长 15 m，桩基设计为钻孔灌注端承桩。本论文详细阐述了 K2＋120 莲池环线车行天桥上部结构（25＋38＋25）m 的预应力混凝土连续箱梁施工技术，含组合支架搭设、模板安装、钢筋安装、混凝土施工养护以及预应力施工。

3. 施工技术

（1）支架总体构造。

支架的构造需保证支架有足够的刚度、强度和稳定性。为克服 K2＋120 莲池环线车行天桥纵坡较陡的地形条件，经多方比选，选用 ϕ630 mm、ϕ500 mm 圆钢管立柱支墩＋贝雷片＋盘扣式支架进行现浇箱梁施工。

（2）支墩基础施工。

跨中支墩立柱基础和 1、2 号墩墩柱两侧基础分别采用 250 cm×250 cm×120 cm 和 120 cm×250 cm×120 cm（长×宽×高）的 C30 钢筋混凝土结构基础。开挖基坑后，必须对基底承载力进行检查，地基承载力必须大于 250 kPa，符合要求后绑扎基础钢筋。跨中支墩混凝基础钢筋采用 C12 的钢筋绑扎成钢筋网片，如图 16-56 所示，并且预埋好法兰盘，便于钢管立柱的连接固定，模板安装后方可浇筑基础。

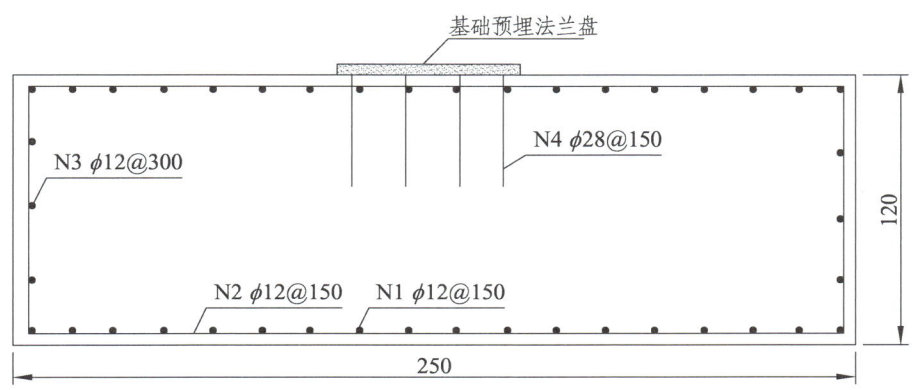

图16-56 基础钢筋网片绑扎（单位：cm）

（3）支墩立柱和贝雷梁施工。

支墩立柱采用 $\phi630×10$、$\phi500×10$ 圆钢管，共有 6 m、4 m、2 m、1 m 四种标准节型号，圆钢管连接采用端头加焊法兰盘的连接。

跨中支墩立柱间采用 $\phi219×6$ 钢管与[10槽钢焊接连接作为剪刀撑，以保证支墩横桥向稳定性。支墩顶部设置双 I45a 工字钢作为横向分配梁，与支墩顶部沿工字钢边线焊接固定的 10 mm 厚度三角形限位钢板焊接牢固。工字钢顶部架设纵向贝雷片，工字钢与贝雷梁采用 U 形卡进行焊接固定，保证纵桥向架体的整体稳定。I45a 工字钢分配梁安装就位后，通过测量定位出每组贝雷梁位置，采用石笔画线标记，贝雷梁片根据桥跨长度进行组装成每榀，两榀之间用花架连为一组，组与组之间用 L160 角钢进行连接，每 6 m 设置一处，连接点设在下弦杆处。每组贝雷梁在地面进行组装，组装完成后用 25 t 吊车吊装到位。然后安装横向角钢连接。

工字钢与贝雷梁连接如图 16-57 所示，支柱与贝雷梁现场搭设完成图如图 16-58 所示。

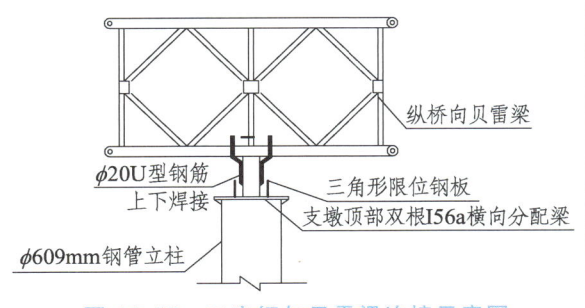

图16-57 工字钢与贝雷梁连接示意图

图16-58 支柱与贝雷梁现场搭设完成图

（4）盘扣式支架施工。

根据箱梁设计结构形式、盘扣式支架标准节以及钢材受力性能分析，本现浇箱梁支架立杆纵向、横向间距按 90 cm 设置。贝雷片顶面横向设置 SBS135 双 U 型钢作为盘扣式支架立杆底部支撑，间距与支架立杆间距相同。立杆底部设置可调底座，插入立杆，将水平杆通过横插头扣接在立杆的轮扣上形成基本的架体单元，搭设加固斜杆，并以此向外扩展搭设成整体支撑体系，如图 16-59 所示。靠近底面（SBS135 双 U 型钢）第一排横杆（扫地杆）离地高度为 10 cm。纵横向水平杆标准步距均为 150 cm。因本桥梁有 3.8%纵坡，所以箱梁底第一、二排纵横杆水平步距需要根据支架所需高度调整，确保最大步距不超过 150 cm。在步距出现变化时，上或下 50 cm 的两根横杆搭接长度为两排立杆间距，即 180 cm。横向最外侧立杆较箱梁翼板边缘外延 80 cm 搭设，高出作业面 1.5 m，用于设置施工人员操作平台以及临边防护栏杆，防护栏杆外满布密目防护网，底部设踢脚板。

盘扣架搭设完成后安放顶托，顶托丝杠竖直插入立杆插孔内，顶层自由端不超过 65 cm。盘扣架立杆模数为 50 cm，因桥梁整体有 3.8%的纵坡，局部存在顶层水平杆与顶托上口超过 65 cm 的情况，当顶层水平杆与顶托上口距离超过 65 cm 时，在顶层水平杆上 50 cm 位置再增设一道水平杆，保证顶层自由端不超过 65 cm，可调顶托插入立杆长度不小于 15 cm，外露丝杆长度严禁超过 40 cm。螺杆外径与立柱钢管内径的间隙不得大于 3 mm，安装时应保证上下同心，U 形凹口朝向应一致，顶托上安放双 U 钢时，应将顶托上口打斜卡紧双 U 钢。顶托安放示意图如图 16-60 所示。盘扣式支架安装完成后如图 16-61 所示。

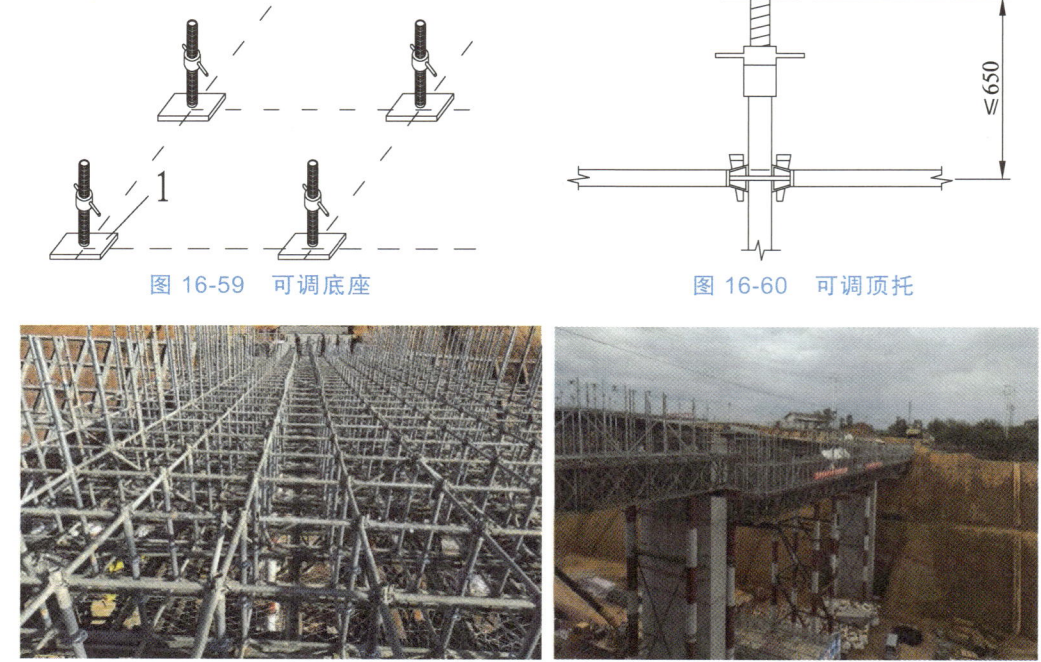

图 16-59　可调底座　　　　　　　　图 16-60　可调顶托

图 16-61　盘扣式支架安装完成图

（5）支架预压。

为了确保支架的安全性、消除支架自身非弹性变形的影响，并能根据测量预压时支架产生的弹性变形，须对组合支架进行预压。同时取得模板弹性变形的实际数值，得出荷载-挠度曲线，并检验设计计算结果，调整预拱度，以求得现浇箱梁施工的准确参数。提前发现支架结构及模板、安装所存在的问题和隐患，提前调整，防患于未然。模板预拱度的调整通过调整模板支撑顶托完成。模板弹性变形应根据预压变形测量结果绘制沉降曲线，并结合模板的设计拱度和实际支撑变形来确定。本支架采用砂袋法预压，如图 16-62 所示。

图 16-62 砂袋预压

4. 梁体施工

支架预压后进行箱形梁体施工，K2+120 莲池环线车行天桥现浇箱梁竖向混凝土分两次浇筑完成，先浇筑底板及腹板，浇筑高度为箱梁翼板根部下 10 cm 位置；后浇筑顶板及翼板。混凝土浇筑顺序为由低至高，按水平分层的方法连续浇筑，从两侧腹板对称浇筑混凝土，竖向按照先底板后两侧腹板，最后顶板的顺序浇筑。

浇筑底板混凝土时，混凝土从两侧腹板向底板浇筑，并依靠混凝土的流动性流向底板中部，并在顶板底模每隔一定距离开孔，进行补充浇筑。浇筑腹板时，两侧腹板应对称均匀浇筑，并在腹板处每隔一定距离开孔进行混凝土振捣，确保混凝土密实。顶板及翼缘板从外侧往顺桥向中线的方向浇筑。为保证两次混凝土相接的融合性，两次混凝土浇筑时间间隔不大于 7 d，第二次混凝土浇筑时施工缝位置必须进行凿毛，在第二次混凝土浇筑前采用 52.5 级水泥浆进行湿润，以保证两次混凝土的良好黏结。

5. 结 语

山区高速公路现浇箱梁支撑体系多种多样，支架的选择也多种多样，应根据地形地貌、结构特点、经济效应、材料来源等方面综合考虑。本文依托实体车行天桥建设项目，结合地形条件，详细阐述现浇箱梁组合支架施工技术，包括支墩基础施工、支墩立柱、贝雷梁施工、盘扣支架施工、支架预压和梁体施工，为山区高速公路类似工程项目施工提供借鉴参考。

16.3.3 液压爬模模板施工技术研究及运用

1. 内容简介

本文依托云南省永大高速公路某特大桥主塔施工项目，详细阐述主塔液压爬模模板的制作安装施工过程，研究分析模板的施工工艺，总结塔柱模板施工技术，为同类工程的建设提供了参考意义。

"十四五"规划期间,国家基础设施的建设步伐加快。云贵高原地形地貌复杂,高速公路常常需跨越山川河流,一座座特大桥拔地而起,本论文基于云南省永大高速公路某特大桥主塔施工的背景,详细阐述主塔液压爬模模板的制作安装过程,详细阐述液压爬模模板快速化的施工工艺,节约了工期和人工,减少了施工成本,易管控模板施工质量,对主塔施工的整体质量具有强有力的保障,模板分解后再次拼装,可循环使用,具有良好的环保质量。整个塔柱模板快速施工工艺具有良好的经济、环保和社会效应,可加强推广力度,对类似工程有很强的推广参考性。

2. 工程概况

本工程基于云南省永大高速公路某特大桥的主塔塔柱施工工程,塔身结构为空心薄壁墩,塔身高度为 190.00 m,共浇筑 33 次,单肢塔身最大截面为 10.0 m×6.0 m;单肢外模布置 10 榀爬模下架体、12 榀后移装置与 10 榀爬模上架体,内模布置 2 榀爬模下架体,2 榀后移装置。模板设计高度为 6.33 m。

3. 模板施工技术

(1)模板构造及配置要求。

① 模板构造。

模板体系由进口板、竖肋、横肋和专用连接件组成。在模板的两端靠中间第二块或第三块竖肋上对称设置两个吊钩,进口面板与竖肋采用自攻螺丝钉连接,竖肋与横肋采用连接爪连接。模板构造如图 16-63 所示。

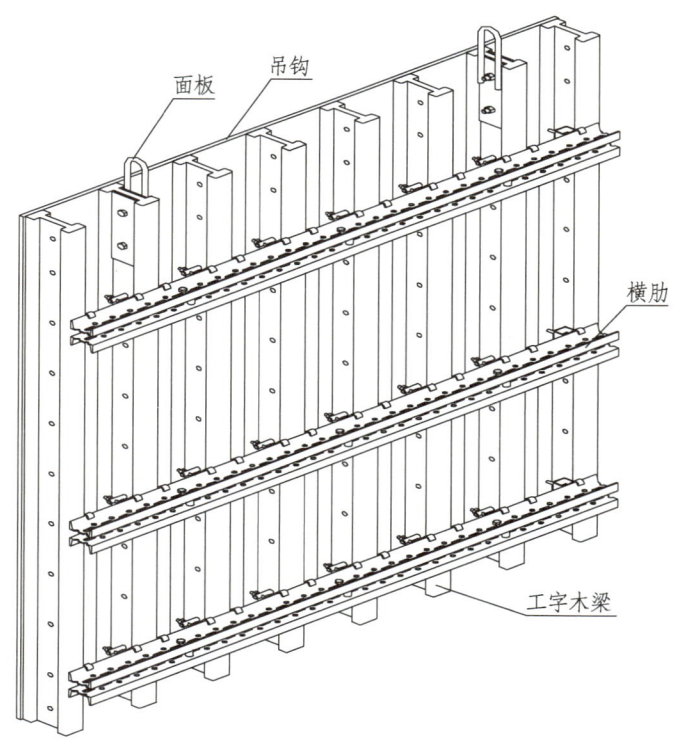

图 16-63 模板构造图

② 墩身模板配置。为适应本工程塔身施工，塔身外模配置 6 块模板，由 WM-01Z、WM-01F、WM-02Z（两块）、WM-02F（两块）组成，外模倒角段采用定型造型木，与小面模板为一个整体；内模配置 8 块模板，分别由 JM-01（4 块）、NM-01Z、NM-01F、NM-02Z、NM-02F 组成，字母 Z 代表正向，字母 F 代表反向，字母 J 代表角模，字母 W 代表外模，字母 N 代表内模。模板布置图如图 16-64 所示。

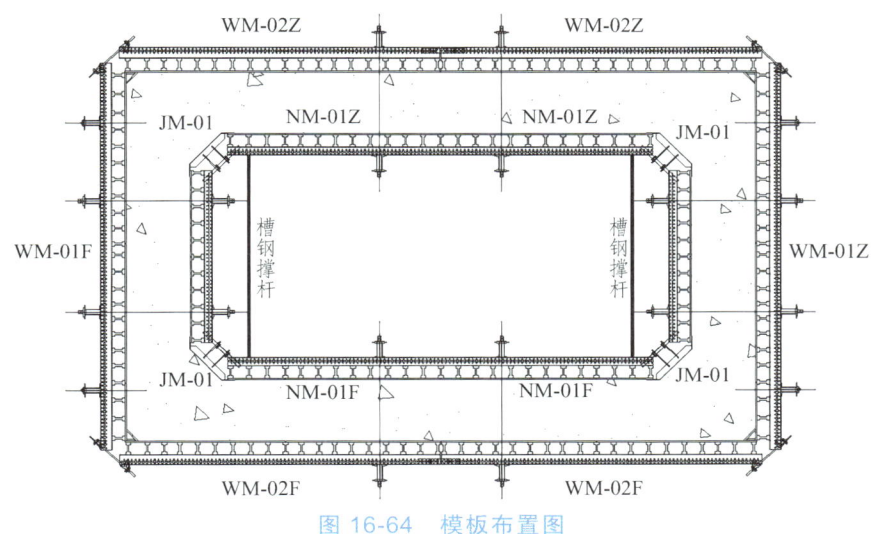

图 16-64　模板布置图

③ 模板的技术要求：面板允许偏差 ±1 mm，面板平整度 ≤1/1 000；面板拼装时，面板之间应平整对齐，不能出现错台现象；带吊钩的木梁两侧均装连接爪，不带吊钩的一侧装连接爪，拼装好后作标记；面板的光滑面接触混凝土，面板的商标面连接竖肋。

（2）模板的现场拼装。

① 组装背楞。用套管支撑在两片槽钢中间，螺栓穿过槽钢上的孔和套管把它们连接成整体背楞；背楞在工厂组装完成后发往施工现场。槽钢背楞组装过程如图 16-65 所示。

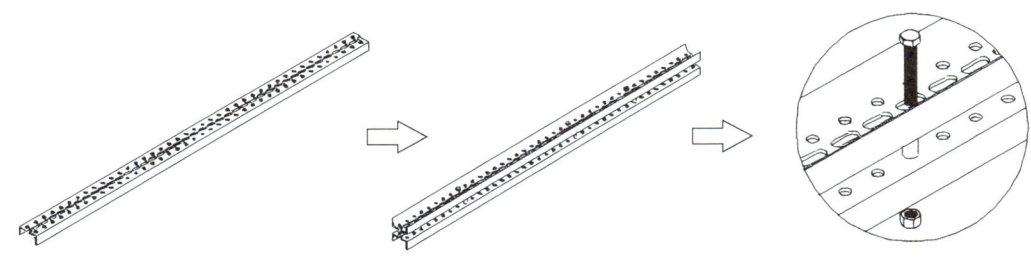

图 16-65　槽钢背楞组装过程

② 放置背楞。按照设计图纸所示间距把背楞排放在搭设平台上，在背楞上画上定位线，拉准对角线，让任意两条背楞构成的长方形对角线相等，如图 16-66 所示。

③ 铺设面板。将面板铺在木梁上，用自攻螺丝将其固定在木梁上；模板拼装结束，开对拉螺杆孔及爬锥孔。面板铺设及固定如图 16-67 所示。

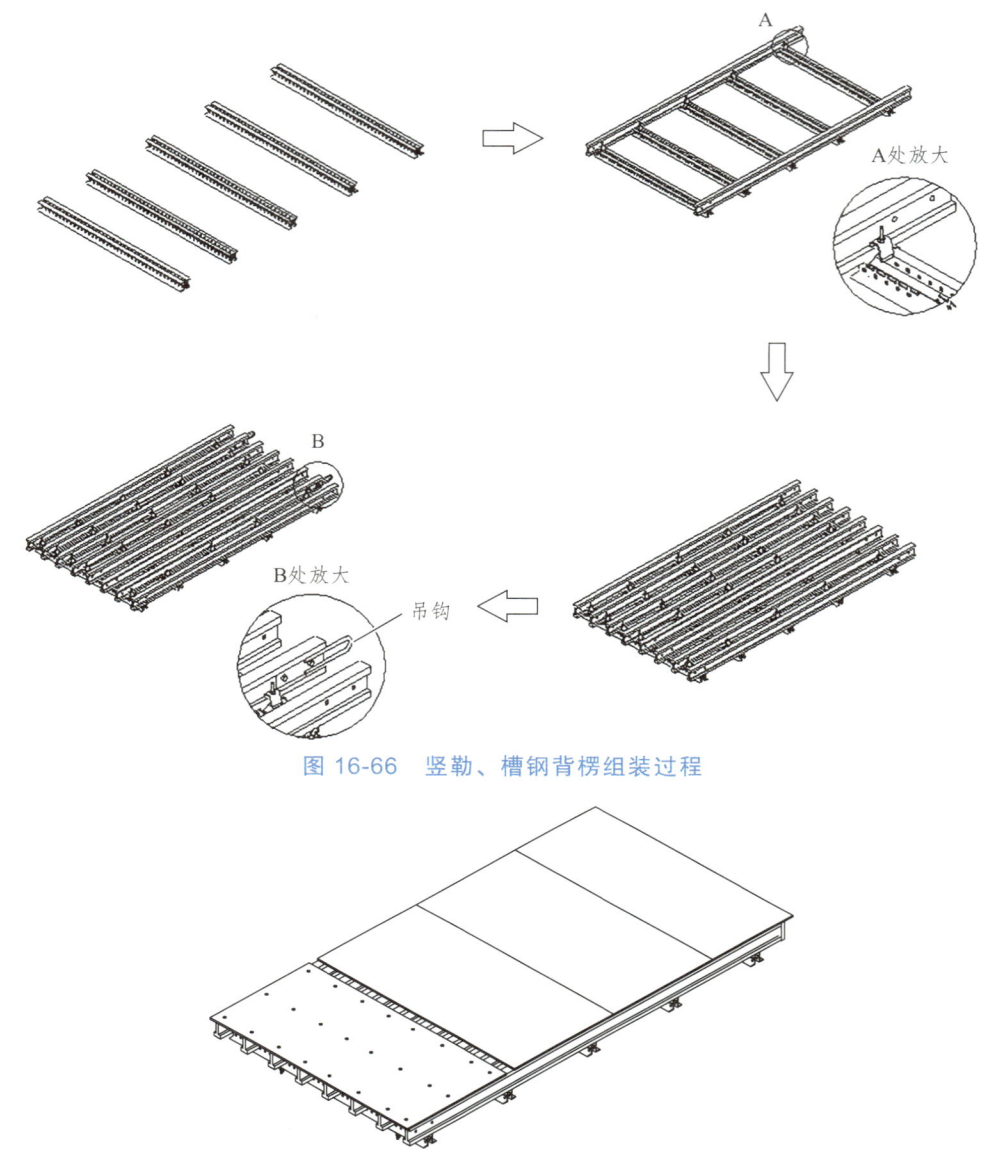

图 16-66 竖勒、槽钢背楞组装过程

图 16-67 面板铺设及固定

④ 模板拼装细节处理。在模板拼装过程中,为确保拼装整体牢靠、用模板浇筑后的混凝土内实外美,吊钩安装、面板紧固、背楞连接、拼缝处理等细节需严格按设计要求进行处理。

(3) 各组模板的拼装连接。

为使主塔塔柱外表面混凝土平顺、光滑,模板之间的连接非常重要,主要确保以下两个方面的连接质量:面板之间的连接细节、横向背楞之间的连接。面板之间的连接细节是保证各组模板拼缝平顺、错台小的重要措施,横向背楞之间的连接质量是提高模板整体刚度、保证塔柱外围尺寸总体平顺的重要措施。因此,对于模板的拼接连接细节应高度重视。

① 同一面的模板连接。为确保模板拼缝平顺,单组模板在拼装时,拼缝边缘的面板采用硬接口的连接形式,各组模板组拼时,两块面板接在一起,在横向背楞上装入芯带,通过在

芯带开孔内插入芯带销收紧的连接方式将同一面的各组模板紧密连接,实物图如图 16-68 所示。本方案模板采用 6 道背楞,保证了整体的模板连接刚度。

图 16-68　芯带、插销及背楞连接示意图

② 不同面的模板连接。不同面模板间通过钢模钩和斜拉座连接在背楞上,同时为避免胀模情况的发生,倒角处的背楞还采取了斜拉座配合高强螺杆收紧的加强措施,垂直倒角的斜拉座直接利用定型产品即可,但对于非垂直面倒角需现场自行根据情况在背楞上焊接拉座,如图 16-69 所示。

图 16-69　处置面的模板连接

(4) 各组模板的对拉。

为防止上下节段接缝出现错台及漏浆等现象,每标准浇筑层使用拉杆对穿方法压紧模板下口,使模板与已浇筑混凝土面贴紧减少模板偏位。内外模拉杆采用 25#PSB930 精轧螺纹钢拉杆,在竖向上共分布 4 道拉杆,最上面一道拉杆不穿过混凝土;内模需布置横向对撑,工地自备。拉杆如图 16-70 所示。

图 16-70 拉杆实物图

4. 结　语

本论文基于云南省永大高速公路某特大桥主塔施工的背景,详细分析了液压爬模模板的施工技术,具体包括模板构造、墩身模板整体配置、模板的现场拼装、大模板的连接和模板的对拉等,对主塔的整体质量具有强有力的保障,同时,模板分解后可再次拼装使用,具有良好的经济和环保效应,对同类工程的建设提供了强有力的参考,具有一定的价值。

16.3.4　高墩大跨连续刚构桥合龙方案设计

1. 内容简介

合龙是确保连续刚构桥型受力状态和梁体线形两个方面均满足要求的关键工序。施工中必须根据实际情况确定最佳的合龙方案,确保大桥线形及受力合理。合龙方式有一次合龙和逐跨合龙,基于高墩大跨连续刚构桥和云南某地一连续刚构特大桥的实际工程特点,本文详细介绍先边跨后中跨的逐跨合龙方案。

云南某地一连续刚构特大桥主桥为(50 + 90 + 50)m 单箱单室箱梁结构,桥宽 12 m。边跨分 13 个节段(1′# ~ 13′#),中跨分 12 个节段(1# ~ 12#),其中 0 号节段在墩顶上搭设托架现浇,1# ~ 11#为对称悬浇段,12#节段为中跨合龙段,12′节段为边跨合龙段,合龙段长均为 2 m,13′节段为边跨现浇段,采用三向预应力体系。该桥所在区域为山岭重丘区,山高坡陡。主墩处于悬崖边,场地狭小,施工条件极为艰苦。因此,结合设计图纸及施工现场实际情况决定采用先边跨后中跨的合龙方式施工。

2. 合龙方案

(1)边跨合龙方案。

设计文件给定的合龙温度为(18 ± 5)℃,合龙施工前对两端悬臂的轴线、高程和梁长受温度影响的偏移值进行观测,并根据实际观测值进行合龙温度的施工计算,现场合龙温度控制在 20～23 ℃，根据合龙前及合龙当天实测温度监控，合龙时间选择在 23:00 至凌晨 6:00 进行。

合龙当天在箱梁内外每半小时进行洒水降温，确保夜间合龙施工时温度满足要求。施工现场 23:10 进行劲性骨架的锁定，锁定过程中实际温度为 22.6 ℃。混凝土浇筑时间为 23:40 至第二天 7:11，现场箱梁内外平均温度为 19.4～22.6 ℃，内外温差不超过 1 ℃。现场施工与所确定的合龙方案一致。由于施工塔吊与主墩连接，为防止合龙期间发生开裂现象，合龙段混凝土未达到设计要求前禁止使用塔吊。

① 边跨配重方案与设计。

根据前期施工监控量测，前期结构线形与设计状态基本吻合，故无须再调整梁体变形、标高和应力，合龙时只考虑基本配重（即等量替换合龙段混凝土重量），目的是确保浇筑混凝土过程中合龙段两端不产生相对变位，保证浇筑质量。

合龙阶段配重采用钢板焊制水箱，配重主要包括两部分：吊架（含模板）重量和混凝土重。边跨合龙吊架安装及合龙阶段设置水箱压重。

边跨合龙段混凝土方量为 18.11 m³，吊架两端各采用 4 个吊点，吊点和配重水箱位于悬浇段 11′#节段的 13′#截面内侧 50 cm 处。

边跨合龙配重量计算如下：

a. 合龙段混凝土方量为 18.11 m³：

$$G_{混凝土} = 2.6 \times 18.11 = 47.086 \text{ t}$$

b. 吊架及模板重量：

$$G_{吊架} = 14 \text{ t}$$

c. 作用在吊架吊杆上的力：

$$G = \frac{1}{2}(G_{混凝土} + G_{吊架}) = \frac{1}{2}(47 + 14) = 30.5 \text{ t}$$

$L_1 = L_2 = 44 - 1.75 = 42.25$ m，$L_3 = 44 - 0.5 = 43.5$ m

根据主墩中心力矩平衡得：

$$G \times L_3 = G_{B1} \times L_2$$

$$G_{B1} = G_{B2} = \frac{G \times L_3}{L_2} = \frac{30.5 \times 43.5}{42.25} = 31.4 \text{ t}$$

$$G_{A1} = G_{A2} = \frac{1}{2} G_{混凝土} = 23.5 \text{ t}$$

根据配重计算，水箱 B1、B2 设置为 2 个 2.5×3×3 m（宽×长×高）的水箱，加水 2.1 m，配重 2×2.5×3×2.1 = 31.5 t；水箱 A1、A2 设置为 2 个 2.5×3×3 m（宽×长×高）的水箱，加水 1.6 m，配重 2×2.5×3×1.6 = 24 t。水箱横向对称均匀布置在箱梁腹板上。

② 边跨合龙施工。

边跨合龙段利用吊架施工，待边跨现浇 13′#节段及悬浇 11#对称节段施工完成后，对称拆除所有挂篮，安装合龙段吊架、模板并设置水箱压重。复核并调整合龙两侧箱梁高程及轴线位置，然后绑扎钢筋、安装预应力管道，钢筋安装时纵向钢筋一端焊接，另一端待劲性骨架锁定后再进行焊接。

a. 锁定劲性骨架：确定标高和线形后，在箱梁底板和顶板上各用两组 I40b 双拼工字钢与两侧节段底板和顶板预埋件焊接锁定，防止合龙段混凝土达到强度前两侧箱梁发生相对位移拉裂新浇筑的混凝土。

b. 预穿边跨合龙束钢绞线：临时张拉上下连续钢束 ST、SB1 各 2 束，张拉力为设计控制张拉力的 10% 左右，以钢绞线开始受力为准，防止梁体两侧相对位移。

c. 灌注混凝土：浇筑边跨合龙段混凝土时，根据已浇混凝土重量匀速等量放出 A1、A2 水箱中的水，并保持 B1、B2 水箱压重不变，合龙段底板和顶板混凝土收浆抹面后用塑料薄膜和土工布覆盖并洒水养生。

d. 张拉合龙钢束：待合龙段混凝土强度达到 100% 且龄期不少于 5 d 后，张拉边跨合龙束并注浆封锚，张拉顺序为：对称张拉顶板束 ST→底板束按先长束后短束的顺序（SB4→SB3→SB2→SB1），张拉完 ST、SB4、SB3 合龙束后，开始拆除劲性骨架。

（2）中跨合龙方案。

① 中跨配重设计。

中跨合龙配重量计算如下：

a. 合龙段混凝土方量为 27.62 m³：

$$G_{混凝土} = 2.6 \times 27.62 = 71.8 \text{ t}$$

b. 吊架及模板重量：

$$G_{吊架} = 14.2 \text{ t}$$

c. 作用在吊架吊杆上的力：

$$G = \frac{1}{2}\left(G_{混凝土} + G_{吊架}\right) = \frac{1}{2}(71.8 + 14.2) = 43 \text{ t}$$

$$L_1 = 44 - 1.75 = 42.25 \text{ m}，L_2 = 44 - 0.5 = 43.5 \text{ m}$$

根据主墩中心力矩平衡得：

$$G \times L_2 = G_{A'2} \times L_1$$

$$G_{A'2} = G_{A'1} = \frac{G \times L_2}{L_1} = \frac{43 \times 43.5}{42.25} = 44.3 \text{ t}$$

根据配重计算，水箱 A′2、A′1 设置为 2 个 2.5×3×3 m（宽×长×高）的水箱，加水 2.95 m，配重 2×2.5×3×2.95 = 44.25 t。水箱横向对称均匀布置在箱梁腹板上。

② 中跨合龙施工。

合龙当天根据天气情况，对箱梁的各个节段进行洒水湿润，尽量减少箱内和顶板混凝土的温差。

吊架安装、设置配重：安装合龙段吊架、外模，并在合龙段两侧设置水箱压重。吊架两端各采用 4 个吊点，吊点和配重水箱位于两侧悬浇段 11# 节段内侧 50 cm 处。

钢筋和模板以及预应力管道安装：安装底板下层钢筋和底板纵向预应力管道→安装底板

上层钢筋、底板刚性支撑（I40b 双拼工字钢），刚性支撑先不锁定→安装腹板钢筋、竖向预应力筋→安装内模、顶板下层钢筋、顶板纵向、横向预应力管道→顶板上层钢筋、顶板刚性支撑（I40b 双拼工字钢），刚性支撑先不锁定。钢筋安装时纵向钢筋一端焊接，另一端待劲性骨架锁定后再进行焊接。

中跨合龙段顶推：顶推目的是改善墩身和主梁受力及挠度，抵消底板预应力束张拉、混凝土收缩徐变及降温效应所产生的墩顶位移。

a. 顶推前观测。

合龙前半个月以上开始观测全天温度变化，从 23:00—6:00 每小时记录一次，以便选择最佳合龙时间。提前 3 d 对悬臂端进行挠度变化和纵向位移测量，现场实际施工时间及温度与边跨合龙时一致。

b. 千斤顶的设置。

为避免产生横桥向弯矩，千斤顶横桥向均衡对称设置，顶推时同步进行。分别在中跨合龙口的顶板设置 1#、2#千斤顶，每个千斤顶按设计顶推力的 1/2 进行顶推。顶推采用两点法，即用 2 台 500 t 千斤顶对称、均匀地对箱梁中跨合龙段两端 T 构进行水平顶推，顶推反力劲性骨架采用 40C 双拼工字钢。顶推力达到吨位后保持千斤顶顶推力不变，即保持千斤顶油压不变。顶推时 2 个千斤顶同步分级加载。

c. 顶推的实施。

为保证合龙顶推时桥梁的安全，合龙顶推采用顶推力和位移值双控，以力值控制为主。顶推力和位移大小由设计单位根据监控单位提供的有关监控资料参数经过计算确定。在夜间 23:00 后进行合龙顶推锁定，温度为（18±5）℃。顶推过程中遵循同步、逐级加载的原则。施加顶推力时按照 25%→50%→75%→100%的顺序分 4 级加载，分级加载时保证箱梁位移的足够时间。测量中跨各墩悬臂端部水平位移和高程变化情况，同时量测千斤顶活塞行程，以便与位移观测值相校核。在顶推的同时，注意观察墩梁结合部，防止出现异常情况。当加载至设计要求吨位时，两墩墩顶相对位移若尚未达到设计计算位移值，经监理、设计和监控三方人员研究后确定是否继续加载。当两墩墩顶相对位移达到计算位移值时即使顶推力未达到设计要求吨位也停止加载，顶推完成。

锁定刚性支撑：劲性骨架的作用是在浇筑合龙段混凝土前锁定合龙段两侧的箱梁，防止合龙段混凝土在施加预应力之前开裂。

本桥合龙采用体外劲性骨架方式进行合龙，劲性骨架在箱梁底板和顶板各采用两组 I40b 双拼工字钢与两侧节段底板和顶板预埋件焊接而成。在合龙段达到规定顶推力且位移符合设计要求时，焊接劲性骨架。

③ 预穿钢绞线。

在劲性骨架锁定后，预先对称张拉上下连续钢束 CT、CB1′各 2 束，张拉力为设计控制张拉力的 10%左右，使骨架受压，同时也为了防止边跨和中跨合龙段混凝土在浇筑完成后，预应力张拉之前混凝土开裂，待混凝土浇筑完满足张拉条件后再张拉至设计值。

④ 灌注混凝土。

合龙段锁定完成后，即可进行合龙段混凝土的浇筑。浇筑中跨合龙段混凝土时，根据已浇混凝土重量匀速等量放出 A′1、A′2 水箱中的水。浇筑混凝土时注意以下几点事项：

a. 首先浇筑混凝土前对混凝土的原材料、配合比及拌和站进行检查，保证原材料各项指标满足要求，确保拌和机能正常工作。

b. 施工现场混凝土浇筑前必须对模板加固情况及总体安全性、预埋件位置进行仔细检查，确保施工安全。采用混凝土输送泵泵送到浇筑位置。混凝土浇筑次序：先浇筑底板，再浇筑腹板和顶板。

c. 混凝土分层浇筑，分层厚度30 cm，振捣采用插入式振动器，振动器移位间距不超过振动器作用半径的1.5倍，与侧模保持5~10 cm间距，且插入下层混凝土中的深度为5~10 cm。每一振点的振捣延续时间为不少于30 s。

⑤ 合龙钢束张拉。

待合龙段混凝土强度达到100%且龄期不少于5 d后，张拉中跨合龙束并注浆封锚。

张拉顺序为：对称张拉顶板束CT→底板束按先长束后短束的顺序（CB5→CB4→CB3→CB2→CB1），张拉完CT、CB5、CB4、CB3合龙束后，开始拆除劲性骨架。

3. 结　语

施工完后的监控量测数据，实测数据中高程偏差最大值12 mm，应力偏差最大值0.42 MPa。由图可看出各节段的实测标高或应力均围绕控制标高、应力上下波动。因此，合龙完成后桥梁线形及应力值偏差均在可接受范围内。故将上述合龙方案应用于合龙施工是可行的。后续类似桥型的合龙施工可以适当参照本方案，为工程技术人员借鉴交流之用。

16.3.5　无中导连拱隧道施工技术研究

1. 内容简介

连拱隧道具有占地少、保护自然环境、线形流畅等优点，同时也具有施工工序少，可以减少成本，机械化施工可以加快施工工期，对围岩的扰动比较小，对环境破坏小的优势。但是，使用无中导连拱隧道需要重点研究着重解决连拱隧道中隔墙区域开裂等病害。本文依托云南永大高速公路项目连拱隧道施工，对Ⅴ级围岩施工、Ⅳ级围岩施工、超欠挖控制、裂缝控制措施等主要施工技术进行研究。

连拱隧道普遍采用中导洞施工方法，但是中导洞施工方法存在中墙易产生下沉，拱部和侧墙的沉降较大，且中墙和拱顶、侧墙又不是同步沉降等问题。因此，近年来新发展了无中导洞连拱隧道施工工法，同时具有工序简单、对围岩扰动小的特点，有助于缩短工期、降低成本，较好地克服了传统连拱隧道的一些缺点。但无中导洞连拱隧道有着衬砌开裂、中隔墙渗漏水等方面的常见病害。本文通过对大湾子隧道施工进行研究，制定解决连拱隧道中隔墙区域病害防治措施，为类似地质条件下的连拱隧道施工提供了宝贵经验。

2. 工程概况

云南永大高速公路大湾子1号隧道为一座连拱隧道。起止点里程桩号为长330.33 m；隧道起点位于直线上，止点位于$R = 3\ 300$ m、$L_s = 250$ m的左转缓和曲线上；隧道所在路段纵坡为+0.700%；最大埋深约75 m，隧道施工过程中存在偏压。隧道内轮廓几何尺寸按80 km/h的要求拟定，主要尺寸参数：采用$r_1 = 5.50$ m的单心圆衬砌断面，内轮廓净空宽度11.00 m、净空高度7.10 m。进口端洞门为明洞式洞门，明洞长10.33 m；出口端为端墙式洞门，明洞段长5 m，围岩等级为Ⅳ级、Ⅴ级。

3. 研究内容

隧道采用无中隔墙连拱形式，其后行洞钢拱架焊接于先行洞钢拱架，使初期支护相互搭接形成了连拱隧道中墙，从而避免了中导洞开挖。施工中，结构承担的过程荷载大于建成后的荷载，即先行隧道的支护需要承担后行隧道开挖引起的偏压和爆破振动等不利作用，加之地基沉降因素的共同作用引起先行洞二衬的开裂。为避免后行洞二衬的开裂，从以下几个方面进行研究控制：

（1）研究后行洞的开挖方法，减少后行洞施工对先行洞二衬的影响，以达到良好的效果。

（2）研究中墙拱部三角区及中墙基底土体加固处理，减少后行洞荷载对先行洞初支及二衬的影响。

（3）优化初支结构及二衬结构，降低后行洞荷载及施工对先行洞的影响。

（4）先行洞的减震措施，降低后行洞爆破对先行洞的影响。

4. 研究目标

大湾子1号隧道施工通过从后行洞施工方法、中墙区域土体加固、先行洞初支及二衬结构优化、抗震减震措施方面进行研究、制定解决连拱隧道中隔墙区域病害防治措施，为类似地质条件下的连拱隧道施工提供宝贵经验。

5. 详细技术内容

（1）Ⅴ级围岩施工。

大湾子1号隧道连拱隧道，隧道洞口浅埋段Ⅴ级围岩先行洞采用靠山体外侧作为先行洞，先行洞采用三台阶环形开挖预留核心土法施工，人工配合机械开挖；后行洞采用二台阶环形开挖预留核心土施工，人工配合机械开挖。施工步骤（图16-71）如下：

① 左洞左侧上台阶弧形导坑开挖，左洞左侧上台阶初期支护。

② 左洞上台阶核心土开挖。

③ 左洞中台阶开挖，左洞中台阶初期支护。

④ 左洞下台阶开挖，左洞下台阶、仰拱初期支护。

⑤ 浇筑左洞仰拱二次衬砌、仰拱填充。

⑥ 铺设防水层，浇筑左洞拱墙二次衬砌。

⑦ 右洞上台阶弧形导坑开挖，右洞上台阶初期支护。

⑧ 右洞上台阶核心土开挖。

⑨ 右洞右侧下台阶开挖，右洞右侧下台阶、仰拱初期支护。

⑩ 右洞左侧下台阶开挖，右洞左侧下台阶、仰拱初期支护。

⑪ 浇筑右洞仰拱二次衬砌、仰拱填充。

⑫ 铺设防水层，浇筑右洞拱墙二次衬砌。

（2）Ⅳ级围岩施工。

Ⅳ级围岩地段先行洞采用三台阶法施工，后行洞采用二台阶环形开挖预留核心土施工，后行洞预留中岩柱，为减少对先行洞的不利影响，中岩柱尽量使用机械开挖，如采用钻爆法开挖须采用微振动爆破。施工步骤（图16-72）如下：

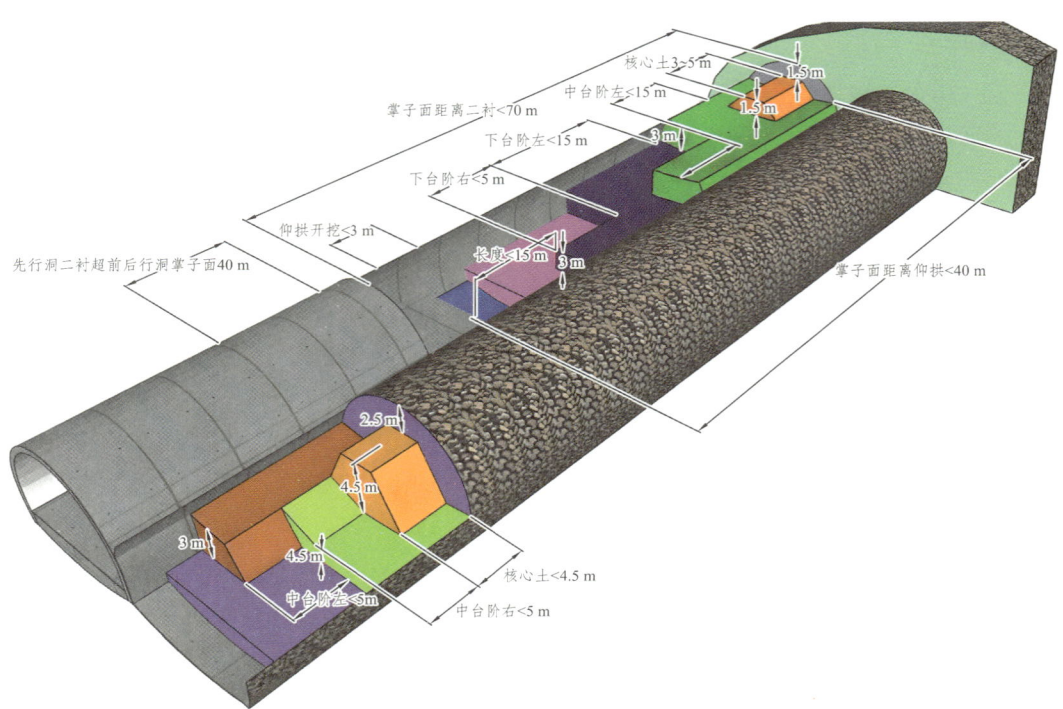

图 16-71　Ⅴ级围岩施工

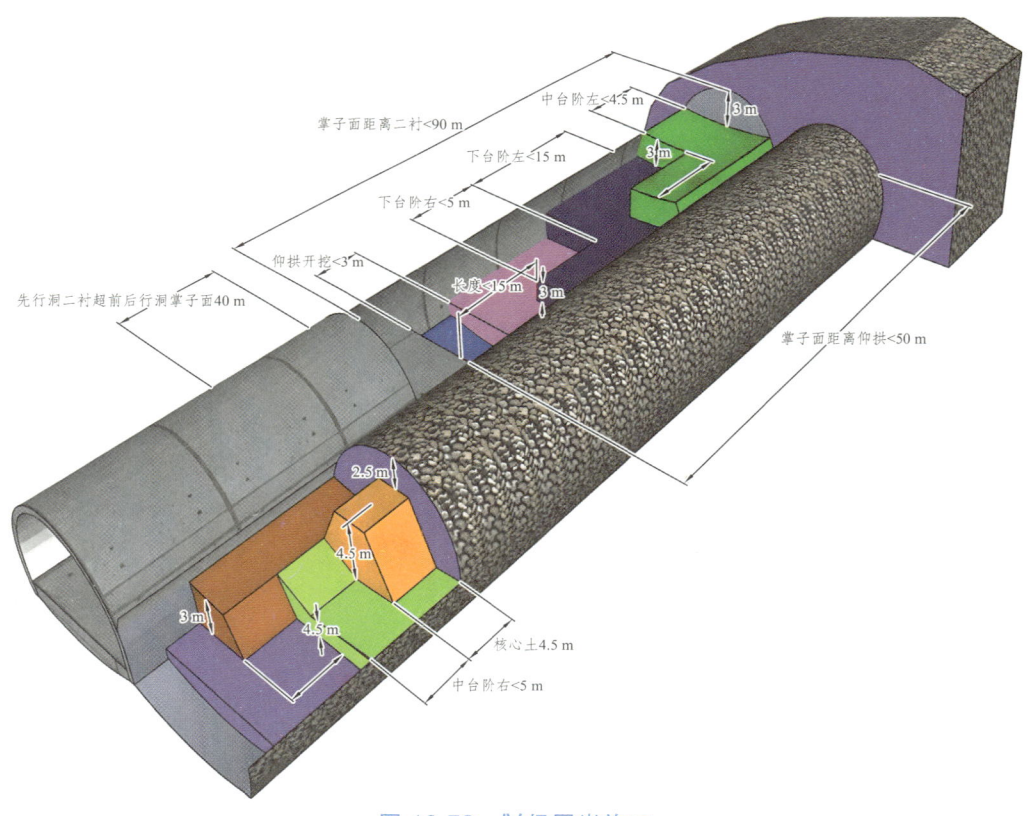

图 16-72　Ⅳ级围岩施工

① 左洞上台阶开挖，左洞上台阶初期支护。
② 左洞中台阶开挖，左洞中台阶初期支护。
③ 左洞下台阶开挖，左洞下台阶初期支护。
④ 浇筑左洞仰拱二次衬砌、仰拱填充。
⑤ 铺设防水层，浇筑左洞拱墙二次衬砌。
⑥ 右洞上台阶开挖，右洞上台阶初期支护。
⑦ 右洞上台阶核心土开挖。
⑧ 右洞右侧下台阶开挖，右洞右侧下台阶初期支护。
⑨ 右洞左侧下台阶开挖，右洞左侧下台阶、仰拱初期支护。
⑩ 浇筑右洞仰拱二次衬砌、仰拱填充。
⑪ 铺设防水层，浇筑右洞拱墙二次衬砌。

6．超欠挖控制

（1）当岩层完整、岩石抗压强度大于30 MPa并确认不影响衬砌结构和强度时，允许岩石个别突出部分（不宜大于 0.1 m²/m²）欠挖，但其隆起量不得大于50 mm。

（2）超挖部分要用同等级混凝土回填密实，防止空洞；不得使用其他材料填充。

（3）局部欠挖时，采用机械配合人工、风镐进行修正，确保开挖面的圆顺，然后再进行下道工序。

（4）拱脚、墙脚以上1 m范围内断面严禁欠挖。

7．裂缝控制控制措施

（1）先行洞开挖后及时施作中隔墙基底的地基处治。

先行洞开挖后及时施作中隔墙基底的地基处治，严格按照设计施工中隔墙下的地向 $\phi 76 \times 6$ 钢管注浆，有效起到地基注浆与钢管桩的效果。中隔墙基础地基处理中墙底设注浆小导管［$\phi 76 \times 6$，$L = 4.5$ m，间距80 cm（横向）×60 cm（纵向）/梅花形交错布置］嵌入中墙底0.4 m，末端与工字钢钢架焊接连接。

（2）对拱部三角区进行加固。

先行洞每一循环初喷完后及时施工拱部三角区注浆小导管（$\phi 42 \times 4$）。在后行洞开挖时，先行洞曲中墙一侧处于悬空状态，大部分应力都由先行洞承担。严格控制超挖，保护岩体本身的结构能够保护岩体本身承载力不受影响；严格按照设计施工径向超前注浆小导管和环向系统注浆小导管，能够使围岩连接成一个有效整体，提高围岩强度等级；严格按设计施工中墙处的加强工字钢及纵向工字钢，能够增强先行洞对三角区域的支撑力。

（3）对先行洞中墙区域工字钢进行加强，采用冷弯加工技术制作、两端焊接连接钢板、拼装用高强螺栓连接。施工时A接头与先行洞钢架焊接连接，焊缝连接高度7 mm，A接头与后行洞连接采用螺栓连接，如图16-73所示。

（4）在初期支护完成后在先行洞区内侧拱、墙部位施作减震层，EPS（模塑聚苯板）泡沫减震材料紧贴先行洞初期支护喷混表面布设，布设范围从先行洞靠近中夹岩侧拱腰位置至墙脚位置。

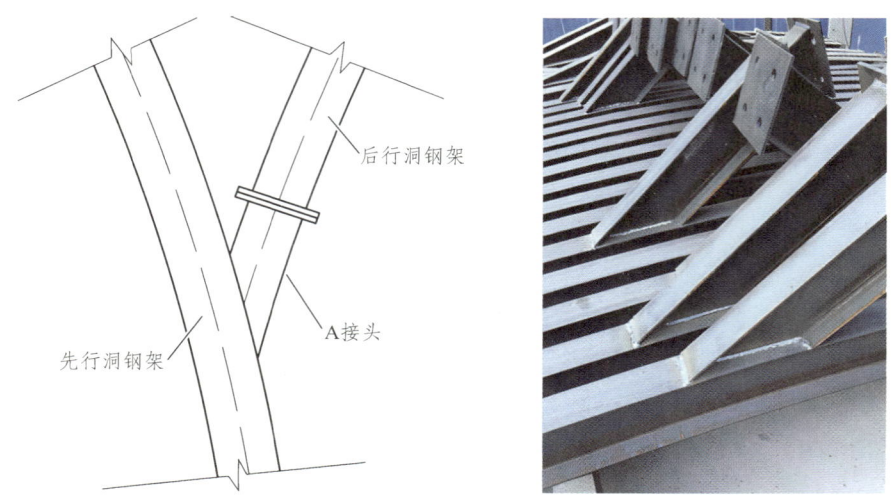

图 16-73 中隔墙 A 接头加固

（5）钢筋网片加密加固。

为防止先行洞中墙侧拱、墙部喷射混凝土开裂，并确保喷射混凝土质量、提高其整体性，采取在中墙侧拱、墙部施作钢筋网的方法，其中内侧（隧道净空侧）钢筋网采用 $\phi16$ 单层钢筋网，待第一层第二层钢筋网施作完成，隧道已成洞后再施作；隧道中间位置钢筋网采用 $\phi8$ 单层钢筋网，靠围岩侧钢筋网采用 $\phi12$ 单层钢筋网。其余位置（拱、墙部）钢筋网待开挖面初喷 2 cm 混凝土后进行设置，并紧贴喷混凝土面挂设。

第一层钢筋网 $\phi12$，15 cm × 15 cm（20 cm × 20 cm）（加强筋替代替相同位置的 $\phi8$ 钢筋网片）。

（6）严格控制爆破。

后行洞开挖时严格按设计采用控制爆破（预裂、微震爆破），爆破震动速度控制指标值应小于 15 cm/s。先行洞二衬完成段与后行洞掌子面距离不得小于 40 m。为确保后行洞开挖爆破地震烈度对先行洞的影响最小。后行洞开挖时中隔墙部位预留岩柱，中岩柱尽量采用机械开挖，如需采用钻爆法时多打眼（周边眼）、少药量、多循环开挖方案，并严格控制其爆破振动速度，加强爆破振动监测工作，震动速度超过控制指标时及时调整装药量及孔眼间距、深度。

8. 结　语

将无中导隧道施工与中导洞法施工和三导洞法施工工艺工法进行对比，不难发现无中导连拱隧道在连拱隧道施工中有着施工工序少，可以减少成本，机械化施工可以加快施工工期，对围岩的扰动比较小，对环境破坏小的优势。但是，使用无中导连拱隧道需要重点研究着重解决连拱隧道中隔墙区域开裂等病害。本文通过优化先行洞初支及二衬结构、增加减震层，采取中墙三角区、基底土体加固、后行洞开挖方法、二衬养护等措施解决中墙区域病害的产生，创造了良好的经济效益，较少处理连拱隧道开裂等病害造成的数十万至数百万的损失，具有良好的社会推广效应。对类似工程有很强的推广参考性。

16.4 QC 成果

永大高速项目奋斗 QC 小组参加 2021 年度云南省工程建设优秀质量管理小组活动缩短钢筋笼下放时间，荣获云南省建筑业协会二等奖。

永大高速项目奋斗 QC 小组参加 2022 年度云南省市政工程建设优秀质量管理小组活动提高索塔外观质量一次验收合格率，荣获云南省市政工程协会一等奖、中国市政协会三等奖。

永大高速项目奋斗 QC 小组参加 2022 年度云南省工程建设优秀质量管理小组活动提高悬索桥钢箱梁焊缝一次验收合格率，荣获云南省建筑业协会二等奖。

永大高速项目奋斗 QC 小组参加 2022 年度云南省工程建设优秀质量管理小组活动提高锚碇预应力锚固系统高强钢拉杆安装精度合格率，荣获云南省建筑业协会一等奖、中国建筑业协会二等奖。

17　永大高速团队管理成果

17.1　云南省建筑业绿色施工示范工程奖

云南省 S35 永金高速永仁至大姚段建设项目永仁大桥 2020 年 12 月获云南省建筑业协会颁发的云南省建筑业绿色施工示范工程奖，如图 17-1 所示。

图 17-1　云南省建筑业绿色施工示范工程奖

17.2　楚雄州楚雄青年五四奖章集体奖

云南建投集团总承包二部云南省 S35 永金高速永仁至大姚段项目经理部 2022 年获共青团楚雄州委、楚雄州青年联合会颁发的楚雄青年五四奖章集体奖，如图 17-2 所示。

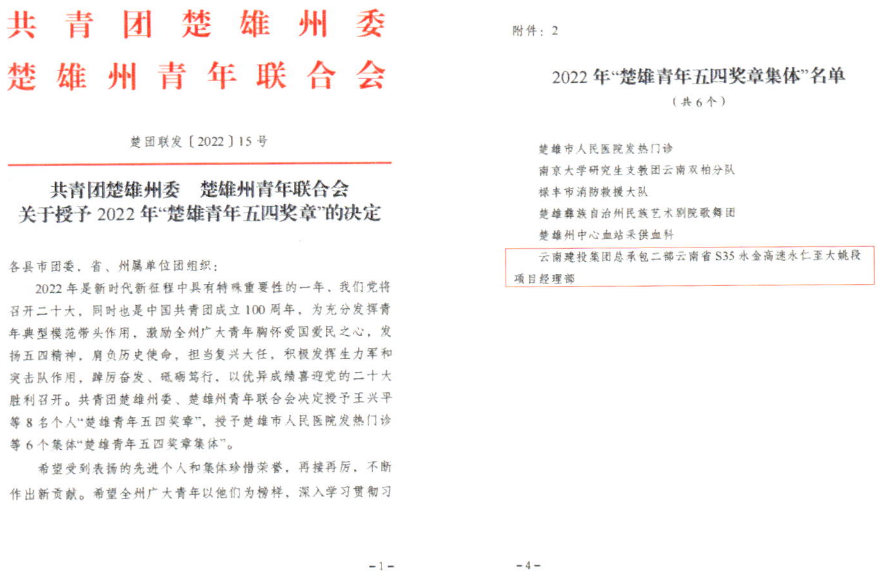
共青团楚雄州委
楚雄州青年联合会

楚团联发〔2022〕15号

共青团楚雄州委　楚雄州青年联合会
关于授予2022年“楚雄青年五四奖章”的决定

各县市团委、省、州属单位团组织：

2022年是新时代新征程中具有特殊重要性的一年，我们党将召开二十大，同时也是中国共青团成立100周年，为充分发挥青年典型模范带头作用，激励全州广大青年胸怀爱国爱民之心，发扬五四精神，肩负历史使命，担当复兴大任，积极发挥生力军和突击队作用，踔厉奋发、砥砺笃行，以优异成绩喜迎党的二十大胜利召开。共青团楚雄州委、楚雄州青年联合会决定授予王兴平等8名个人“楚雄青年五四奖章”，授予楚雄市人民医院发热门诊等6个集体“楚雄青年五四奖章集体”。

希望受到表扬的先进个人和集体珍惜荣誉，再接再厉，不断作出新贡献。希望全州广大青年以他们为榜样，深入学习贯彻习

-1-

附件：2

2022年“楚雄青年五四奖章集体”名单

（共6个）

楚雄市人民医院发热门诊
南京大学研究生支教团云南双柏分队
禄丰市消防救援大队
楚雄彝族自治州民族艺术剧院歌舞团
楚雄州中心血站采供血科
云南建投集团总承包二部云南省S35永金高速永仁至大姚段项目经理部

-4-

图 17-2　颁发楚雄青年五四奖章的决定

17.3　云南省五一劳动奖

楚雄永大高速公路投资建设开发有限公司 2023 年获云南省总工会、云南省人力资源和社会保障厅颁发的云南省五一劳动奖，如图 17-3 所示。

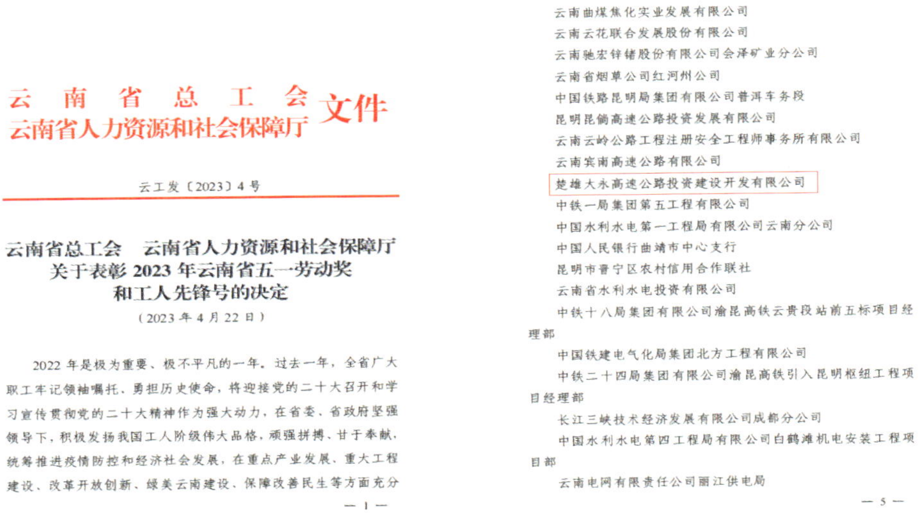
云南省总工会
云南省人力资源和社会保障厅
文件

云工发〔2023〕4号

云南省总工会　云南省人力资源和社会保障厅
关于表彰2023年云南省五一劳动奖
和工人先锋号的决定

（2023年4月22日）

2022年是极为重要、极不平凡的一年。过去一年，全省广大职工牢记领袖嘱托，勇担历史使命，将迎接党的二十大召开和学习宣传贯彻党的二十大精神作为强大动力，在省委、省政府坚强领导下，积极发扬我国工人阶级伟大品格，顽强拼搏、甘于奉献，统筹推进疫情防控和经济社会发展，在重点产业发展、重大工程建设、改革开放创新、绿美云南建设、保障改善民生等方面充分

— 1 —

云南曲煤焦化实业发展有限公司
云南云花联合发展股份有限公司
云南驰宏锌锗股份有限公司会泽矿业分公司
云南省烟草公司红河州公司
中国铁路昆明局集团有限公司普洱车务段
昆明昆倘高速公路投资发展有限公司
云南云岭公路工程注册安全工程师事务所有限公司
云南宾南高速公路有限公司
楚雄大永高速公路投资建设开发有限公司
中铁一局集团第五工程有限公司
中国水利水电第一工程局有限公司云南分公司
中国人民银行曲靖市中心支行
昆明市晋宁区农村信用合作联社
云南省水利水电投资有限公司
中铁十八局集团有限公司渝昆高铁云贵段站前五标项目经理部
中国铁建电气化局集团北方工程有限公司
中铁二十四局集团有限公司渝昆高铁引入昆明枢纽工程项目经理部
长江三峡技术经济发展有限公司成都分公司
中国水利水电第四工程局有限公司白鹤滩机电安装工程项目部
云南电网有限责任公司丽江供电局

— 5 —

图 17-3　颁发云南省五一劳动奖的决定

17.4　云南省县域高速公路劳动竞赛优胜集体奖

云南建投云南省 S35 永金高速永仁至大姚段高速公路项目经理部 2023 年获云南省县域高速公路“能通全通”“互联互通”工程劳动和技能竞赛优胜集体，如图 17-4 所示。

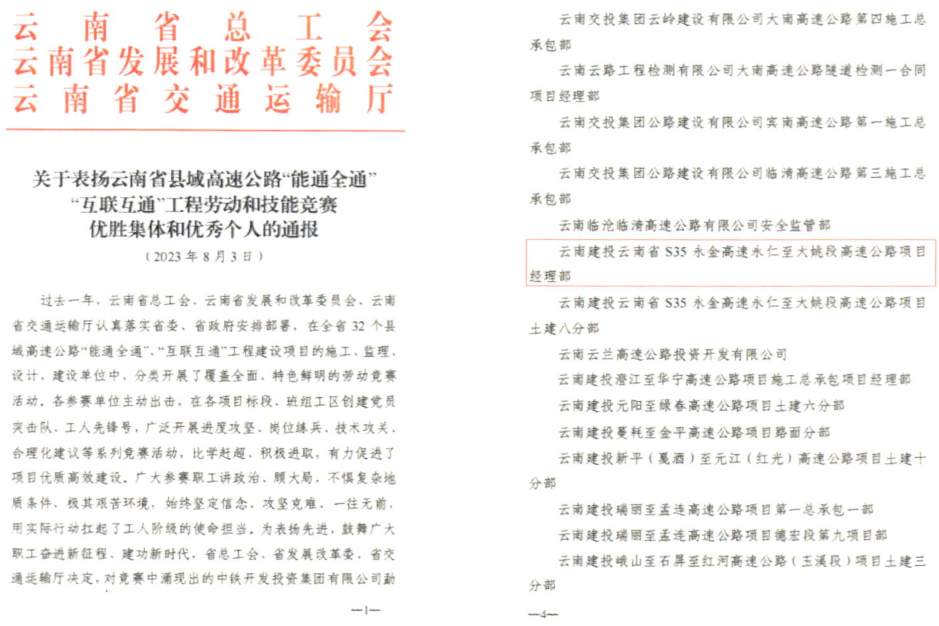

云　南　省　总　工　会
云南省发展和改革委员会
云　南　省　交　通　运　输　厅

关于表扬云南省县域高速公路“能通全通”“互联互通”工程劳动和技能竞赛优胜集体和优秀个人的通报

（2023 年 8 月 3 日）

过去一年，云南省总工会、云南省发展和改革委员会、云南省交通运输厅认真落实省委、省政府安排部署，在全省 32 个县域高速公路“能通全通”、“互联互通”工程建设项目的施工、监理、设计、建设单位中，分类开展了覆盖全面、特色鲜明的劳动竞赛活动。各参赛单位主动出击，在各项目标段、班组工区创建党员突击队、工人先锋号，广泛开展进度攻坚、岗位练兵、技术攻关、合理化建议等系列竞赛活动，比学赶超、积极进取，有力促进了项目优质高效建设。广大参赛职工讲政治、顾大局，不惧复杂地质条件、极其艰苦环境，始终坚定信念、攻坚克难、一往无前，用实际行动扛起了工人阶级的使命担当。为表扬先进，鼓舞广大职工奋进新征程、建功新时代，省总工会、省发展改革委、省交通运输厅决定，对竞赛中涌现出的中铁开发投资集团有限公司勐

—1—

云南交投集团云岭建设有限公司大南高速公路第四施工总承包部

云南云路工程检测有限公司大南高速公路隧道检测一合同项目经理部

云南交投集团公路建设有限公司宾南高速公路第一施工总承包部

云南交投集团公路建设有限公司临清高速公路第三施工总承包部

云南临沧临清高速公路有限公司安全监管部

云南建投云南省 S35 永金高速永仁至大姚段高速公路项目经理部

云南建投云南省 S35 永金高速永仁至大姚段高速公路项目土建八分部

云南云兰高速公路投资开发有限公司

云南建投澄江至华宁高速公路项目施工总承包项目经理部

云南建投元阳至绿春高速公路项目土建六分部

云南建投蔓耗至金平高速公路项目路面分部

云南建投新平（戛洒）至元江（红光）高速公路项目土建十分部

云南建投瑞丽至孟连高速公路项目第一总承包一部

云南建投瑞丽至孟连高速公路项目德宏段第九项目部

云南建投峨山至石屏至红河高速公路（玉溪段）项目土建三分部

—4—

图 17-4　表扬优胜集体和优胜个人的通报

17.5　云南省 2023 年度第一批“无欠薪项目部”奖

云南省 S35 永金高速永仁至大姚段建设项目（大姚段）2023 年荣获云南省 2023 年度第一批“无欠薪项目部”，如图 17-5 所示。

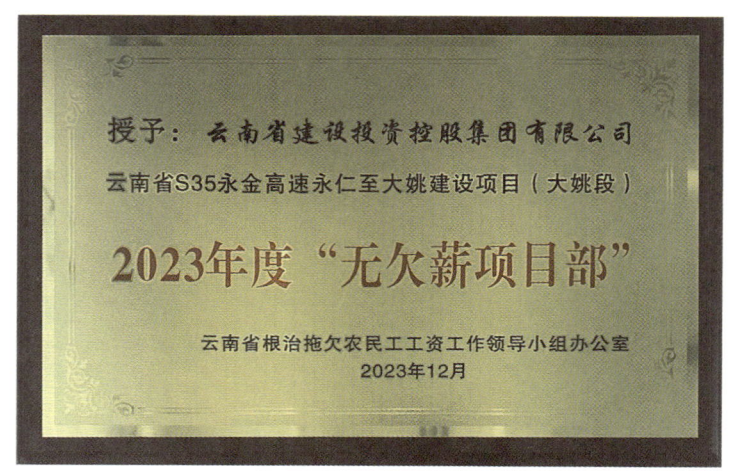

图 17-5　“无欠薪项目部”奖状

17.6 集团内先进集体、先进单位

集团内先进集体、先进单位见表 17-1、图 17-6。

表 17-1 集团内先进集体、先进单位

序号	奖　项	颁发单位
1	2020年度安全管理先进单位	楚雄大永高速公路投资建设开发有限公司
2	2021年度安全管理先进单位	楚雄大永高速公路投资建设开发有限公司
3	2021年度云南省县域高速公路"能通全通""互联互通"劳动竞赛先进集体	云南省建设投资控股集团有限公司工会委员会
4	2021年度云南省县域高速公路"能通全通""互联互通"劳动竞赛先进集体	云南省建设投资控股集团有限公司总承包二部工会委员会
5	2021年度先进集体	云南省建设投资控股集团有限公司总承包二部
6	云南省建设投资控股集团有限公司总承包二部2021年度优秀质量管理团队	云南省建设投资控股集团有限公司总承包二部
7	2022年度先进集体	云南省建设投资控股集团有限公司
8	2022年度先进集体	楚雄大永高速公路投资建设开发有限公司
9	2022年度安全管理先进单位	楚雄大永高速公路投资建设开发有限公司
10	云南省建设投资控股集团有限公司总承包二部生产管理示范项目	云南省建设投资控股集团有限公司总承包二部
11	云南省建设投资控股集团有限公司总承包二部经济管理示范项目	云南省建设投资控股集团有限公司总承包二部
12	云南省建设投资控股集团有限公司总承包二部物资管理示范项目	云南省建设投资控股集团有限公司总承包二部
13	永大高速二分部羊蹄江大桥荣获集团2022年度安全生产标准化示范工地	云南省建设投资控股集团有限公司

图 17-6 集团内先进集体、先进单位